2022

全国专利代理师资格考试用书

>> 全国专利代理师资格考试

相关法律知识同步训练

李慧杰 杨倩 编著

化学工业出版社

·北京·

内容简介

本书基于作者多年的辅导经验及对考试内容、考查方式的认真分析和把握编写，根据《全国专利代理师资格考试大纲》的要求，梳理出 81 个核心考点，并基于历年的考试内容及频度，给出每一个考点的考查角度分析。内容包括《民法典（总则编）》、《民法典（合同编）》、《民事诉讼法》、《行政复议法》、《行政诉讼法》、《著作权法》、《商标法》、《反不正当竞争法》、《植物新品种保护条例》、《集成电路布图设计保护条例》、《保护工业产权巴黎公约》、《与贸易有关的知识产权协定》，共 12 章。每章后配有练习题供读者练习。

本书通过典型例题的讲解，引导考生理解出题思路，熟悉每个知识点的考题呈现方式，再通过同步练习题，一步步提高考生的做题能力，帮助考生顺利通过考试。

图书在版编目（CIP）数据

全国专利代理师资格考试相关法律知识同步训练/李慧杰，杨倩编著. —北京：化学工业出版社，2022.6
全国专利代理师资格考试用书
ISBN 978-7-122-41198-3

Ⅰ.①全… Ⅱ.①李…②杨… Ⅲ.①专利-代理（法律）-中国-资格考试-习题集 Ⅳ.①D923.42-44

中国版本图书馆 CIP 数据核字（2022）第 062960 号

责任编辑：宋　辉　　　　　　文字编辑：李　曦
责任校对：边　涛　　　　　　装帧设计：关　飞

出版发行：化学工业出版社
　　　　　（北京市东城区青年湖南街 13 号　邮政编码 100011）
印　　刷：三河市航远印刷有限公司
装　　订：三河市宇新装订厂
787mm×1092mm　1/16　印张 14¼　字数 372 千字
2022 年 8 月北京第 1 版第 1 次印刷

购书咨询：010-64518888
售后服务：010-64518899
网　　址：http://www.cip.com.cn

凡购买本书，如有缺损质量问题，本社销售中心负责调换。

定　　价：66.00 元　　　　　　版权所有　违者必究

前言

对于准备参加全国专利代理师资格考试的考生来说，备考阶段通常要面对时间紧、内容多的问题，如何在有限的时间里提高复习效率，也是辅导老师常常思考的问题。

备考过程通常分为两个阶段：第一个阶段是把应当掌握的知识点理解、记忆，这是一个不断向大脑输入的过程；第二个阶段是把学习到的知识转化成做题的能力，提高答题正确率，这是一个不断从大脑提取的过程。事实上，第一个阶段看似是一个攻坚克难的过程，需要花费大量的时间去看书、听课，尽可能把考试大纲要求的知识点一一掌握，但相对于第二个阶段来说，第一个阶段是容易的，原因在于第一个阶段是一个相对被动的学习过程，第二个阶段才是一个主动输出的过程。就像我们学习英语，给你一段文字，即使其中有几个不熟悉的单词，你依然能够明白作者要表达的意思；但如果让你在一张白纸上写出一段同样意思的英文，难度要高很多。很多考生考前花费80%以上的时间用来看书、听课，似乎对自己能获取的资料都在努力咀嚼，努力消化，但事实上你以为你理解的未必是真理解的，你以为你懂的未必是真懂的，你以为你掌握的未必是真掌握的。只有通过第二个阶段，通过不断做题，通过锻炼如何有效地提取正确的知识完成答题，通过订正错误、纠正第一个阶段的偏差甚至是错误认知，你才真正能够面对千变万化的考查方式，做出快速反应，在大脑中准确定位、提取相应的知识点，并正确反映在答案中。

我们知道，法律条文是非常精练的，当面对一个法条时，虽然完全理解其含义有一定的困难，但更困难的是我们很难知道法条中的哪个词、哪个短语是考查的关键所在，这些核心的关键词句，又通常会有哪些可能的解释或误区，而这样的关键词句往往是出题人设置陷阱的地方，因此考生在复习的时候，一定要对这些关键词形成敏感的反应机制，从而在考试题目中快速而准确地领悟出题人的考查意图，躲过陷阱，找到正确答案。

本书基于作者多年的辅导经验及对考试内容、考查方式的认真分析和把握，根据《全国专利代理师资格考试大纲》的要求，梳理出81个核心考点，并基于历年的考试内容及频度，对每一个考点的考查角度进行分析，通过典型例题，引导考生把握解题思路，熟悉每个知识点在考试题目中的呈现方式，再通过同步练习题目，为考生提供大量练习，从而一步步提高考生的做题能力。

本书知识体系分为十二章，具体如图1所示。

本书使用说明：

书中的关键词和考查角度是一个问题的两个方面。考查角度是知识点分点，考试时以选项的方式出现，关键词则是每个选项中容易挖坑的点。因此，希望读者在看例题之前对关键词、考查角度建立印象，看例题时需要着重关注该题目是如何围绕关键词进行正、反两方面出题的。在冲刺阶段或者在考前快速浏览核心考点时，再来看关键词和考查角度，要做到能够在脑海里反应出其在题目中可能以什么形象、什么角度出现。如果没有相应的头脑反应，或者依然模糊，建议通过快速浏览关键词释义，做

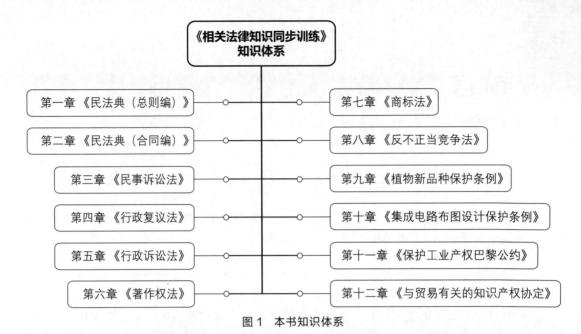

图 1 本书知识体系

到快速翻新,加强记忆。书中的例题展示出了考查角度在考试题目中的呈现方式。同步训练题目用于巩固和消化核心考点。

由于笔者知识有限,不足之处欢迎各位读者批评指正。

李慧杰

目录

第一章 《民法典(总则编)》 / 001

【K01】民法调整的范围 / 001
【K02】民法的基本原则 / 002
【K03】民事主体—自然人 / 003
【K04】民事主体—法人 / 004
【K05】民事权利 / 005
【K06】民事法律行为 / 007
【K07】代理 / 009
【K08】民事责任 / 011
【K09】诉讼时效 / 012

第二章 《民法典(合同编)》 / 021

【K10】一般规定 / 021
【K11】合同的订立 / 022
【K12】合同的效力 / 025
【K13】合同的履行 / 026
【K14】合同的保全 / 029
【K15】合同的转让 / 032
【K16】合同的终止 / 033
【K17】违约责任 / 035
【K18】技术合同 / 037
【K19】委托合同 / 040

第三章 《民事诉讼法》 / 048

【K20】民事诉讼法的基本原则 / 048
【K21】民事诉讼的基本制度 / 049
【K22】民事诉讼的管辖 / 051
【K23】民事诉讼参加人 / 054
【K24】民事诉讼证据 / 056
【K25】民事诉讼保全 / 058
【K26】第一审普通程序 / 059
【K27】民事公益诉讼程序 / 062
【K28】第二审审判程序 / 063
【K29】审判监督程序 / 066
【K30】民事诉讼执行程序 / 068

第四章 《行政复议法》 / 078

【K31】行政复议的受案范围 / 078
【K32】行政复议参加人 / 080
【K33】行政复议机关 / 082
【K34】行政复议程序 / 084
【K35】行政复议决定及其效力 / 087

第五章 《行政诉讼法》 / 094

【K36】行政诉讼的基本原则 / 094
【K37】行政诉讼的受案范围 / 096
【K38】行政诉讼的管辖 / 098
【K39】行政诉讼参加人 / 100
【K40】行政诉讼证据 / 103
【K41】行政诉讼起诉与受理 / 105

【K42】行政诉讼第一审普通程序 / 106
【K43】行政诉讼第二审程序 / 110
【K44】行政诉讼审判监督程序 / 112
【K45】国家赔偿 / 113

第六章 《著作权法》 / 120

【K46】著作权保护的客体 / 120
【K47】著作权的归属 / 122
【K48】著作权的内容 / 125
【K49】著作权的行使 / 127
【K50】著作权的保护期 / 128
【K51】与著作权有关的权利 / 130
【K52】著作权的限制 / 133
【K53】著作权的保护 / 134
【K54】计算机软件著作权 / 138
【K55】信息网络传播权的保护 / 140

第七章 《商标法》 / 148

【K56】注册商标专用权的客体 / 148
【K57】商标注册的申请主体 / 150
【K58】商标代理 / 151
【K59】商标注册的申请 / 153
【K60】商标注册的审查与核准 / 155
【K61】商标注册的异议程序 / 156
【K62】恶意商标注册 / 158
【K63】商标国际注册 / 159
【K64】注册商标专用权的有效期 / 161
【K65】注册商标专用权的行使 / 162
【K66】注册商标的无效宣告 / 163
【K67】商标的管理 / 166
【K68】注册商标专用权的保护 / 168
【K69】驰名商标 / 172

第八章 《反不正当竞争法》 / 181

【K70】不正当竞争行为 / 181
【K71】侵犯商业秘密 / 183

第九章 《植物新品种保护条例》 / 187

【K72】品种权的主体与保护客体 / 187
【K73】品种权的取得与内容 / 189
【K74】品种权的无效与保护 / 191

第十章 《集成电路布图设计保护条例》 / 195

【K75】布图设计专有权的主体与保护客体 / 195
【K76】布图设计专有权的取得与内容 / 197
【K77】布图设计专有权的保护 / 199

第十一章 《保护工业产权巴黎公约》 / 204

【K78】巴黎公约基本知识 / 204
【K79】巴黎公约的内容 / 206

第十二章 《与贸易有关的知识产权协定》（TRIPs） / 211

【K80】TRIPs的基本知识 / 211
【K81】知识产权保护的基本要求 / 214

同步训练题目答案 / 222

第一章

《民法典（总则编）》

一、本章核心考点

本章包含的核心考点如图 1-1 所示。

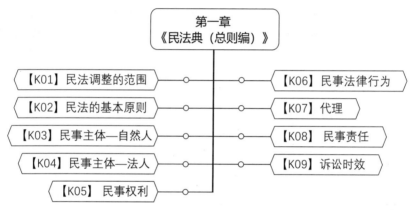

图 1-1 《民法典（总则编）》核心考点

二、核心考点分析

【K01】民法调整的范围

1. 本考点的主要考查角度分析

本考点中包含的关键词有：平等、民事主体、人身关系、财产关系。本考点考查角度如图 1-2 所示。

2. 关键词释义

（1）民法调整的主体仅包含平等的民事主体。

（2）民法调整的关系仅包含平等主体之间发生的人身关系和财产关系。

3. 典型例题及解析

【例 K01-1】根据民法典及相关规定，下列哪些事项属于民法调整的范围？

A. 税务局向个体工商户甲征税

B. 乙与其邻居因为房屋采光产生纠纷

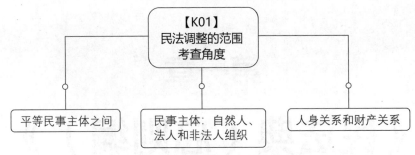

图 1-2 "民法调整的范围"考查角度

C. 市场监督管理局向丙公司颁发营业执照
D. 丁与戊签订房屋租赁合同

【解题思路】

根据民法典的规定,民法调整平等主体的自然人、法人和非法人组织之间的人身关系和财产关系。选项 A 中的主体是税务局和个体工商户甲,二者不属于平等主体。选项 B 中的乙和其邻居是平等的民事主体,二者因房屋采光产生的纠纷属于财产关系。选项 C 中的市场监督管理局和丙公司不属于平等主体。选项 D 中的丁和戊属于平等的民事主体,房屋租赁合同属于财产关系。因此选项 A、C 不符合题意;选项 B、D 符合题意,当选。

【参考答案】BD

【K02】民法的基本原则

1. 本考点的主要考查角度分析

本考点中包含的关键词有:平等、自愿、公平、诚信、违反法律、违背公序良俗、节约资源、保护生态环境。本考点考查角度如图 1-3 所示。

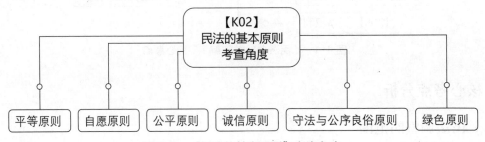

图 1-3 "民法的基本原则"考查角度

2. 关键词释义

(1) 民事主体之间的法律地位平等。
(2) 民事关系的建立以自愿为前提。
(3) 在民事主体对损害均没有责任时依照公平原则给予补偿。
(4) 诚信原则包括诚实信用和与人为善。
(5) 民事法律行为不得违法,不得违背公序良俗。
(6) 民事法律行为不得以浪费资源、污染环境为代价。

3. 典型例题及解析

【例 K02-1】根据民法典及相关规定,民事活动应当遵循下列哪些原则?

A. 自愿原则　　　B. 等价有偿原则　　　C. 公开透明原则　　　D. 诚信原则

【解题思路】

民法典中规定了民事主体从事民事活动，应当遵循自愿原则、公平原则、诚信原则等，但不包含选项B、C中的等价有偿原则、公开透明原则。例如，无偿赠与不属于等价有偿的民事活动。公开透明则属于行政机关依法行政应当遵循的原则。因此选项B、C不符合题意；选项A、D符合题意，当选。

【参考答案】 AD

【K03】民事主体—自然人

1. 本考点的主要考查角度分析

本考点中包含的关键词有：住所、民事权利能力、无民事行为能力、限制民事行为能力、完全民事行为能力、法定监护、宣告失踪、宣告死亡。本考点考查角度如图1-4所示。

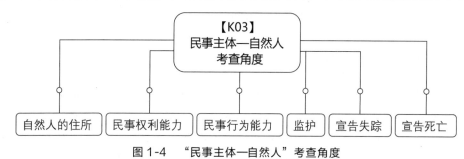

图1-4 "民事主体—自然人"考查角度

2. 关键词释义

（1）自然人住所：确定住所，为自然人的经常活动场所，自然人作为被告时其住所地人民法院有管辖权。

（2）自然人享有民事权利，不需要关注其表达能力、智力能力，因此具有生命即满足条件。

（3）自然人的民事行为能力，是其参与民事活动的能力。当一个自然人的年龄、精神、智力状况存在一定的弱势时，需要其监护人补足，才能保证其实施民事法律行为时的公平正义。

（4）监护制度，正是为了补足无民事行为能力人、限制民事行为能力人的行为能力而设立的，只有无民事行为能力人、限制民事行为能力人才需要监护。根据被监护人的年龄、精神、智力状况，确定不同情形下的监护。

（5）宣告失踪，是在自然人失踪一定时间后，无法找到，从法律角度宣告其失踪，是为解决其失踪前实施的民事法律行为遗留下来的问题而设立的制度。

（6）宣告死亡，自然人的死亡意味着一个生命的结束，其财产被继承、处置活动的开启，其婚姻关系解除，因此宣告死亡的条件要严格于宣告失踪的条件。但"亡者"归来时，其已经被终结的婚姻，被继承分割的财产如何处置？对于婚姻关系的处理，还要考虑其配偶的意愿。

3. 典型例题及解析

【例K03-1】 根据民法典及相关规定，对于10岁的王某实施的下列哪些行为，他人不得以王某的民事行为能力不足为由主张无效？

A. 接受亲友赠与的玩具　　　B. 接受某基金会的资助

C. 为自己购买一台电脑　　　D. 接受参加歌唱比赛所获得的奖品

【解题思路】

民法典中规定了8周岁以上的未成年人为限制民事行为能力人，实施民事法律行为由其法定代理人代理或经其法定代理人同意、追认，但是可以独立实施纯获利益的民事法律行为或与其年龄、智力相适应的民事法律行为。本题中10岁的王某为限制民事行为能力人，亲友的赠与、基金会的资助和比赛奖品均为纯获利益的行为，因此是有效的。为自己购买电脑的行为，通常涉及金额较大，需要其法定代理人同意，为效力待定，因此选项A、B、C、D中的行为，他人均不得以王某属于限制民事行为能力人为由主张无效。选项A、B、C、D均当选。

【参考答案】ABCD

【例K03-2】根据民法典及相关规定，下列关于宣告死亡的说法哪些是正确的？

A. 公民因意外事故下落不明的，自事故发生之日起满2年，利害关系人可以向人民法院申请宣告其死亡

B. 与被申请人有债权债务关系的人属于申请宣告死亡的利害关系人

C. 宣告失踪是宣告死亡的必经程序

D. 有民事行为能力人在被宣告死亡期间实施的民事法律行为有效

【解题思路】

根据民法典的规定，自然人因意外事件，下落不明满2年的，利害关系人可以向人民法院申请宣告该自然人死亡，因此选项A正确。利害关系人包括被申请人的近亲属以及其死亡前存在债权债务关系的人，因此选项B正确。法律规定了宣告失踪和宣告死亡的条件，二者之间没有依存关系，因此选项C错误。自然人被宣告死亡但是并未死亡的，不影响该自然人在被宣告死亡期间实施的民事法律行为的效力。这里的"不影响效力"，并不意味着必然有效。例如，该自然人被宣告死亡期间实施的枪支买卖行为，因违反法律规定，是无效的。因此选项D错误。

【参考答案】AB

【K04】民事主体—法人

1. 本考点的主要考查角度分析

本考点中包含的关键词有：同时产生同时消灭、成立条件、独立承担民事责任、主要办事机构所在地、法定代表人、以营利为目的、公益目的或其他非营利目的、不分配所得利益、机关法人。本考点考查角度如图1-5所示。

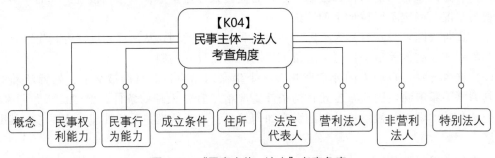

图1-5 "民事主体—法人"考查角度

2. 关键词释义

（1）法人是具有民事权利能力和民事行为能力，依法独立享有民事权利和承担民事义务的组织。

（2）法人的民事权利能力和民事行为能力，成立时产生，终止时消灭。

(3) 法人应当依法成立，应当有自己的名称、组织机构、住所、财产或经费。成立时不需要有确定的注册资金。法人成立时的资金由原来的实缴制改为了现在的认缴制。

(4) 法人以其主要办事机构所在地为住所。法人的住所地不仅关乎诉讼管辖，还关乎缴纳税款，办理员工社保等多方面的管理问题。

(5) 法定代表人是代表法人从事民事活动的负责人。法定代表人代表法人实施的民事法律行为，后果由法人承担。法人内部对法定代表人的权利限制，不影响其行为的外部效力，这是为了防止侵害其他无辜者的利益而设定的。

(6) 营利法人是以营利为目的的，股东出资就是为了获取利益。

(7) 非营利法人的股东出资不是以营利为目的的，因此非营利法人终止后，剩余财产不得向出资人分配，可用于同样公益目的的事务。

(8) 法律赋予了农村集体经济组织、城镇农村的合作经济组织、居民委员会、村民委员会以法人资格，其可以作为民事主体参与民事活动，可以作为原告、被告参加诉讼活动。

(9) 机关法人是指行政机关参与民事法律活动时，属于民事主体；行使其行政职责时，则是政府管理机关，是行政主体。

3. 典型例题及解析

【例 K04-1】 根据民法典及相关规定，下列属于法人成立条件的有哪些？

A. 依法成立　　　　　　　　B. 有必要的财产或经费
C. 有自己的名称　　　　　　D. 如果是采用现代网络办公的，则不必有住所

【解题思路】

根据民法典的规定，法人应当依法成立。法人应当有自己的名称、组织机构、住所、财产或经费。因此选项 A、B、C 中的表述均为法人成立需具备的条件。选项 D 错误，不当选。法人无论是否采用现代网络办公，都需要有住所。　　　　　　　　**【参考答案】** ABC

【例 K04-2】 根据民法典及相关规定，关于法人，下列哪一项表述是正确的？

A. 社会服务机构可以是营利法人
B. 基金会属于非营利法人
C. 捐助人要求向捐助法人查询捐助财产的使用、管理情况的，捐助法人有权因涉及商业秘密而拒绝披露
D. 居民委员会为非法人组织

【解题思路】

根据民法典及相关规定，非营利法人包括事业单位、社会团体、基金会、社会服务机构等，因此选项 A 错误，选项 B 正确。捐助人有权向捐助法人查询捐助财产的使用、管理情况，并提出意见和建议，捐助法人应当及时、如实答复。因此选项 C 错误，捐助法人不得以涉及商业秘密为理由拒绝捐助人的查询。根据民法典的规定，居民委员会、村民委员会具有基层群众性自治组织法人资格，可以从事为履行职能所需要的民事活动。因此选项 D 错误，居民委员会属于特别法人。　　　　　　　　**【参考答案】** B

【K05】民事权利

1. 本考点的主要考查角度分析

本考点中包含的关键词有：人格权、个人信息、财产权、物权、债权、知识产权、继承权、股权、数据、网络虚拟财产、原始取得、继受取得、意思自治、不滥用权利。本考点考查角度如图 1-6 所示。

图1-6 "民事权利"考查角度

2. 关键词释义

(1) 自然人具有人格权，法人和非法人组织也具有人格权。法人、非法人组织的名誉权和荣誉权与自然人的人格权一样，不能用金钱去衡量，但是其姓名权是可以具有品牌价值的。

(2) 个人信息、股权、数据、网络虚拟财产，是新增的民事权利类型。

(3) 物权包括所有权、用益物权和担保物权；物包括动产和不动产。不动产可以抵押，动产可以抵押或质押。不动产的不可移动特点决定了诉讼时的专属管辖：诉讼标的是不动产的，不动产所在地人民法院具有管辖权。

(4) 知识产权只能质押，是因为知识产权属于无形财产，并且由于知识产权无法转移交付，因此质押权只有在登记时才能设立。

(5) 政府依法征收、征用民事主体的不动产或动产的，应当给予公平合理的补偿。这里是"补偿"，而不是"赔偿"。该项权利，正是行政复议法、行政诉讼法中允许调解、和解的事项之一。

(6) 债包括金钱之债和非金钱之债（物、行为、智力成果）。

(7) 民事权利的取得方式包括原始取得（第一所有人）、继受取得（通过转让、赠与等方式从他人手中取得）。

(8) 共有权利的单方面处置，不得损害他人的利益，因此多数情况下需要经全体共有人的同意。

3. 典型例题及解析

【例K05-1】根据民法典及相关规定，下列哪些权利属于人身权？

A. 选举权　　　　　B. 生命健康权　　　　　C. 荣誉权　　　　　D. 婚姻自主权

【解题思路】

我国宪法规定了年满18周岁的中国公民拥有选举权和被选举权，因此选举权是一项政治权利，选项A不符合题意。根据民法典的规定，自然人享有生命权、身体权、健康权、姓名权、肖像权、名誉权、荣誉权、隐私权、婚姻自主权等权利。因此选项B、C、D中的表述均属于人身权，符合题意，当选。

【参考答案】BCD

【例K05-2】张某和李某为夫妻，共同共有一套房产，不动产登记证明上只有张某的名字。后张某未征得李某同意私自将该房产以市价卖给了不知情的丁某，并办理了房产转移登记手续。根据民法典及相关规定，下列说法哪些是正确的？

A. 张某有权主张其房产买卖无效

B. 李某有权要求丁某返还该房产

C. 丁某取得了该房产的所有权

D. 李某有权以不知情为由，主张房产买卖无效

【解题思路】

根据民法典的规定，无处分权人将不动产或动产转让给受让人的，所有权人有权追回；除法律另有规定外，符合下列情形的，受让人取得该不动产或动产的所有权：①受让人受让该不动产或动产时是善意；②以合理的价格转让；③转让的不动产或动产依照法律规定应当登记的已经登记，不需要登记的已经交付给受让人。受让人依据前款规定取得不动产或动产的所有权的，原所有权人有权向无处分权人请求损害赔偿。本题中张某私自处分其夫妻共有财产的行为属于无权处分，因此李某有权请求其赔偿损失。丁某在不知情且支付合理对价的情况下，购买了房产，属于善意第三人，丁某符合善意取得财产的要件，因此李某无权要求丁某返还该房产，或主张该房产买卖无效。张某作为无权处分人，更无权主张房产买卖无效。据此，选项A、B、D均错误；选项C正确，当选。

【参考答案】 C

【K06】民事法律行为

1. 本考点的主要考查角度分析

本考点中包含的关键词有：意思表示、相对人、有效、无效、效力待定、恶意串通、虚假行为、重大误解、乘人之危、显失公平、欺诈、胁迫、撤销权、附条件、附期限。本考点考查角度如图1-7所示。

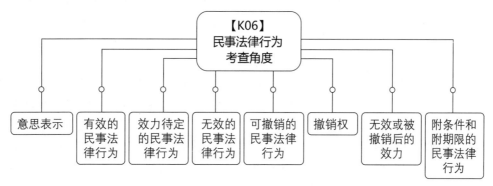

图1-7 "民事法律行为"考查角度

2. 关键词释义

（1）意思表示是建立民事法律关系的起点，生效时间与作出的方式有关：对话方式、非对话方式、公告方式等，还与有无相对人有关。

（2）民事主体有作出意思表示的能力，意思表示表达了其真实意愿并且不违法背俗，当然有效。当作出意思表示的人有能力欠缺的，就需要其法定代理人表态，确定其效力。

（3）没有能力作出意思表示的民事主体所实施的民事法律行为，无效。当民事主体之间所作出的意思表示，让无辜的第三人中枪，甚至侵害了国家利益、公共利益时，当然无效。当事人双方"恶意串通"，损害第三人利益的行为无效。虚假意思表示实施的行为是无效的，如表面上是房屋买卖行为，掩盖的却是行贿行为，当然无效。

（4）限制民事行为能力人作出的与其年龄、智力、精神健康状况相适应的民事法律行为直接有效。其作出的与其年龄、智力、精神健康状况不相适应的民事法律行为经法定代理人同意或追认后有效。民事法律行为被追认前，善意相对人有撤销的权利。这里的撤销权采用通知的方式即可行使。

(5) 在违背一方民事主体真实意愿的情况下［如欺诈、胁迫、重大误解，或是不得已而为之（乘人之危）］，所建立的民事法律关系是有失公平的，因此可撤销。此法条给了这样的民事主体一方向法院或仲裁机构申请撤销，寻求公平的救济机会，如果放弃这样的机会或一定时间内不行使权利，则撤销权丧失。

(6) 民事法律行为可以附条件或附期限，所附条件或附期限也是民事主体的意思表示，相对人有选择接受和不接受的权利，选择接受则需等待所附条件或所附期限成立，协议生效。附条件的民事法律行为，其所附条件可能成就也可能不成就；附期限的民事法律行为，其所附期限随着时间的推移，一定能成就。

3. 典型例题及解析

【例 K06-1】 根据民法典及相关规定，下列哪些民事法律行为无效？
A. 无民事行为能力人实施的
B. 显失公平的
C. 恶意串通，损害第三人利益的
D. 双方以虚假意思表示实施但没有损害第三人利益的

【解题思路】

根据民法典的规定，无民事行为能力人实施的民事法律行为无效。行为人与相对人恶意串通，损害他人合法权益的民事法律行为无效。行为人与相对人以虚假的意思表示实施的民事法律行为无效。因此选项 A、C、D 中的民事法律行为均无效，当选。选项 D 中的双方以虚假意思表示实施的民事法律行为，不论是否损害第三人的利益，依然无效。

根据民法典的规定，一方利用对方处于危困状态、缺乏判断能力等情形，致使民事法律行为成立时显失公平的，受损害方有权请求人民法院或仲裁机构予以撤销。因此选项 B 中的民事行为，受损害方享有撤销权，该撤销权需向人民法院或仲裁机构提出请求。

【参考答案】 ACD

【例 K06-2】 14岁的中学生甲作出了一项发明创造，并就此获得了一项发明专利。乙公司认为该项技术市场前景较好，遂与甲签订了专利权转让合同，以80万元的价格受让该项专利。根据民法典及相关规定，该转让合同的效力应当如何认定？
A. 合同自签订之日起有效
B. 由于甲不具有完全民事行为能力，因此该合同自始无效
C. 经甲的法定代理人追认后，该合同方为有效
D. 在甲的法定代理人追认之后，乙公司有权以甲不具有完全民事行为能力为由撤销该合同

【解题思路】

根据民法典的规定，8周岁以上的未成年人为限制民事行为能力人，实施民事法律行为由其法定代理人代理或经其法定代理人同意、追认。限制民事行为能力人实施的与其年龄、智力、精神健康状况不相适应的民事法律行为经法定代理人同意或追认后有效。民事法律行为被追认前，善意相对人有撤销的权利。

本题中甲作为一个限制民事行为能力人，其与乙公司以80万元转让价款签订的专利权转让合同，超出了甲的认知范围，明显与其年龄、智力不相适应，因此属于效力待定的民事法律行为。该合同需经过甲的法定代理人追认后，才发生法律效力。如果甲的

法定代理人对合同进行了追认，则自始有效；如果不进行追认，则自始无效。因此选项A、B均错误，合同自签订之日起被追认前效力待定。选项C正确，合同有效的条件为被甲的法定代理人追认。选项D错误，乙公司行使撤销权的时机应当在被甲的法定代理人追认之前；追认之后合同已经生效，则不能撤销。 【参考答案】C

【例K06-3】李某在大型国有公司工作，任知识产权经理。公司经理与其约定，在未来的一个月内，如果李某能够促成公司一项刚刚授权的发明专利成功转让，且转让金额在100万元以上，则奖励其带薪休假一周。根据民法典及相关规定，在李某促成该项专利转让之前，下列说法哪些是正确的？

A. 该约定既未成立，也未生效
B. 该约定已经成立，但未生效
C. 该约定是附条件的民事法律行为
D. 该约定是附期限的民事法律行为

【解题思路】

根据民法典的规定，民事法律行为可以附条件，但是按照其性质不得附条件的除外。附生效条件的民事法律行为，自条件成就时生效。附解除条件的民事法律行为，自条件成就时失效。民事法律行为可以附期限，但是按照其性质不得附期限的除外。附生效期限的民事法律行为，自期限届至时生效。附终止期限的民事法律行为，自期限届满时失效。

因此，本题中该公司经理与李某的约定达成时成立，但未生效。依据二者之间的约定，李某获得带薪休假一周奖励的条件为"李某在未来的一个月内，能够促成公司一项刚刚授权的发明专利成功转让，且转让金额在100万元以上"。该条件包含两个方面：一是期限"在未来的一个月内"，该期限一定能够成就；二是条件"成功转让发明专利金额在100万元以上"，该条件可能成就也可能不成就。因此公司经理与李某的约定既附条件又附期限。选项A错误；选项B、C、D均正确，当选。 【参考答案】BCD

【K07】代理

1. 本考点的主要考查角度分析

本考点中包含的关键词有：本人亲自实施、代理权限内、履行职责、恶意串通、代理事项违法、同意或追认、职权范围内、没有代理权、超越代理权、代理权终止、催告、撤销。本考点考查角度如图1-8所示。

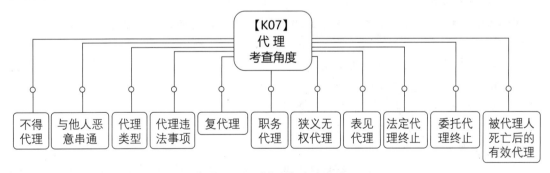

图1-8 "代理"考查角度

2. 关键词释义

（1）不得代理：应当由本人亲自实施的民事法律行为，不得代理。

（2）委托关系实际存在时：

① 代理人实施的行为违法，无论是被代理人的直接授意还是被代理人默许，二者均应当承担连带责任；

② 代理人履行职责不当，对被代理人承担违约责任；

③ 代理人和相对人恶意串通，损害被代理人合法权益的，代理人和相对人应当承担连带责任。

④ 自我代理中相对人存在特殊性：是被代理人自己或是被代理人的另一个委托人，当代理行为为被代理人所承认或追认时，代理行为有效。

⑤ 职务代理属于委托代理，行为人实施的代理行为有效，直接对其所属单位发生效力。

⑥ 复代理，即转委托。转委托得到委托人的承认即变更了委托关系中的受托方，新的代理人实施的行为对委托人发生效力；没有得到承认的转委托不发生变更原委托关系中的受托方的效力，因此新的代理人实施的行为后果由原受托人承担，向委托人承担责任。

（3）委托关系实际不存在时：

① 狭义无权代理中被代理人有追认权和拒绝权，相对人有催告权和撤销权；善意相对人还享有请求权。请求权是指行为人实施的行为未被追认的，善意相对人有权请求行为人履行债务或就其受到的损害请求行为人赔偿，但是赔偿的范围不得超过被代理人追认时相对人所能获得的利益。而相对人知道或应当知道行为人无权代理依然与其达成协议的，相对人要对自己的过错行为承担责任。

② 表见代理行为有效，对被代理人直接发生法律约束力。构成表见代理的前提是基于之前的有效代理行为，善意相对人信赖行为人依然有代理权。被代理人对外需要履行无权代理人实施的民事法律行为约定的义务，对内可以向代理人追偿。

（4）法定代理存在的前提是被代理人存在行为能力欠缺，当被代理人成为完全民事行为能力人时，法定代理终止；当法定代理人自己不再是完全民事行为能力人时，法定代理终止。

（5）委托代理存在的条件是委托人和被委托人达成了委托的合意。若合意关系破裂，则委托关系终止；当委托代理人自己不再是完全民事行为能力人时，委托代理终止。

（6）在委托代理实施过程中委托人死亡的，代理人继续实施的行为是否对委托人发生效力，取决于原有的约定是否与委托人死亡有关，或代理行为的实施是否是基于维护委托人的利益及被代理人的继承人是否追认。

3. **典型例题及解析**

【例 K07-1】代理人与第三人串通，损害被代理人利益的，根据民法典的规定，应当如何处理？

A. 由代理人和第三人负连带责任

B. 由代理人承担全部责任

C. 代理人承担次要责任，第三人承担主要责任

D. 代理人承担主要责任，第三人承担次要责任

【解题思路】

根据民法典的规定，代理人和相对人恶意串通，损害被代理人合法权益的，代理人和相对人应当承担连带责任。因此选项 A 正确，当选。其他选项均错误，不当选。

【参考答案】A

【例 K07-2】根据民法典及相关规定，下列哪些行为属于代理行为？

A. 律师李某接受章某委托代其提起民事诉讼

B. 甲专利代理机构接受单某委托为其提交专利申请

C. 乙公司董事长张某代表公司出席与外商的投资洽谈活动

D. 未成年人谢某的父亲以谢某名义购买一套商品房

【解题思路】

根据民法典的规定，民事主体可以通过代理人实施民事法律行为。委托代理人按照被代理人的委托行使代理权。法定代理人依照法律的规定行使代理权。本题中，选项A、B中代理关系均属于委托代理。选项D中谢某父亲的行为属于法定代理行为。谢某父亲的代理权是法律直接赋予其的权利。选项A、B、D当选。执行法人或非法人组织工作任务的人员，就其职权范围内的事项，以法人或非法人组织的名义实施的民事法律行为，对法人或非法人组织发生效力。因此，选项C中的乙公司董事长张某的行为属于职务代理行为，其行为后果直接由乙公司承担。选项C当选。　　**【参考答案】** ABCD

【例 K07-3】 根据民法典及相关规定，下列哪些情形下委托代理终止？

A. 代理人丧失民事行为能力　　　　　　B. 被代理人丧失民事行为能力

C. 作为代理人的法人终止　　　　　　　D. 作为被代理人的法人终止

【解题思路】

民法典规定了委托代理终止的情形。委托代理关系的设立，首先要求代理人具有民事行为能力，有能力接受委托，选项A、C中表述的代理人均不再具备接受委托的资格，因此代理关系终止。选项B中的被代理人丧失民事行为能力，不影响代理人的行为能力和代理关系，因此不会导致委托代理关系终止。选项D中的被代理人不复存在，没有了代理关系中的一方当事人，代理关系当然终止。选项A、C、D当选。

【参考答案】 ACD

【K08】民事责任

1. 本考点的主要考查角度分析

本考点中包含的关键词有：停止侵害、排除妨碍、消除危险、返还财产、恢复原状、修理、重作、更换、继续履行、赔偿损失、支付违约金、消除影响、恢复名誉、赔礼道歉、按份责任、连带责任、违约责任、侵权责任、竞合、不可抗力、正当防卫、紧急避险、无因管理受损害、见义勇为。本考点考查角度如图1-9所示。

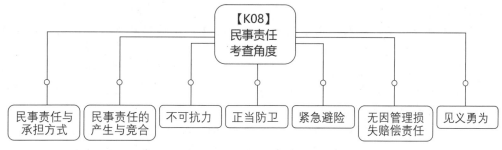

图1-9 "民事责任"考查角度

2. 关键词释义

（1）民法典规定的民事责任承担方式有11种，其中停止侵害、继续履行、赔偿损失、支付违约金4种，属于合同责任以及侵犯专利权、著作权、商标权等知识产权的民事责任承担方式，需要掌握含义，灵活运用。其他7种记住名词本身即可。

（2）当购买的产品造成人身损害、财产损失时，既可以要求销售者承担违约责任，也可以要求产品制造者承担侵权责任，但二者只能选其一向人民法院主张，此为"竞合"。

（3）不可抗力的发生是民事主体无法阻止的，因此属于免除民事责任的法定事由。

（4）正当防卫具有正当性，是正义与邪恶的对抗，因此免责，但正当防卫不能超过必要的限度。

（5）紧急避险是在紧急情况下为了维护自身利益采取的必要行为，但受损失一方毕竟无过错，因此引起紧急情况发生的民事主体需要承担相应的民事责任。

（6）无因管理受损害时：①由侵权人承担民事责任，受益人可以给予适当补偿；②没有侵权人、侵权人逃逸或无力承担民事责任，受益人应当给予适当补偿。

（7）见义勇为，属于社会应当倡导的行为，不能让英雄流血又流泪，不能让见义勇为的人行为时存在可能承担不利后果的负担，因此见义勇为的，无民事责任。

3. 典型例题及解析

【例K08-1】 根据民法典及相关规定，下列哪些属于承担民事责任的方式？

A. 停止侵害　　　　　　　　B. 吊销执业许可证
C. 赔礼道歉　　　　　　　　D. 修理、重作、更换

【解题思路】

根据民法典的规定，承担民事责任的方式主要有：停止侵害；排除妨碍；消除危险；返还财产；恢复原状；修理、重作、更换；继续履行；赔偿损失；支付违约金；消除影响、恢复名誉；赔礼道歉。因此选项A、C、D中的表述均为民事责任承担方式，当选。选项B中的吊销执业许可证，属于行政处罚，是一种行政责任承担方式，不当选。

【参考答案】 ACD

【例K08-2】 甲（未满18周岁）、乙因对丙不满，共同偷偷把丙的豪车划出几道深深的痕迹，丙要求甲、乙承担损害赔偿责任。根据民法典及相关规定，甲、乙应当如何承担民事责任？

A. 甲、乙应当承担按份赔偿责任
B. 甲、乙应当承担连带赔偿责任
C. 由于甲年龄不满18周岁，全部赔偿责任应当由乙承担
D. 虽然甲年龄不满18周岁，但全部赔偿责任由乙承担之后，乙可以向甲的法定监护人追偿甲应当承担的部分

【解题思路】

根据民法典的规定，二人以上依法承担按份责任，能够确定责任大小的，各自承担相应的责任；难以确定责任大小的，平均承担责任。二人以上依法承担连带责任的，权利人有权请求部分或全部连带责任人承担责任。连带责任人的责任份额根据各自责任大小确定；难以确定责任大小的，平均承担责任。实际承担责任超过自己责任份额的连带责任人，有权向其他连带责任人追偿。

本题中，甲、乙共同损害丙的财物，应当承担连带赔偿责任，与行为人的行为能力无关。丙可以请求甲、乙共同承担，或要求其中一人承担；承担之后再内部追偿。因此选项B、D均正确，当选。选项A、C均错误。

【参考答案】 BD

【K09】诉讼时效

1. 本考点的主要考查角度分析

本考点中包含的关键词有：3年、起诉法定代理人的诉讼时效、未成年人损害赔偿诉讼

时效、诉讼时效约定无效、诉讼时效期间届满、中止、中断、不适用诉讼时效。本考点考查角度如图 1-10 所示。

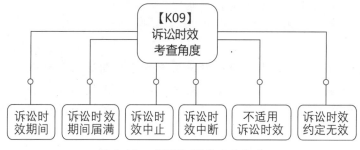

图 1-10 "诉讼时效"考查角度

2. 关键词释义

（1）一般诉讼时效期间为 3 年；法律另有规定的特殊诉讼时效，依照其规定。例如，专利法规定申请人对国家知识产权局作出的复审决定不服的，可以自收到通知之日起 3 个月内起诉。这里的 3 个月就是特殊诉讼时效期间。

（2）无民事行为能力人和限制民事行为能力人起诉其法定代理人的诉讼时效为 3 年，自法定代理终止之日起算。未成年人遭受性侵害的损害赔偿请求权自受害人满 18 周岁之日起算。

（3）诉讼时效期间届满的法律后果是原告丧失胜诉权，并不否认其存在的有效民事法律关系，因此人民法院不能主动适用诉讼时效的规定；义务人表示愿意履行责任的禁止反悔。

（4）诉讼时效为法律规定，当事人之间约定的诉讼时效是无效的。

（5）诉讼时效中止的法定事由包括不可抗力、法定代理人未确定或丧失民事行为能力等情形；诉讼时效中断的法定事由包括权利人提出请求、义务人同意、权利人提起诉讼或仲裁等。

（6）请求停止侵害、排除妨碍、消除危险，不动产物权和登记的动产物权的权利人请求返还财产，请求支付抚养费、赡养费或扶养费，依法不适用诉讼时效的其他请求权，不适用诉讼时效的规定，任何时间权利人提起诉讼的，不丧失其胜诉的权利。

3. 典型例题及解析

【例 K09-1】根据民法典及相关规定，下列哪些民事案件的诉讼时效期间为 3 年？

A. 甲被乙打伤，乙要求甲赔偿医药费、误工费等费用

B. 李某寄存在某火车站的财物被损毁，李某要求赔偿

C. 章某拒绝按约定向丁某支付注册商标专用权许可使用费，丁某要求支付

D. 丙公司与英国的丁公司签订了货物买卖合同，丁公司未按期交付货物，丙公司要求丁公司支付违约金及赔偿损失

【解题思路】

根据民法典的规定，向人民法院请求保护民事权利的诉讼时效期间为 3 年。法律另有规定的，依照其规定。因国际货物买卖合同和技术进出口合同争议而提起诉讼或申请仲裁的时效期间为 4 年。因此，选项 A、B、C 中表述的情形没有法律另行规定，均适用诉讼时效期间为 3 年的规定。选项 A、B、C 当选。选项 D 中涉及国际货物买卖合同，诉讼时效期间为 4 年，因此选项 D 不当选。 【参考答案】ABC

【例 K09-2】根据民法典及相关规定，下列哪些属于诉讼时效中断的事由？

A. 权利人通过其委托代理人向债务人提出履行债务的请求
B. 无民事行为能力人的法定代理人丧失行为能力，不能行使请求权
C. 由于不可抗力而导致权利人无法起诉
D. 债务人同意履行债务

【解题思路】

民法典中规定的诉讼时效中断的情形为在诉讼时效期间内，权利人向义务人明确提出了履行其义务的请求，提出方式包括直接向义务人主张或向人民法院起诉，或申请仲裁，以及其他类似情形，无论义务人态度如何，均起到了诉讼时效重新计算的效果。选项 A 中权利人通过其委托代理人向债务人提出履行债务的请求，选项 D 中债务人同意履行债务，均属于诉讼时效中断的事由，当选。

选项 B 中无民事行为能力人的法定代理人丧失行为能力，不能行使请求权，可以重新确定法定代理人；选项 C 中由于不可抗力而导致权利人无法起诉的，不发生诉讼时效中断的效力。该两种情形如果发生在诉讼时效期间的最后 6 个月，可以主张适用诉讼时效中止的规定。

【参考答案】 AD

三、本章同步训练题目

1. 根据民法典及相关规定，下列哪一种社会关系应由民法调整？
   A. 甲请求税务机关退还其多缴的个人所得税
   B. 吴某死亡后其妻子与子女之间因财产继承产生的关系
   C. 德国公民 Tom 与中国公民邢某因在中国结婚产生的关系
   D. 某市交警大队对张某违章停车作出的罚款决定

2. 根据民法典及相关规定，因下列哪些行为所产生的当事人之间的关系不属于民法调整的范围？
   A. 国家知识产权局受理王某提交的商标注册申请
   B. 发明人赵某委托甲专利代理机构办理专利申请事宜
   C. 乙海关检查丙公司进口的货物
   D. 丁县政府从戊公司购买一批电脑

3. 甲、乙二人同村，宅基地毗邻。甲的宅基地倚山、地势较低。乙因琐事与甲多次争吵而郁闷难解，便沿二人宅基地的边界线靠自家一侧，建起高 5 米围墙，影响甲家的采光，并使甲在自家院内却有身处监牢之感，倍感压抑。根据民法典及相关规定，乙的行为违背了下列哪一项基本原则？
   A. 自愿原则　　　B. 公平原则　　　C. 平等原则　　　D. 诚信原则

4. 张某户籍所在地是南京，大学毕业后在上海工作、居住了三年后，因工作关系，受公司派遣在香港连续工作了 8 个月。后因身体原因前往北京就医，至今在北京某医院住院已一年半。根据民法典及相关规定，张某在下列哪个城市的居住地视为其现在的住所？
   A. 南京　　　　　B. 上海　　　　　C. 香港　　　　　D. 北京

5. 根据民法典及相关规定，自然人的民事权利能力始于出生，下列哪一项以证明上记载的时间为准？
   A. 出生证明　　　B. 身份证登记　　C. 个人档案　　　D. 人事档案

6. 甲 17 岁时从职业高中毕业进入工厂当焊工，以自己的劳动收入为主要生活来源。根据民法典及相关规定，下列对甲某的民事行为能力的判断哪一项是正确的？

A. 属于完全民事行为能力人　　　　　　B. 属于限制民事行为能力人
C. 属于无民事行为能力人　　　　　　　D. 视为完全民事行为能力人

7. 根据民法典及相关规定，对于 7 岁的李某实施的下列哪些行为，他人可以以李某无完全民事行为能力为由主张无效？

A. 领取奖学金　　　　　　　　　　　　B. 接受其姑父赠与的价值 5 万元的手表
C. 自己购买一台价值 5 万元的手表　　　D. 自己购买一支价值 10 元的铅笔

8. 根据民法典及相关规定，下列关于监护人的说法哪些是正确的？

A. 无民事行为能力的成年人法定的第一顺序监护人是其父母

B. 限制民事行为能力的成年人法定的第一顺序监护人是其配偶

C. 对被监护人有能力独立处理的事务，监护人不得干涉

D. 人民法院在任何情况下都不能撤销法定监护人的资格

9. 陈某 8 周岁，多次在国际围棋大赛中获奖，并获得大量奖金。陈某的父母为了陈某的利益，考虑到将陈某的奖金存放银行增值有限，遂在征得陈某同意的情况下用其奖金全部购买了基金，但恰遇股市暴跌，陈某的奖金损失过半。根据民法典及相关规定，关于陈某父母的行为，下列哪些说法是正确的？

A. 陈某父母应对投资基金给陈某造成的损失承担 50% 的赔偿责任

B. 陈某父母不能随意处分陈某的财产

C. 陈某父母的行为构成无因管理，无须承担责任

D. 如主张赔偿，陈某对父母的诉讼时效期间自陈某满 18 周岁之日起算

10. 根据民法典及相关规定，下列关于宣告死亡的说法哪种是正确的？

A. 公民下落不明满 4 年的，利害关系人可以向人民法院申请宣告他死亡

B. 因意外事件下落不明的，不受 2 年时间的限制

C. 有民事行为能力人在被宣告死亡期间实施的民事法律行为无效

D. 因意外事件下落不明宣告死亡的，判决作出之日视为其死亡的日期

11. 王某误入传销骗局被"洗脑"，决心不挣到 1000 万就不与家人联系。2019 年，经王某妻子申请，人民法院宣告王某死亡，其名下的财产也被继承。2020 年，王某被公安机关解救，但害怕回到家遭到抱怨，谎称自己无家可归，以假名字刘某身份一直在其他城市打工，仍未与家人联系。2021 年 8 月回到家中。根据民法典及相关规定，下列哪些说法是正确的？

A. 如果王某下落不明不满 4 年，人民法院不应宣告其死亡

B. 经王某申请，人民法院应当撤销对他的死亡宣告

C. 王某被宣告死亡期间，以刘某身份购买手机的行为有效

D. 王某无权请求返还其被继承的财产

12. 李某被法院宣告失踪，其妻覃某被指定为李某的财产代管人。1 个月后，覃某将登记在自己名下的夫妻共有房屋出售给赵某，交付并办理了过户登记。在此过程中，覃某向赵某出示了李某被宣告失踪的判决书，并将房屋属于夫妻二人共有的事实告知了赵某。1 年后，李某重新出现，并经法院撤销了失踪宣告。现李某要求赵某返还房屋。根据民法典及相关规定，下列哪些说法是正确的？

A. 赵某善意取得房屋所有权，李某无权请求返还

B. 赵某不能善意取得房屋所有权，李某有权请求返还

C. 覃某出售夫妻共有房屋构成代理，赵某取得房屋所有权

D. 覃某将卖房所得的部分钱款用于偿还李某债务的行为有效

13. 根据民法典及相关规定，下列关于法人的说法哪些是正确的？
   A. 法人是具有民事权利能力和民事行为能力，依法独立享有民事权利和承担民事义务的组织
   B. 法人的民事权利能力和民事行为能力，从法人成立时产生，到法人终止时消灭
   C. 法人终止，应当依法进行清算，停止清算范围外的活动
   D. 法人以它的主要办事机构所在地为住所

14. 根据民法典及相关规定，关于法人，下列哪些表述是正确的？
   A. 法定代表人以法人名义从事的民事活动，其法律后果由法人承受
   B. 法定代表人以本人名义从事的民事活动，其法律后果由法人承受
   C. 法人章程对法定代表人代表权的限制，不得对抗相对人
   D. 个人独资企业均不是法人

15. 甲公司的注册地在上海，其在广州全资设立了法人企业乙公司。2018年年底，由于全球经济衰退，乙公司欠下丙公司人民币5亿元债务。根据民法典及相关规定，下列哪些说法是正确的？
   A. 该债务应以甲公司的全部财产清偿
   B. 该债务应以乙公司的全部财产清偿
   C. 甲公司应当对乙公司的债务承担连带责任
   D. 当乙公司的全部财产不足清偿时，由甲公司承担补充责任

16. 根据民法典及相关规定，下列有关法人的说法哪些是正确的？
   A. 法人的民事权利能力与民事行为能力的存续时间一致
   B. 法人以它的主要办事机构所在地为住所
   C. 企业法人分立的，它的权利和义务由分立后的法人自行协商确定承担比例
   D. 法人终止的，应当停止一切活动

17. 根据民法典及其他相关规定，下列哪项权利可以依法转让？
   A. 名称权   B. 荣誉权   C. 姓名权   D. 名誉权

18. 根据民法典对知识产权的相关规定，下列哪些属于知识产权保护的客体？
   A. 发明   B. 网络虚拟财产   C. 商业秘密   D. 数据

19. 根据民法典及相关规定，下列哪一情形构成对生命权的侵犯？
   A. 小张视其长发如生命，闺蜜趁小张不备偷偷剪掉了她的长发，小张气愤至极发誓与闺蜜绝交
   B. 小刘长期受抑郁症折磨，闺蜜小丁根据小刘的要求购买了农药帮助其完成了自杀行为
   C. 小夏出于报复欲致情敌小辛于死地，结果将小辛打成了重伤
   D. 李医师因手术操作失误而导致病人老杨胆囊被切除，老杨要求李医师承担责任

20. 根据民法典及相关规定，下列关于按份共有人权利义务的说法哪些是正确的？
   A. 共有人对共有财产享有共同的权利，承担共同的义务
   B. 共有人按照各自的份额，对共有财产分享权利，分担义务
   C. 在共有人出售其份额时，其他共有人在同等条件下有优先购买的权利
   D. 按份共有人有权要求将自己的份额分出或转让

21. 老张是一位出租车司机，与小李是邻居。某日老张见小李家起火，唯恐大火蔓延自家受损，遂率家人救火，火势得到及时控制，但老张被烧伤，住院治疗两个月，花去医疗费3万元，期间因耽误开车造成收入减少2万元。根据民法典及相关规定，下列哪项表述是正确的？

A. 老张主观上为避免自家房屋受损，不构成无因管理，应自行承担医疗费用3万元

B. 老张依据无因管理可以向小李主张偿还医疗费和误工收入共计5万元

C. 老张依据无因管理可以向小李主张偿还医疗费和误工收入共计5万元，还可以主张适当的精神损失费

D. 老张依据无因管理可以向小李主张偿还医疗费3万元，对于收入减少的2万元可以要求小李适当补偿

22. 根据民法典及相关规定，下列哪些情形构成不当得利？

A. 小张采用扫码方式向小贾支付早餐费，误将输入20元费用输入成6位支付密码，导致支付了20多万元

B. 小李不知诉讼时效已过，向小赵清偿债务10万元

C. 小吴疫情期间误把飞入自家阳台的鸡当成野鸡吃掉，后得知是邻居小王家的

D. 小丁雇用的装修工人误把邻居小孙家的地板砖用于小丁家的房屋装修

23. 甲、乙、丙、丁按份共有一辆大型挖掘机，份额分别为40%、30%、20%、10%。丁欲将其共有份额转让，戊愿意以50万元的价格购买，价款一次付清。根据民法典及相关规定，关于丁的共有份额转让，下列哪项表述是正确的？

A. 丁向戊转让其共有份额，须经甲、乙、丙同意

B. 如甲、乙、丙均没有以同等条件主张优先购买权，则丁可以把份额转让给戊

C. 如甲在法定期限内以50万元分期付款的方式要求购买该共有份额，则丁应当把份额转让给甲

D. 如丁改为向丙转让其共有份额，甲、乙在同等条件下享有优先购买权

24. 根据民法典及相关规定，下列哪些说法是正确的？

A. 以对话方式作出的意思表示，相对人知道其内容时生效

B. 以非对话方式作出的意思表示，相对人知道其内容时生效

C. 无相对人的意思表示，表示完成时生效

D. 以公告方式作出的意思表示，公告期满时生效

25. 根据民法典及相关规定，有效的民事法律行为应当具备下列哪些条件？

A. 行为人具有相应的民事行为能力

B. 意思表示真实

C. 有明确的相对人

D. 不违反法律、行政法规的强制性规定，不违背公序良俗

26. 根据民法典及相关规定，下列合同中属于可撤销合同的是哪项？

A. 无民事行为能力人签订的合同

B. 以虚假意思表示签订的合同

C. 基于重大误解订立的合同

D. 订立的合同显失公平的

27. 甲在乙的胁迫下签署了一份将自己房屋卖给乙的合同，根据民法典及相关规定，关于该合同行为的效力，下列哪项表述是正确的？

A. 无效民事行为 B. 效力待定民事行为
C. 合法民事行为 D. 可撤销民事行为

28. 根据民法典及相关规定，下列哪项表述是正确的？

A. 乘人之危当事人自知道撤销事由之日起1年内行使撤销权

B. 乘人之危当事人自知道撤销事由之日起3个月行使撤销权

C. 无民事行为能力人签订的合同其法定代理人可以向人民法院主张撤销

D. 当事人受胁迫，自胁迫行为开始之日起1年内没有行使撤销权的，撤销权消灭

29. 根据民法典及相关规定，下列哪些情形属于无效合同？

　　A. 甲医院以国产假肢冒充进口假肢，高价卖给乙

　　B. 赵某、李某为了在办理房屋过户登记时避税，将实际成交价为100万元的房屋买卖合同价格写为60万元

　　C. 甲、乙夫妻二人委托未婚女丙代孕，约定事成后补偿乙50万元

　　D. 张某母亲身患肺癌急需用钱，江某趁机以低价收购张某收藏多年的一副玉镯，出于无奈的张某与江某签订了买卖合同

30. 甲委托乙采购一批西装，乙受丙诱骗高价采购了一批假冒某知名品牌的T恤衫。丙一直以销售假冒品牌服装为业，甲对此知情。根据民法典及相关规定，关于T恤衫买卖合同，下列哪些表述是正确的？

　　A. 甲有权追认　　　　　　　　B. 乙有权申请撤销

　　C. 丙有催告权　　　　　　　　D. 丙有权撤销

31. 根据民法典及相关规定，下列哪些说法是正确的？

　　A. 无效的民事行为从行为开始起就没有法律约束力

　　B. 无效的民事行为从人民法院确认无效之日起无法律约束力

　　C. 被撤销的民事行为从行为开始起无效

　　D. 被撤销的民事行为从人民法院撤销该民事行为之日起无效

32. 刘某意外死亡，其妻张某怀孕两个月。刘某父亲老刘与张某签订协议："如把孩子顺利生下来，就送10万元给孩子。"当日老刘把6万元转给了张某。孩子顺利出生后，张某不同意把孩子交给老刘抚养，老刘拒绝支付剩余的4万元，并要求张某退回之前的6万元。根据民法典及相关规定，下列哪些选项是正确的？

　　A. 老刘与张某签订的协议属于附期限的合同

　　B. 孩子为胎儿，不具备权利能力，故协议无效

　　C. 孩子已出生，故老刘不得拒绝支付剩余的4万元

　　D. 6万元已转账，故老刘不得要求退回

33. 根据民法典及相关规定，下列关于代理的说法哪些是正确的？

　　A. 代理包括委托代理和法定代理

　　B. 代理人应当在代理权限内，以被代理人的名义实施民事法律行为

　　C. 依照法律规定应当由本人实施的民事法律行为，不得代理

　　D. 委托代理人转委托第三人代理的，应当取得被代理人的同意或追认

34. 根据民法典及相关规定，下列有关代理的说法哪些是正确的？

　　A. 被代理人知道代理人实施的代理行为违法而不反对的，由被代理人承担责任

　　B. 代理人不履行职责而给被代理人造成损害的，应当承担民事责任

　　C. 某公司销售人员代表公司与他人签订产品销售合同的，由该公司承担后果

　　D. 代理人和第三人恶意串通，损害被代理人的利益的，由代理人和第三人负连带责任

35. 甲公司员工赵某受公司委托从乙公司订购100台净水器，赵某与乙公司私下商定将净水器单价比正常售价每台提高300元，乙公司给赵某每台150元的回扣。商定后，赵某以甲公司名义与乙公司签订了买卖合同。根据民法典及相关规定，下列哪项是正确的？

　　A. 该买卖合同以合法形式掩盖非法目的，因而无效

　　B. 赵某的行为属无权代理，买卖合同效力待定

C. 乙公司行为构成对甲公司的欺诈，买卖合同属可撤销合同

D. 赵某与乙公司恶意串通损害甲公司的利益，应对甲公司承担连带责任

36. 根据民法典关于无权代理民事法律行为的相关规定，下列关于无权代理法律后果的表述哪项是错误的？

A. 相对人可以催告被代理人自收到通知之日起两个月内予以追认

B. 行为人实施的行为未被追认的，善意相对人只能就其受到的损害请求行为人赔偿

C. 相对人知道或应当知道行为人无权代理的，相对人和行为人按照各自的过错承担责任

D. 善意相对人请求赔偿范围包括其代理行为成立可能获得的利益及违约金

37. 根据民法典及相关规定，下列哪些情形下委托代理终止？

A. 代理人死亡　　　　　　　　　　B. 被代理人死亡

C. 代理人丧失民事行为能力　　　　D. 被代理人恢复民事行为能力

38. 甲公司受韦某的委托代为办理注册商标申请事务。代理事务尚未完成时，韦某去世。根据民法典及相关规定，在下列哪些情况下，甲公司在韦某死亡后实施的代理行为有效？

A. 甲公司不知道韦某死亡的

B. 甲公司在韦某死亡前已经进行而在韦某死亡后为了韦某的继承人的利益继续完成的

C. 韦某和甲公司签订的委托合同中约定代理事务完成时代理权终止的

D. 韦某的继承人均予以承认的

39. 甲和乙为丙的连带债务人。后甲和乙约定，甲负责偿还20%的债务，乙负责偿还80%的债务。对此，根据民法典及相关规定，下列哪些说法是正确的？

A. 丙可以请求甲偿还全部债务

B. 丙可以请求乙偿还全部债务

C. 甲偿还了全部债务后，有权请求乙偿付其应当承担的80%的债务

D. 甲有权拒绝偿还超过20%的债务

40. 根据民法典及相关规定，下列哪些属于承担民事责任的方式？

A. 消除危险　　　B. 吊销营业执照　　　C. 恢复原状　　　D. 排除妨碍

41. 一日甲在骑摩托车回家的路上看到对面一辆逆向行驶的汽车，紧急情况下冲向路边一家小餐馆乙，造成小餐馆损失800元。甲受伤倒地后被紧急送往医院救治花费医疗费2000元，甲修车费花去1000元。根据民法典及相关规定，甲的治疗费用和小餐馆乙损失的民事责任应当如何承担？

A. 甲的治疗费应当由汽车司机承担　　　B. 甲的修车费应当由汽车司机承担

C. 乙的损失应当由甲承担　　　　　　　D. 乙的损失应当由汽车司机承担

42. 根据民法典等相关法律规定，下列哪些属于法定减轻或免除民事责任的情形？

A. 不可抗力　　　B. 紧急避险　　　C. 正当防卫　　　D. 意外事件

43. 根据民法典及相关规定，下列关于诉讼时效的论述中错误的有哪些？

A. 因国际货物买卖发生纠纷的，诉讼时效期间为3年

B. 寄存财物被丢失的，诉讼时效期间为1年

C. 诉讼时效期间自权利人知道或应当知道权利受到损害以及义务人之日起计算

D. 诉讼时效不得延长

44. 根据民法典及相关规定，下列关于诉讼时效的说法哪种是正确的？

A. 诉讼时效期间届满，债务人履行债务后反悔的，人民法院应当予以支持

B. 超过诉讼时效期间，当事人自愿履行的，不受诉讼时效限制

C. 诉讼时效中止的，从中止时效的原因消除之日起，诉讼时效期间重新计算

D. 诉讼时效因提起诉讼而中断，从判决书履行期限届满之日起，诉讼时效期间继续计算

45. 根据民法典及相关规定，下列情形发生属于诉讼时效中止的有哪些？

A. 债权人张某电话通知债务人赵某还款

B. 在诉讼时效期间的最后 4 个月内，发生了地震

C. 在诉讼时效期间的最后 6 个月内，15 岁的债权人小贾的父母在一次事故中丧生

D. 债权人李某起诉了债务人韦某要求还款

46. 根据民法典及相关规定，下列事由中，不适用诉讼时效的情形的有哪些？

A. 居住三楼的甲以妨碍其通行权为由，请求居住二楼的乙清除其堆放在楼道里的杂物

B. 张某请求银行支付其 10 年前的存款利息

C. 赵某请求刘某腾退其长期霸占的老屋

D. 肖某请求其儿子支付最近 5 年的赡养费共计 6 万元

第二章

《民法典（合同编）》

一、本章核心考点

本章包含的核心考点如图 2-1 所示。

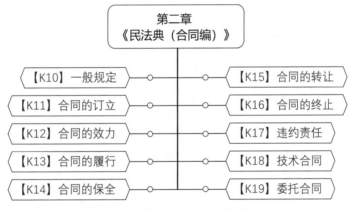

图 2-1 《民法典（合同编）》核心考点

二、核心考点分析

【K10】一般规定

1. 本考点的主要考查角度分析

本考点中包含的关键词有：民事主体、设立、变更、终止、民事法律关系、协议、婚姻、收养、监护、身份关系、依法成立、当事人、法律约束力。本考点考查角度如图 2-2 所示。

2. 关键词释义

（1）合同之债是债的一种重要形式，因此合同关系也是一种债权债务关系。

（2）与《总则编》相比，《合同编》调整的同样是平等民事主体之间的民事法律关系；不同的是《总则编》既调整民事主体之间的财产关系，又调整民事主体之间的人身关系，而《合同编》仅调整民事主体之间的财产关系。

（3）属于"婚姻""收养""监护"关系的，不属于合同编调整的范围，民事主体之间采

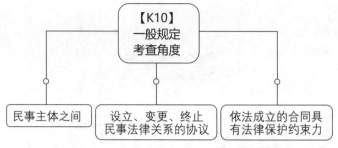

图 2-2 "一般规定"考查角度

用"协议"方式自主构建的这种身份关系，无效。

（4）平等民事主体之间可以通过协议设立一种民事法律关系，也可以在设立之后进行变更或终止，只要合同各方达成合意即可。

（5）民事主体之间一旦就财产关系达成合意，即受法律保护，合意各方的行为即受协议约束，否则需承担相应的违约责任。

3. 典型例题及解析

【例 K10-1】根据民法典及相关规定，下列哪些说法是正确的？

A. 合同关系是发生在平等的民事主体之间的民事法律关系

B. 合同当事人缔结协议的，应当遵循诚信原则

C. 合同关系一定是等价有偿关系

D. 合同关系体现了民事主体之间的意思自治

【解题思路】

民法典中规定，合同是民事主体之间设立、变更、终止民事法律关系的协议。民事主体从事民事活动，应当遵循诚信原则。民事主体从事民事活动，应当遵循自愿原则，按照自己的意思设立、变更、终止民事法律关系。因此选项 A、B、D 均正确，当选。选项 C 错误，并不是所有的合同关系都是等价有偿的，赠与合同就是赠与人将自己的财产无偿给予受赠人，受赠人表示接受赠与的合同。

【参考答案】ABD

【K011】合同的订立

1. 本考点的主要考查角度分析

本考点中包含的关键词有：书面、口头、要约邀请、要约、承诺、撤回、撤销、新要约、成立时间、成立地点、生效、格式条款、不合理地免除责任、减轻责任、加重对方责任、限制对方权利、无效、格式条款、非格式条款、悬赏广告、缔约过失责任、保密义务。本考点考查角度如图 2-3 所示。

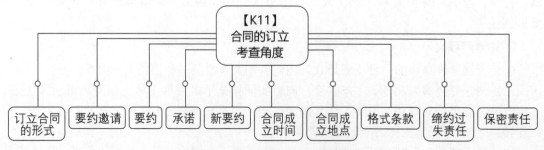

图 2-3 "合同的订立"考查角度

2. 关键词释义

（1）订立合同可以采用书面形式、口头形式；以电子数据交换、电子邮件等方式订立的属于书面形式。

（2）招标公告、招股说明书、商业广告和宣传、寄送的价目表等为要约邀请。

（3）要约：要约人首先表明态度保证自己将遵守作出的"内容具体确定"的各项协议内容，只要受要约人作出承诺，合意即达成。

（4）作出要约后可后悔：①撤回的意思表示最迟与要约同时到达受要约人；②撤销的意思表示要在受要约人作出承诺之前通知受要约人。

（5）受要约人表态后，要约即失效；受要约人接受要约中提出的条件为承诺；受要约人改变要约实质内容为新要约。

（6）承诺生效的时间为合同成立的时间。签书面合同的，最后签章的时间为合同成立的时间；最后签章的地点为合同成立的地点。

（7）合同一方事先拟定好的合同条款为格式条款。损人、利己、损人且利己的格式条款无效。拟定格式条款时已经最大限度对自己有利了，解释不一致时不能再对他有利。

（8）为了达成协议前期付出了人力物力，披露了自己的商业秘密，最终协议未达成；双方均无恶意，所有的付出为合理代价；如果一方带有恶意，或之后不履行保密义务，则应当让其承担缔约过失责任。

（9）发布悬赏广告的，应当做到言而有信。

3. 典型例题及解析

【例 K11-1】 根据民法典及相关规定，下列哪些选项属于要约？

A. 超市货架上的一台电视机标价10999元

B. 自动售货机上标明一瓶茶饮料3元

C. 在法院举行的拍卖现场，甲举牌竞拍

D. 乙公司发布招标公告，采购一台500kV电力变压器

【解题思路】

民法典中规定，要约是希望与他人订立合同的意思表示，该意思表示应当符合的条件为：①内容具体确定；②表明经受要约人承诺，要约人即受该意思表示约束。要约邀请是希望他人向自己发出要约的表示。拍卖公告、招标公告、招股说明书、债券募集办法、基金招募说明书、商业广告和宣传、寄送的价目表等为要约邀请。本题选项A中超市货架上的一台电视机展示的有具体的规格型号，还标明了价格，因此构成要约。选项B中的自动售货机上标明的一瓶茶饮料，价格明确具体，顾客以投币或其他方式进行购买即可，因此构成要约。选项C中甲在拍卖现场，每次举牌竞拍的行为表明了对拍卖物品的报价价格，构成要约。选项D中乙公司发布招标公告，希望投标人报价等，因此属于要约邀请。

【参考答案】 ABC

【例 K11-2】 10月1日，甲给乙发微信表示愿意将一只古董花瓶以28万元的价格出卖给乙，乙10天内回复有效。10月2日，乙给甲发微信说："若甲愿意将价格降至22万元，则自己决定购买。"甲接到信息后未予回复。10月6日，乙又给甲发微信表示："同意以28万元的价格购买该古董花瓶，两天后即前往付款取货。"甲接到信息后又未予回复。10月9日，乙携带28万元现金前往甲处时，才发现甲已于10月8日将古董花瓶出卖给了丙，丙已付款但尚未取走花瓶。乙给甲留下28万元，强行将古董花瓶取走。

对此，根据民法典及相关规定，下列哪些表述是正确的？

A. 甲、乙间的古董花瓶买卖合同成立并生效，价款为22万元

B. 甲、乙间的古董花瓶买卖合同成立并生效，价款为28万元

C. 乙无权取得古董花瓶所有权

D. 丙有权请求甲交付古董花瓶

【解题思路】

民法典中规定，要约是希望与他人订立合同的意思表示。要约失效的情形包括：①要约被拒绝；②要约被依法撤销；③承诺期限届满，受要约人未作出承诺；④受要约人对要约的内容作出实质性变更。本题中甲10月1日发给乙的信息为要约；乙10月2日发给甲的信息中改变了价格，为新要约，且该信息也导致甲10月1日发给乙的要约失效。乙10月6日发给甲的信息已经无意义。因此选项A、B均错误，选项C正确。乙10月9日把28万元留给甲并强行取走古董花瓶的行为没有法律依据，属于非法行为。丙在与甲达成合意的情况下已向甲付款但尚未取走花瓶，不影响丙取得花瓶所有权，因此有权利要求甲交付古董花瓶，选项D正确。

【参考答案】CD

【例K11-3】根据民法典及相关规定，下列哪些说法是正确的？

A. 当事人采用电子邮件方式订立合同，并约定在合同成立之前签订确认书的，签订确认书时合同成立

B. 当事人采用合同书形式订立合同的，双方当事人签字或盖章地点不同的，两个地点均为合同成立的地点

C. 当事人采用合同书形式订立合同的，在双方签名、盖章或按指印之前，当事人一方已经履行主要义务，对方接受时，该合同成立

D. 悬赏人以公开方式声明对完成特定行为的人支付报酬的，完成该行为的人可以请求其履行承诺

【解题思路】

民法典中规定，当事人采用信件、数据电文等形式订立合同要求签订确认书的，签订确认书时合同成立。因此选项A正确，当选。选项B错误，当事人采用合同书形式订立合同的，最后签名、盖章或按指印的地点为合同成立的地点。选项C正确，当事人采用合同书形式订立合同的，在签名、盖章或按指印之前，当事人一方已经履行主要义务，对方接受，说明以实际行动表明了双方合意已达成，合同成立。选项D正确，悬赏人以公开方式声明对完成特定行为的人支付报酬的，构成悬赏广告，有行为人按照悬赏广告的请求完成特定行为的，悬赏人应当履行承诺。

【参考答案】ACD

【例K11-4】根据民法典及相关规定，关于合同中的格式条款，下列哪些说法是正确的？

A. 格式条款是当事人为了重复使用而预先拟定并在订立合同时未与对方协商确定的条款

B. 提供格式条款一方排除对方主要权利的，该条款无效

C. 格式条款和非格式条款不一致的，应当采用非格式条款

D. 对格式条款有两种以上解释的，应当作出有利于提供格式条款一方的解释

【解题思路】

民法典中规定，格式条款是当事人为了重复使用而预先拟定，并在订立合同时未与对方协商的条款。提供格式条款一方排除对方主要权利的，该格式条款无效。对格式条

款有两种以上解释的，应当作出不利于提供格式条款一方的解释。格式条款和非格式条款不一致的，应当采用非格式条款。因此选项A、B、C均正确。选项D错误，存在两种解释的，应当作出不利于提供格式条款一方的解释。 　　　　　　　【参考答案】ABC

【例K11-5】根据民法典及相关规定，当事人在订立合同过程中有下列哪些行为，造成对方损失的，应当承担赔偿责任？

A. 假借订立合同，恶意进行磋商
B. 故意隐瞒与订立合同有关的重要事实
C. 泄露在订立合同过程中知悉的尚未对外公开的技术信息
D. 不正当使用在订立合同过程中知悉的商业秘密

【解题思路】

民法典中规定，当事人在订立合同过程中造成对方损失的，应当承担赔偿责任的情形包括：①假借订立合同，恶意进行磋商；②故意隐瞒与订立合同有关的重要事实或提供虚假情况；③有其他违背诚信原则的行为。当事人在订立合同过程中知悉的商业秘密或其他应当保密的信息，无论合同是否成立，不得泄露或不正当地使用；泄露、不正当地使用该商业秘密或信息，造成对方损失的，应当承担赔偿责任。因此选项A、B、C、D中的行为，给对方造成损失的，均应当承担缔约过失责任。　　　【参考答案】ABCD

【K12】合同的效力

1. 本考点的主要考查角度分析

本考点中包含的关键词有：成立与生效、追认、越权、超经营范围、无效免责条款、争议解决条款。本考点考查角度如图2-4所示。

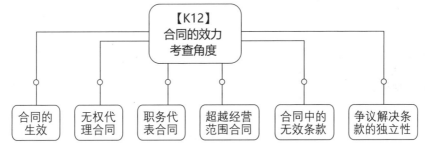

图2-4 "合同的效力"考查角度

2. 关键词释义

（1）一般情况下，合同成立与生效同时发生。特殊情况下，合同先成立后生效：经过批准才生效、附条件、附期限。专利权、注册商标专用权转让合同的特殊性：转让合同成立即生效，但专利权或注册商标专用权经登记才发生转让。知识产权质押合同成立即生效，但质押权经登记才设立。

（2）无权代理合同，效力待定。被代理人用实际行动履行合同或接受对方的履行的，视为追认。

（3）单位内部对法定代表人、执行合伙人的权利有限制，但对外超越限制实施的，有效，体现了对善意相对人信赖利益的保护。

（4）超越经营范围的，非特许经营的，只要不侵害对方利益，尊重意思自治，不给一方反悔以借口。

(5) 合同中损人利己又无责的条款，无效。

(6) 合同中争议解决条款具有独立性：方便善后。

3. 典型例题及解析

【例 K12-1】 根据民法典及相关规定，下列哪些表述是正确的？

A. 依法成立的合同，成立时当然生效

B. 未办理批准等手续影响合同生效的，合同自始无效

C. 无权代理合同，追认前接受相对人履行的，视为追认

D. 教育机构超越经营范围与相对人订立图书服务合同，不影响合同效力

【解题思路】

民法典中规定，依法成立的合同，自成立时生效，但是法律另有规定或当事人另有约定的除外。因此选项 A 中的表述过于绝对，不正确。选项 B 错误，订立的合同是否无效，与需要办理批准手续而未办理无关。需要办理批准手续而未办理影响合同生效的，不影响合同中履行报批等义务条款以及相关条款的效力。选项 C 正确，无权代理人以被代理人的名义订立合同，被代理人接受相对人履行的，视为对合同的追认。选项 D 正确，当事人超越经营范围订立的合同的效力，不存在无效情形的，不得仅以超越经营范围确认合同无效。

【参考答案】 CD

【例 K12-2】 根据民法典及相关规定，下列属于合同中无效免责条款的有哪些？

A. 造成对方人身伤害的　　　　B. 因故意造成对方财产损失的

C. 因重大过失造成对方财产损失的　　D. 因不可抗力造成对方财产损失的

【解题思路】

民法典中规定，合同中的无效免责条款包括：①造成对方人身损害的；②因故意或重大过失造成对方财产损失的。因此选项 A、B、C 的表述均属于合同无效免责条款，当选。选项 D 错误，当事人一方因不可抗力不能履行合同的，部分或全部免除责任，属于有效免责条款。

【参考答案】 ABC

【K13】合同的履行

1. 本考点的主要考查角度分析

本考点中包含的关键词有：全面履行、约定不明确、电子合同的交付、选择之债、金钱之债、按份之债、连带之债、代履行、同时履行、先后履行、不安履行、抗辩权、提前履行、部分履行、情势变更。本考点考查角度如图 2-5 所示。

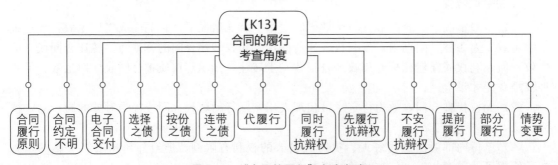

图 2-5 "合同的履行"考查角度

2. 关键词释义

(1) 全面履行，践行订立时的承诺，但不得损害公共利益。

(2) 约定不明时，补充合同条款或依照大众惯例以及以实现合同目的为原则。

(3) 履行地点不明，则履行地点为出货方所在地、收钱方所在地并以该地的法定货币履行。

(4) 选择之债，选择权在债务人，过期选择权转移；选择后通知对方。

(5) 按份债权，共同债权人按份取得；按份债务，共同债务人按份履行义务。

(6) 连带之债权，部分共同债权人可要求义务人履行全部债权；连带之债务，债权人可要求部分债务人履行全部债务，履行完毕后内部追偿。

(7) 代履行，关键是"代"字，实际合同相对人不发生改变，因此第三人代履行不合格，不承担违约责任。

(8) 抗辩权成立，则无违约责任；同时履行，你不履行我也可以不履行；先履行的不履行，无权要求后履行者履行；不安履行者为先履行人，因为不安所以中止履行。声称不安要确有证据；对方提供担保则消除不安，需继续履行；中止后仍不安，可解除合同并要求对方承担违约责任。

(9) 提前履行，部分履行，均为单方面打破原有合意，不得强求，额外增加费用自担。

(10) 情势变更，无力阻止，可重新协商；协商不成，可请求变更或解除。

3. 典型例题及解析

【例K13-1】南宁甲公司向重庆乙公司购买一批柑橘，合同对付款地点和交货期限没有约定，事后未能达成补充协议，并且按照合同有关条款或交易习惯也不能确定。根据民法典及相关规定，下列哪些说法是正确的？

A. 南宁甲公司付款给重庆乙公司应在南宁履行
B. 南宁甲公司付款给重庆乙公司应在重庆履行
C. 重庆乙公司可以随时交货给南宁甲公司，甲公司不得有异议
D. 重庆乙公司可以随时交货给南宁甲公司，但是应当给甲公司必要的准备时间

【解题思路】

民法典中规定，履行地点不明确，给付货币的，在接受货币一方所在地履行；交付不动产，在不动产所在地履行；其他标的，在履行义务一方所在地履行。履行期限不明确的，债务人可以随时履行，债权人也可以随时请求履行，但是应当给对方必要的准备时间。本题中南宁甲公司向重庆乙公司购买货物，则南宁甲公司为付款方，重庆乙公司为接受货币方。因此在无法确定付款地点时，应当以接受货币方即乙公司所在地重庆为履行地。因此选项A错误，选项B正确。在交货期限没有约定也无法确定的情形下，双方都可以随时请求对方履行，但应当给予对方必要的准备时间。因此选项C错误，选项D正确。无论哪一方请求随时履行，都应当给对方必要的准备时间。【参考答案】BD

【例K13-2】甲向乙借款10万元，并约定1年后由甲的儿子丙向乙偿还借款。1年后丙未能按约定履行债务。根据民法典及相关规定，谁应当向乙承担违约责任？

A. 甲　　　　B. 丙　　　　C. 甲或丙　　　　D. 甲和丙

【解题思路】

民法典中规定，当事人约定由第三人向债权人履行债务，第三人不履行债务或履行债务不符合约定的，债务人应当向债权人承担违约责任。根据合同的相对性，本题中债

权债务关系发生在甲、乙之间，双方虽然约定由甲的儿子代为偿还，但并未改变合同双方的地位，因此在丙未能按约定履行债务时，由甲向乙承担违约责任。选项A正确，其他选项错误。

【参考答案】A

【例K13-3】2020年5月6日，甲公司与乙公司签约，约定甲公司于6月1日付款，乙公司6月15日交付"连升"牌自动扶梯。合同签订后10日，乙公司销售给他人的"连升"牌自动扶梯发生重大安全事故，质监局介入调查后出具了检测报告，明确乙公司产品存在安全隐患。甲公司6月1日未付款。下列哪些表述是正确的？

　　A.甲公司有权要求乙公司交付自动扶梯
　　B.乙公司有权行使先履行抗辩权
　　C.甲公司有权行使不安抗辩权
　　D.甲公司有权主张解除合同

【解题思路】

民法典中规定，先履行一方履行债务不符合约定的，后履行一方有权拒绝其相应的履行请求。应当先履行债务的当事人，有确切证据证明对方具有不能履行义务风险的，可以中止履行。本题中，在甲、乙公司的约定中，甲公司先付款，乙公司后交货，因此在甲公司不按时付款的情况下，乙公司有权行使先履行抗辩权，选项A错误，选项B正确。甲公司有证据证明乙公司产品存在重大安全隐患的情况下，有权行使不安抗辩权，中止履行，但不能直接主张解除合同，因此选项C正确，选项D错误。**【参考答案】BC**

【例K13-4】根据民法典及相关规定，应当先履行债务的当事人，有确切证据证明对方有下列哪些情形的，可以中止履行？

　　A.抽逃资金逃避债务的　　　　B.转移财产逃避债务的
　　C.丧失商业信誉的　　　　　　D.经营状况严重恶化的

【解题思路】

民法典中规定，应当先履行债务的当事人，有确切证据证明对方有下列情形之一的，可以中止履行：①经营状况严重恶化；②转移财产、抽逃资金，以逃避债务；③丧失商业信誉；④有丧失或可能丧失履行债务能力的其他情形。因此选项A、B、C、D所述分别符合前述当事人可以行使不安抗辩权中止履行合同的第②、②、③、①项的情形，均正确，当选。

【参考答案】ABCD

【例K13-5】甲公司向乙公司购买一套卷烟机械设备，包括加潮设备、干燥设备、变形加工设备、卷烟机等，供货周期为8个月。由于部分零部件的缺货，导致其中的切丝机在供货期满前1个月还无法完成制造，但其他配套设备均已满足交货条件。乙公司提出提前交付除切丝机以外的其他设备。根据民法典及相关规定，下列哪些说法是正确的？

　　A.甲公司不能拒绝乙公司提前交付部分设备的请求
　　B.甲公司可以拒绝乙公司提前交付部分设备的请求，但由于提前交付产生的保管费由乙公司支付
　　C.乙公司部分交付的请求，甲公司可以拒绝
　　D.甲公司接受乙公司部分交付请求，乙公司在期满前仍然不能按期交付切丝机的，只需要承担切丝机部分的违约赔偿

【解题思路】

民法典中规定，债权人可以拒绝债务人提前履行债务，但是提前履行不损害债权人利益的除外。债务人提前履行债务给债权人增加的费用，由债务人负担。债权人可以拒

绝债务人部分履行债务,但是部分履行不损害债权人利益的除外。本题中乙公司希望提前交付部分设备的请求,甲公司可以拒绝,要求严格按照合同中的约定执行。如果接受乙公司的提前履行、部分履行请求,由此增加的费用,应当由乙公司承担。因此选项A错误,选项B、C均正确。由于甲公司采购的是成套设备,在部分设备不能按时交付的情况下,其他设备也不能正常使用,因此导致违约的,应当按照合同违约计算赔偿金额。故选项D错误。

【参考答案】BC

【例 K13-6】甲与乙教育培训机构就课外辅导达成协议,约定甲交费5万元,乙保证甲在接受乙的辅导后,高考分数能达到二本线。若未达到该目标,全额退费。在距高考还有一个月的时间时,国家出台政策,不允许校外辅导机构进行学科类培训,乙辅导机构终止了与甲的辅导协议。结果甲高考成绩仅达去年二本线,与今年高考二本线尚差20分。根据民法典及相关规定,关于乙的承诺,下列哪项表述是正确的?

A. 属于无效格式条款 B. 因显失公平而可变更
C. 因情势变更而可变更或解除 D. 因违背教育规律而无效

【解题思路】

民法典中规定,合同成立后,合同的基础条件发生了当事人在订立合同时无法预见的、不属于商业风险的重大变化,继续履行合同对于当事人一方明显不公平的,受不利影响的当事人可以与对方重新协商;在合理期限内协商不成的,当事人可以请求人民法院或仲裁机构变更或解除合同。本题中甲、乙双方签订的课外辅导协议,完全出于双方意思自治,因此选项A、B、D均错误。由于在合同履行期间内,发生当事人无法预见的政策性变化,因此符合情势变更条件,协议可以变更或解除。选项C正确。

【参考答案】C

【K14】合同的保全

1. 本考点的主要考查角度分析

本考点中包含的关键词有:代位起诉、怠于、代位、债权人以自己的名义、人民法院、以到期债权为限、时效期间即将届满、未及时申报破产债权、代位请求、代位申报;撤销权、放弃债权、放弃债权担保、无偿转让财产、恶意延长还款期限、不合理高价买、不合理低价卖、相对人知情、以债权为限、除斥期间。本考点考查角度如图2-6所示。

2. 关键词释义

(1) 代位起诉:债权已到期,债务人怠于行使自己的债权,影响债权人债权实现;以自己的债权数额为限,诉讼费等必要费用由债务人承担。

(2) 代位请求或申报:债权未到期,债务人债权诉讼时效即将届满,或次债务人即将破产;债权人代位请求次债务人直接还款,起到诉讼时效中断作用;债权人代为申报债务人的债权。

(3) 请求撤销债务人的减损偿债能力的行为:债务人以放弃其债权、放弃债权担保、无偿转让财产、恶意延长其到期债权的方式,以高价买、低价卖的方式减损自己的财产,降低偿债能力。

(4) 债权人向人民法院申请撤销债务人的行为,以相对人由此发生的必要费用由债务人承担。

(5) 债权人向人民法院申请撤销债务人的不合理低价买、高价卖行为的,以相对人知情为前提。

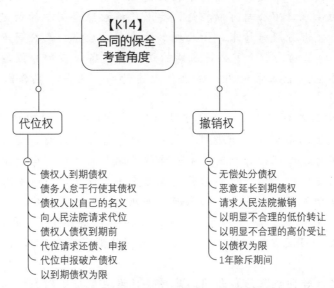

图 2-6 "合同的保全"考查角度

(6) 撤销权需 1 年内行使;不知道有撤销权的从行为发生之日起 5 年,撤销权消灭。

3. 典型例题及解析

【例 K14-1】根据民法典及相关规定,债权人代位行使债务人的债权,下列哪些表述是正确的?

　　A. 债权人对债务人的债权已到期
　　B. 债务人怠于行使其到期债权,对债权人造成损害
　　C. 债权人以债务人的名义向人民法院起诉
　　D. 代位权行使的范围以次债务人的债务数额为限

【解题思路】

民法典中规定,因债务人怠于行使其债权或与该债权有关的从权利,影响债权人的到期债权实现的,债权人可以向人民法院请求以自己的名义代位行使债务人对相对人的权利,但是该权利专属于债务人自身的除外。代位权的行使范围以债权人的到期债权为限。债权人行使代位权的必要费用,由债务人负担。因此选项 A、B 均正确,代位起诉的行使以债权人债权到期、债务人怠于行使其债权影响债权实现为前提。选项 C 错误,债权人行使代位权是以自己为原告提起诉讼的。选项 D 错误,代位权的行使目的是债权人使自己的债权得以实现,因此应当以自己的债权数额为限。　　　　　　【参考答案】AB

【例 K14-2】甲公司对乙公司享有 100 万元债权尚未到期,乙公司对丙公司享有 80 万元债权诉讼时效期间即将届满。丁公司欠乙公司 50 万元货款,丁公司正处于破产清算中。乙公司既不请求丙公司还款,也不向丁公司破产清算组申报货款债权。根据民法典及相关规定,债权人代位行使债务人的债权,下列哪些表述是正确的?

　　A. 甲公司可以向丙公司提出把 80 万元直接还给甲公司的请求
　　B. 甲公司只能向人民法院提出丙公司把 80 万元直接还给甲公司的请求
　　C. 甲公司可以向破产清算组提出申报把 50 万元货款还给乙公司
　　D. 甲公司可以向破产清算组提出申报把 50 万元货款还给甲公司

【解题思路】

民法典中规定，债权人的债权到期前，债务人的债权或与该债权有关的从权利存在诉讼时效期间即将届满或未及时申报破产债权等情形，影响债权人的债权实现的，债权人可以代位向债务人的相对人请求其向债务人履行、向破产管理人申报或作出其他必要的行为。因此，本题中由于甲公司对乙公司的债权未到期，甲公司不能向人民法院主张代位权，但可以向乙公司的债务人丙公司提出代位请求，请求丙公司直接将拖欠乙公司的钱款偿还自己的债务，故选项 A 正确，选项 B 错误。由于丁公司正处于破产清算中，因此甲公司可以代位以自己的名义申报债权，选项 C 错误，选项 D 正确。

【参考答案】AD

【例 K14-3】根据民法典及相关规定，对于下列债务人给债权人造成损害的哪些行为，债权人可以请求人民法院撤销？

A. 债务人恶意延长到期债权
B. 债务人放弃其到期债权
C. 债务人无偿转让财产
D. 债务人以明显不合理的低价转让财产，但受让人不知情

【解题思路】

民法典中规定，债务人以放弃其债权、放弃债权担保、无偿转让财产等方式无偿处分财产权益，或恶意延长其到期债权的履行期限，影响债权人的债权实现的，债权人可以请求人民法院撤销债务人的行为。因此选项 A、B、C 的表述均属于债权人可以向人民法院行使撤销权的情形。选项 D 中的表述不属于债权人行使撤销权的情形，只有债务人以明显不合理的低价转让财产，债务人的相对人知道或应当知道该情形的，才符合撤销权行使条件。

【参考答案】ABC

【例 K14-4】甲公司欠乙公司 100 万元货款，债务到期后甲公司因资金不足久拖不还。同时，甲公司将价值 200 万元的电脑无偿捐赠给丙希望小学，甲公司还把部分设备以低于市价 40% 的价格卖给知情的丁公司。乙公司向甲公司所在地人民法院起诉，请求撤销甲公司的捐赠行为。根据民法典及相关规定，下列关于乙公司行使撤销权的说法哪项是正确的？

A. 乙公司在其知道或应当知道撤销事由之日起 5 年内均可行使撤销权
B. 乙公司请求撤销甲公司的 200 万元无偿捐赠行为的，人民法院应当支持
C. 乙公司可以请求撤销甲公司向丁公司低价销售设备的行为
D. 乙公司为了自己的利益行使撤销权的必要费用，自行负担

【解题思路】

民法典中，撤销权自债权人知道或应当知道撤销事由之日起 1 年内行使。自债务人的行为发生之日起 5 年内没有行使撤销权的，该撤销权消灭。因此选项 A 错误，乙公司行使撤销权的，应当自知道撤销事由之日起 1 年内行使。本题中甲公司拖欠乙公司 100 万元，因此乙公司只能请求人民法院在 100 万元范围内行使对丙希望小学捐赠的撤销权，选项 B 错误。债权人有权请求撤销债务人以不合理低价变卖财产的行为，但要以相对人知情为前提，本题中丁公司是知情的，因此乙公司可以行使撤销权，选项 C 正确。撤销权的行使本质上是债务人怠于清偿债务造成的，因此债权人行使撤销权产生的合理费用由债务人承担，选项 D 错误。

【参考答案】C

【K15】合同的转让

1. 本考点的主要考查角度分析

本考点中包含的关键词有：权利义务一并转让、债权转让、通知、债务转移、同意、抗辩权。本考点考查角度如图 2-7 所示。

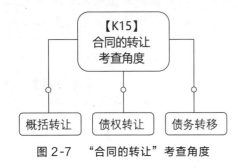

图 2-7 "合同的转让"考查角度

2. 关键词释义

（1）概括转让，即合同的权利、义务一并转让，包含债权转让和债务转移，因此需双方同意。

（2）债权不得转让：①债权性质不得转让；②法定规定不得转让；③当事人约定不得转让。

（3）债权转让，通知债务人即发生效力；通知后不得随意撤销。

（4）债务转移，需得到债权人的同意。

（5）原债权债务关系中的抗辩权，债权转让后，债务人可以继续主张。

（6）债务转移，新债务人可以主张原债务人对债权人的抗辩；原债务人对债权人享有债权的，新债务人不得向债权人主张抵销。A 欠 B 款 100 万元，其中 30 万元已过诉讼时效，A 只需还 B 款 70 万元；A 把 100 万元债务转移给 C，C 可以继续主张诉讼时效届满，只还 B 款 70 万元。甲欠乙款 100 万元，同时乙欠甲款 30 万元；甲把债务转移给丙，丙不得主张抵销乙欠甲的 30 万元。

（7）具有人身专属性的债权、债务不得转让、转移。

3. 典型例题及解析

【例 K15-1】根据民法典及相关规定，下列关于合同转让的说法哪些是正确的？

A. 债权人转让权利的，所有与债权有关的从权利亦由受让人取得

B. 债权人转让权利的，应当通知债务人；否则，该转让对债务人不发生效力

C. 债务人将合同的义务全部转移给第三人的，应当经债权人同意

D. 债务人将合同的义务部分转移给第三人的，可以不经债权人同意

【解题思路】

民法典中规定，债权人转让债权的，受让人取得与债权有关的从权利，但是该从权利专属于债权人自身的除外。因此选项 A 错误，债权人转让权利的，并非所有的从权利都由受让人取得，对于具有人身专属性的从权利，不发生转移。债权人转让债权，未通知债务人的，该转让对债务人不发生效力。因此选项 B 正确。债务人将债务的全部或部分转移给第三人的，应当经债权人同意。因此选项 C 正确，选项 D 错误。

【参考答案】BC

【例 K15-2】甲对乙享有 100 万元债权，其中 30 万元诉讼时效已过。后乙经过甲的同意，将债务转移给了丙。后甲又将该债权转让给丁，通知了乙，但是没有通知丙。根据民法典及相关规定，下列哪些说法是正确的？

A. 乙转移债务给丙经过甲的同意，其转移有效

B. 丙可以以诉讼时效届满为由提出抗辩，主张只归还甲 70 万元

C. 甲将债权转让给丁，通知了乙，该转让有效

D. 甲将债权转让给丁，未经丙同意，该转让对丙不发生效力

【解题思路】

民法典中规定，债务人将债务的全部或部分转移给第三人的，应当经债权人同意。债务人转移债务的，新债务人可以主张原债务人对债权人的抗辩。本题中乙转移债务，得到了甲的同意，转移有效，丙可以继续主张乙的诉讼时效抗辩权，选项A、B均正确。债权人转让债权，未通知债务人的，该转让对债务人不发生效力。本题中在乙把债务转移给丙之后，已经退出了原有的债权债务关系，因此甲转让债务给丁，应当通知丙，而不是乙。因此甲转让债权的行为对新债务人丙不发生效力，选项C错误。选项D错误的原因在于甲转让债权，不需要经过丙的同意。

【参考答案】AB

【例 K15-3】根据民法典及相关规定，下列哪项合同的转让是合法的？

A. 甲举办商业演出，邀请魔术师乙表演魔术，乙表示同意，后因演出当天乙另有演出任务，便自行决定让魔术师丙代为演出

B. 专利权人甲与乙公司签订专利实施许可合同，后乙公司未经甲同意，将合同权利义务一并转让给丙公司

C. 债权人甲因公司经营急需用钱便将债务人乙欠自己的5万元债权以4万元的价格转让给了丙，并将此事打电话通知了乙

D. 甲公司向乙采购苹果5吨，后乙未经甲公司同意，将该5吨苹果供货权转给了丙

【解题思路】

民法典中规定，债权人可以将债权的全部或部分转让给第三人，但是根据债权性质不得转让的除外。选项A中的转让是不合法的，对于该商业演出，魔术师表演具有个人特殊性，则对于观众来说，确定是否买票观看与是不是魔术师乙表演有很大的关系，因此魔术师乙不得自行决定由他人代为演出。选项B中的转让不合法，合同的权利义务概括转让，应当经过另一方当事人的同意。选项C中的转让合法，债权人甲转让其债权给丙，通知了债务人乙，则对乙发生效力。选项D中的转让不合法，乙把供货合同的权利义务转让给丙，应当征得甲公司的同意。

【参考答案】C

【K16】合同的终止

1. 本考点的主要考查角度分析

本考点中包含的关键词有：债权债务终止、抵销、提存、受领权、免除、混同、协商一致解除、法定解除、随时解除、解除权、结算和清理条款的独立性、债务清偿抵充顺序。本考点考查角度如图2-8所示。

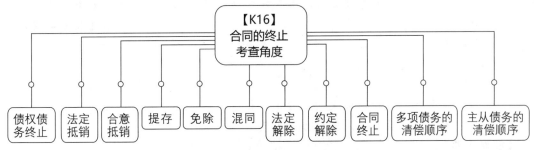

图2-8 "合同的终止"考查角度

2. 关键词释义

（1）债权债务终止：通过履行、抵销、提存、免除、混同等行为，完成了债权债务关系

中的权利义务。债权债务终止后，从权利消灭，善后附随义务。

(2) 双方互负债务，标的物种类、品质相同的，通知对方即可抵销；不同的，双方达成合意也可以抵销。

(3) 债务人履行债务无门，可提存。提存后，需通知对方受领。5年内不行使受领权，提存物归国家所有。提存期间，提存物所有权已转移给债权人，产生的孳息归债权人，焚毁灭失的风险也归债权人。

(4) 合同解除，宣告合同关系的终止，违约责任追责关系开启。

(5) 多项债务，还款总额不足，以最大化保证债权人的债权能够得到清偿为目标，确定清偿顺序。

(6) 主从债务，还款额不足，从清偿劳务费、利息开始，最后清偿主债务；主债务不足以清偿的，还可以继续滋生从债务。

3. 典型例题及解析

【例 K16-1】根据民法典及相关规定，有下列哪些情形的，合同的权利义务终止？
A. 合同已经履行　　　　　　　　B. 债务相互抵销
C. 债权债务同归于一人　　　　　D. 债务已经提存

【解题思路】
民法典中规定，债权债务终止的情形包括：债务已经履行；债务相互抵销；债务人依法将标的物提存；债权人免除债务；债权债务同归于一人；法律规定或当事人约定终止的其他情形。合同解除的，该合同的权利义务关系终止。因此选项 A、B、C、D 中的表述均属于合同权利义务终止的情形。
【参考答案】ABCD

【例 K16-2】甲公司欠乙公司货款 100 万元已到期，乙公司也需要向甲公司交付一笔价值 100 万元的设备。双方没有特殊约定。根据民法典及相关规定，下列哪些说法是正确的？
A. 这两项债务一项是金钱债务，一项是设备，种类不同，不可能抵销
B. 这两项债务虽然种类不同，仍可以自然抵销
C. 经双方协商一致，这两项债务可以抵销
D. 经任何一方主张，这两项债务即可抵销

【解题思路】
民法典中规定，当事人互负债务，标的物种类、品质不相同的，经协商一致，也可以抵销。本题中甲公司、乙公司之间互负债务，在标的物种类、品种不相同时，不符合法定抵销条件，不能单方面主张抵销，但双方可以经过协商一致，予以抵销。因此选项 A、D 均错误；选项 B、C 均正确。
【参考答案】BC

【例 K16-3】根据民法典及相关规定，下列关于提存的说法哪些是正确的？
A. 标的物提存费用过高的，债务人依法可以拍卖标的物，提存所得的价款
B. 标的物不适于提存的，债务人依法可以变卖标的物，提存所得的价款
C. 标的物提存后，毁损、灭失的风险由债权人承担
D. 提存期间，标的物的孳息归债务人所有

【解题思路】
民法典中规定，标的物不适于提存或提存费用过高的，债务人依法可以拍卖或变卖标的物，提存所得的价款。因此选项 A、B 均正确。选项 C 正确，标的物提存，视为债务人已经完成义务履行，标的物所有权转移给债权人，因此标的物提存后，毁损、灭失

的风险由债权人承担。选项 D 错误，提存期间，标的物所有权归债权人，标的物产生的孳息当然也归债权人所有（债权人的鸡下的蛋）。

【参考答案】ABC

【例 K16-4】根据民法典及相关规定，在下列哪些情形下，当事人可以解除合同？

A. 因不可抗力致使不能实现合同目的

B. 在履行期限届满之前，对方当事人明确表示不履行主要债务

C. 对方当事人迟延履行主要债务，经催告后在合理期限内仍未履行

D. 在房屋买卖合同中未办理转移登记手续前，标的物房屋被大火烧毁

【解题思路】

民法典中规定的当事人可以解除合同的情形为：①因不可抗力致使不能实现合同目的；②在履行期限届满前，当事人一方明确表示或以自己的行为表明不履行主要债务；③当事人一方迟延履行主要债务，经催告后在合理期限内仍未履行；④当事人一方迟延履行债务或有其他违约行为致使不能实现合同目的；⑤法律规定的其他情形。因此选项 A、D 中的情形均为合同目的不可能实现的情形，当事人可以解除合同，启动违约责任承担程序。选项 B、C 中表明合同一方当事人已明确态度不再履行义务，因此第三人可以解除合同，启动追究对方违约责任的程序。

【参考答案】ABCD

【例 K16-5】甲向朋友乙借钱，第一次借 50 万元，2019 年 4 月 1 日到期，年利率为 20%，有担保；第二次借款 50 万元，2019 年 6 月 1 日到期，年利率 6%，无担保。甲一直未还钱。2019 年 5 月 6 日，甲向乙转账 50 万元，甲在转账时备注偿还的是第一笔借款。乙不同意，收到后表示归还的是第二笔借款，因此对甲偿还的是哪一笔借款，甲与乙发生争执。对此，若不考虑借款已经产生的利息，根据民法典及相关规定，下列哪些表述是正确的？

A. 甲与乙可于事后协商确定偿还的是哪一笔借款

B. 若甲与乙不能于事后达成协议，应认定偿还的是第一笔借款

C. 若甲与乙不能于事后达成协议，应认定偿还的是第二笔借款

D. 若甲与乙不能于事后达成协议，应认定第一笔借款和第二笔借款各偿还 25 万元

【解题思路】

民法典中规定，债务人对同一债权人负担的数项债务种类相同，债务人的给付不足以清偿全部债务的，除当事人另有约定外，由债务人在清偿时指定其履行的债务。债务人未作指定的，应当优先履行已经到期的债务；数项债务均到期的，优先履行对债权人缺乏担保或担保最少的债务；均无担保或担保相等的，优先履行债务人负担较重的债务；负担相同的，按照债务到期的先后顺序履行；到期时间相同的，按照债务比例履行。本题中甲的还款不足以偿还全部债务，存在清偿抵充顺序确定的问题。首先约定优先，无约定则债务人可以指定；无指定，则按照风险最大的首先得到清偿。因此选项 A 正确，甲、乙二人可以事后通过约定确定清偿哪一笔借款。选项 B 正确，即如果二人达不成协议，则根据债务人甲的指定确定偿还的是第一笔借款。选项 C、D 均错误。

【参考答案】AB

【K17】违约责任

1. 本考点的主要考查角度分析

本考点中包含的关键词有：继续履行、采取补救措施、赔偿损失、预期违约、不能强制履行、瑕疵履行、违约损害赔偿、违约金、定金罚则、竞合、拒绝受领、延迟受领、不可抗力、减损规则、双方违约。本考点考查角度如图 2-9 所示。

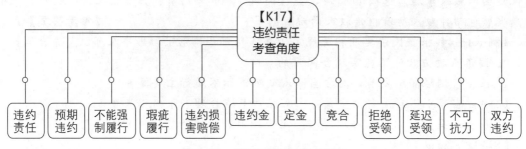

图 2-9 "违约责任"考查角度

2. 关键词释义

（1）违约责任：继续履行、采取补救措施、赔偿损失。

（2）预期违约：没有必要等待合同履行期满，即可提前解除合同，从而启动追究违约责任的程序。

（3）金钱债务不存在履行不能。非金钱债务存在履行不能的情形。

（4）可追究违约损害赔偿的，包括不履行、瑕疵履行、不可抗力无法履行、双方均有过错的履行。损害赔偿额的计算遵守"填坑原则"：回到签订协议的初衷。

（5）违约金和定金罚则，存在竞合时，择其一。

（6）拒绝受领和延迟受领，造成的额外费用，过错人承担。

3. 典型例题及解析

【例 K17-1】根据民法典及相关规定，下列有关违约责任的叙述哪项是正确的？
A. 违约责任是指合同当事人不履行或不适当履行合同义务所应承担的民事责任
B. 当事人一方预期违约，对方必须在履行期限届满之后请求其承担违约责任
C. 损害赔偿数额除可预见的获益以外还应当包括惩罚性赔偿
D. 继续履行不属于承担违约责任的方式

【解题思路】

民法典中规定，当事人一方不履行合同义务或履行合同义务不符合约定的，应当承担继续履行、采取补救措施或赔偿损失等违约责任。因此选项 A 正确，选项 D 错误，继续履行属于承担违约责任的方式。选项 B 错误，当事人一方明确表示或以自己的行为表明不履行合同义务的，对方可以在履行期限届满前请求其承担违约责任，不必等到履行期限届满后。选项 C 错误，我国法律规定的损害赔偿责任承担包括订立合同时可以预见或应当预见可以获得的利益，因为违约可以作为计算赔偿数额的依据，但不包括惩罚性赔偿。

【参考答案】A

【例 K17-2】根据民法典及相关规定，债务人不履行非金钱债务或履行非金钱债务不符合约定，有下列哪些情形之一的，债权人不可以请求其以继续履行的方式承担违约责任？

A. 法律上不能履行
B. 事实上不能履行
C. 债务的标的不适于强制履行
D. 债权人在合理期限内未请求履行

【解题思路】

民法典中规定，当事人一方不履行非金钱债务或履行非金钱债务不符合约定的，对方可以请求履行，但是有下列情形之一的除外：①法律上或事实上不能履行；②债务的

标的不适于强制履行或履行费用过高；③债权人在合理期限内未请求履行。因此选项 A、B、C、D 的表述均属于不能强制对方继续履行的情形。

【参考答案】ABCD

【例 K17-3】根据民法典及相关规定，下列哪些说法是正确的？

A. 当事人一方未履行金钱债务的，对方可以请求其支付

B. 当事人一方履行合同义务不符合约定的，在履行义务或采取补救措施后，对方还有其他损失的，应当赔偿损失

C. 当事人可以约定一方违约时应当根据违约情况向对方支付一定数额的违约金

D. 当事人就迟延履行约定违约金的，违约方支付该违约金后，还应当履行债务

【解题思路】

民法典中规定，当事人一方未支付价款、报酬、租金、利息，或不履行其他金钱债务的，对方可以请求其支付。因此选项 A 正确。选项 B 正确，当事人一方不履行合同义务或履行合同义务不符合约定的，在履行义务或采取补救措施后，对方还有其他损失的，应当赔偿损失。选项 C 正确，当事人可以约定一方违约时应当根据违约情况向对方支付一定数额的违约金，也可以约定因违约产生的损失赔偿额的计算方法。选项 D 正确，当事人就迟延履行约定违约金的，违约方支付违约金后，还应当履行债务。

【参考答案】ABCD

【例 K17-4】甲、乙签订一份买卖合同，约定违约方应向对方支付 30 万元违约金。后甲违约，给乙造成损失 28 万元。根据民法典及相关规定，下列哪一表述是正确的？

A. 甲应向乙支付违约金 30 万元，不再支付其他费用或赔偿损失

B. 甲应向乙赔偿损失 28 万元，不再支付其他费用或赔偿损失

C. 甲应向乙赔偿损失 28 万元并支付违约金 30 万元，共计 58 万元

D. 甲应向乙赔偿损失 28 万元及其利息

【解题思路】

民法典中规定，当事人可以约定一方违约时应当根据违约情况向对方支付一定数额的违约金，也可以约定因违约产生的损失赔偿额的计算方法。本题中约定的违约金为 30 万元，实际损失为 28 万元。在约定违约金的情况下，适用支付违约金。因此选项 A 正确，其他选项均错误。

【参考答案】A

【K18】技术合同

1. 本考点的主要考查角度分析

本考点中包含的关键词有：技术合同、技术开发合同、合作开发、委托开发、技术转让、技术许可、成果归属、无效技术合同。本考点考查角度如图 2-10 所示。

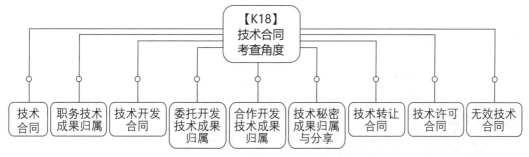

图 2-10 "技术合同"考查角度

2. 关键词释义

(1) 技术合同包括委托开发、合作开发、技术转让、技术许可、技术咨询和技术服务合同。签订委托开发、合作开发、技术转让和技术许可合同的，要求采用书面形式。

(2) 技术开发合同中完成技术成果的人属于员工的，所有权归单位，该员工享有署名权、奖励报酬权。技术成果转让时有同等条件下的优先购买权。

(3) 合作开发、委托开发合同技术成果的归属，有约定的依照约定，无约定的归成果创造者一方所有。

(4) 合作开发，权利共有；一方放弃申请专利的，他人申请专利获得授权后有免费使用权。一方不同意申请专利的，其他各方不得申请专利。

(5) 委托开发，技术成果创造者申请专利的，委托人有依法实施权利。

(6) 技术转让者要对转让技术的合法性负责。

(7) 技术许可合同，技术许可方要对许可技术的合法性负责。

(8) 非法垄断技术或侵害他人技术成果的技术合同无效。

3. 典型例题及解析

【例 K18-1】 根据民法典及相关规定，下列哪些合同应当采用书面形式？

A. 技术咨询合同　　　　　　　　B. 专利许可合同
C. 专利权转让合同　　　　　　　D. 委托开发合同

【解题思路】

民法典中规定，技术开发合同应当采用书面形式。技术开发合同包括委托开发合同和合作开发合同。技术转让合同和技术许可合同应当采用书面形式。技术转让合同包括专利权转让、专利申请权转让、技术秘密转让等合同。技术许可合同包括专利实施许可、技术秘密使用许可等合同。关于选项 A 中的技术咨询合同，法律没有明确规定应当采用书面形式，因此可以采用书面形式，也可以采用口头形式，由当事人自行确定。选项 B 中的专利许可合同属于一种技术许可合同，选项 C 中的专利权转让合同属于一种技术转让合同，选项 D 中的委托开发合同属于一种技术开发合同，因此以上三种合同均应当采用书面形式。

【参考答案】 BCD

【例 K18-2】 甲方与乙方于 2018 年 8 月 26 日签订了一份技术开发合同。合同约定，甲方委托乙方研究开发新能源汽车电池。双方约定，研发费用由甲方支付，对研制出的成果甲方可以免费使用。4 个月后，乙方研制成功，甲方按约定支付研制费，同时依约定使用该技术成果。2019 年 1 月 10 日乙方就该技术成果向国家知识产权局申请发明专利。甲方得知后也就该技术申请发明专利。对此，根据民法典及相关规定，下列哪些说法是正确的？

A. 申请专利的权利属于甲方和乙方共有，如果甲方不同意申请专利，乙方不得单独提出专利申请

B. 申请专利的权利属于乙方

C. 如果乙方转让该专利申请权，甲方在同等条件下有权优先受让

D. 如果乙方取得专利权，甲方可以免费实施该专利

【解题思路】

民法典中规定，委托开发完成的发明创造，除法律另有规定或当事人另有约定外，申请专利的权利属于研究开发人。研究开发人取得专利权的，委托人可以依法实施该专

利。研究开发人转让专利申请权的，委托人享有以同等条件优先受让的权利。本题的技术开发合同中委托方为甲方，受托方为乙方，因此该委托开发中的发明创造，在没有约定的情况下，申请专利的权利属于受托方乙方。如果乙方就研发中的发明创造申请专利，转让专利申请权的，委托方甲方在同等条件下有优先受让的权利；如果乙方获得了专利权，则甲方可以免费实施。据此，选项 A 错误，选项 B、C、D 均正确。申请专利权利归乙方所有，乙方有权决定是否申请专利，甲方无权干涉。如果乙方转让该专利申请权，甲方在同等条件下有权优先受让的权利。如果乙方取得专利权，甲方可以免费实施。

【参考答案】BCD

【例 K18-3】专利权人赵某许可甲公司实施其专利，双方签订了排他实施许可合同。后甲停产，同时允许乙公司使用该专利并收取专利使用费。赵某得知后诉至人民法院。根据民法典及相关规定，下列哪些说法是正确的？

A. 赵某还可以与丙公司签订普通实施许可合同

B. 甲公司违约，应当承担违约责任

C. 乙公司实施赵某专利的行为侵犯了赵某的专利权

D. 甲公司有权许可乙公司实施该专利

【解题思路】

民法典中规定，专利实施许可合同的被许可人应当按照约定实施专利，不得许可约定以外的第三人实施该专利，并按照约定支付使用费。专利法中规定，发明和实用新型专利权被授予后，除本法另有规定的以外，任何单位或个人未经专利权人许可，都不得实施其专利。本题中，赵某与甲公司签订的是排他实施许可合同，只有赵某和甲公司有专利实施权，因此选项 A 错误，赵某不得再与丙公司签订任何方式的实施许可合同。甲公司在停产后，分许可给乙公司实施专利技术的行为构成违约，甲公司无权许可乙公司实施专利技术。乙公司在没有得到专利权人同意的情况下实施专利技术，侵犯了赵某的专利权。因此选项 B、C 均正确，选项 D 错误。

【参考答案】BC

【例 K18-4】李工、张工、赵工三人合作开发一项技术，合同中未约定权利归属。该项技术开发完成后，李工、张工想要申请专利，而赵工主张通过商业秘密来保护。根据民法典及相关规定，下列哪项表述是正确的？

A. 李工、张工不得申请专利

B. 李工、张工可申请专利，申请批准后专利权归李工、张工、赵工共有

C. 李工、张工可申请专利，申请批准后专利权归李工、张工所有，赵工有免费实施的权利

D. 李工、张工不得申请专利，但赵工应向李工、张工支付补偿费

【解题思路】

民法典中规定，合作开发完成的发明创造，申请专利的权利属于合作开发的当事人共有；当事人一方转让其共有的专利申请权的，其他各方享有以同等条件优先受让的权利。但是，当事人另有约定的除外。合作开发的当事人一方不同意申请专利的，另一方或其他各方不得申请专利。本题中李工、张工、赵工三人属于合作开发，因此对开发成果享有共有权利。在赵工主张通过商业秘密来保护的条件下，其他人不得申请专利，赵工也不需要为其主张向其他合作者支付补偿费，因此选项 A 正确，其他选项均错误。

【参考答案】A

【例 K18-5】甲公司与乙公司签订专利实施许可合同，并约定被许可方乙公司不得就

该专利提出无效宣告请求。根据民法典及相关规定，下列关于该合同效力的说法哪种是正确的？

A. 该合同有效

B. 该合同效力待定

C. 该合同无效，合同中独立存在的有关解决争议方法的条款也相应无效

D. 该合同无效，但不影响合同中独立存在的有关解决争议方法的条款的效力

【解题思路】

禁止技术接受方对合同标的技术知识产权的有效性提出异议的，属于民法典中规定的"非法垄断技术"的行为，因此甲公司与乙公司签订的专利实施许可合同无效。合同不生效、无效、被撤销或终止的，不影响合同中有关解决争议方法的条款的效力。因此选项D正确，该合同因存在妨碍技术进步的条款而无效，但合同无效，不影响合同中独立存在的有关解决争议方法的条款的效力。其他选项均错误。

【参考答案】 D

【K19】委托合同

1. 本考点的主要考查角度分析

本考点中包含的关键词有：委托合同、任意解除权、报告义务、披露义务、赔偿责任、介入权、选择权。本考点考查角度如图2-11所示。

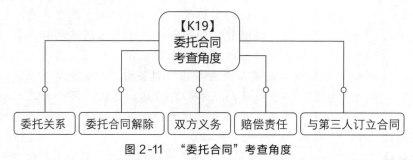

图 2-11 "委托合同"考查角度

2. 关键词释义

（1）委托关系建立在委托人和受托人之间，委托合同可以是书面的，也可以是口头的。处理特别事项的应当特别授权。

（2）委托合同双方享有任意解除权，但需要赔偿对方因合同解除造成的损失（非违约赔偿）。

（3）委托人有向受托人支付报酬的义务；受托人有随时报告委托事项进展和披露结果的义务。

（4）委托可以是无偿的，也可以是有偿的。无偿的委托合同在实施中由受托人垫付的费用，委托人应当买单。无偿的委托合同，只有在受托人故意或有重大过失情况下，才需要赔偿委托人的损失。有偿的委托合同，只要受托人有过错就需要赔偿委托人的损失。

（5）受托人以自己的名义与第三人订立合同，从合同相对性角度，受约束的是受托人和第三人。当出现委托人违反委托约定时，或第三人有违约情况出现时，受托人负有向委托人、第三人披露的义务。委托人享有介入权。第三人享有选择权（选择后不得反悔）。

3. 典型例题及解析

【例K19-1】 根据民法典及相关规定，下列哪些情形属于委托关系？

A. 甲请乙从国外代购1个名牌包，乙自己要买2个，故乙共买3个一并结账

B. 甲请乙代购茶叶，乙将甲写好茶叶名称的纸条交给销售员，告知其是为自己朋友买茶叶

C. 甲律师接受犯罪嫌疑人乙家人的委托，成为其辩护人

D. 甲介绍歌星乙参加丙文化公司举办的演唱会，并与丙公司签订了三方协议

【解题思路】

民法典中规定，委托合同是委托人和受托人约定，由受托人处理委托人事务的合同。选项A中甲请乙从国外代购的行为构成口头委托关系。选项B中甲请乙代购茶叶的行为构成委托关系。选项C中甲律师作为犯罪嫌疑人乙的辩护人，构成委托关系，该委托关系双方为甲律师所在的律师事务所与嫌疑人乙。选项D中甲作为介绍人介绍歌星乙与丙文化公司签订三方协议的关系不构成委托，其签订的是居间合同，而不是委托合同。 【参考答案】ABC

【例 K19-2】甲委托乙销售一批货物，双方约定乙不收取报酬。根据民法典及相关规定，下列哪些说法是正确的？

A. 乙有权请求甲偿还为处理委托事务垫付的必要费用及其利息

B. 乙因为故意而给甲造成损失的，甲可以请求乙赔偿

C. 乙因为重大过失而给甲造成损失的，甲可以请求乙赔偿

D. 如果乙转委托第三人处理甲委托的事务，应经过甲同意

【解题思路】

民法典中规定，委托人应当预付处理委托事务的费用。受托人为处理委托事务垫付的必要费用，委托人应当偿还该费用并支付利息。无偿的委托合同，因受托人的故意或重大过失造成委托人损失的，委托人可以请求赔偿损失。因此选项A正确，乙在处理甲委托的事务中垫付的必要费用及其利息，甲应当偿还。选项B、C均正确，甲委托乙处理事务属于无偿委托，因受托人乙的故意、重大过失造成委托人甲损失的，甲可以请求乙赔偿。受托人应当亲自处理委托事务。经委托人同意，受托人可以转委托。因此如果乙转委托第三人处理甲委托的事务，应经过甲同意，选项D正确。 【参考答案】ABCD

【例 K19-3】甲委托乙专利代理机构办理专利申请事务。乙根据委托合同的约定收取了代理费用。根据民法典及相关规定，下列哪些说法是正确的？

A. 乙因为过失而给甲造成损失的，甲可以请求乙赔偿损失

B. 乙经甲同意，转委托第三人处理委托事务的，乙应当对第三人的行为承担责任

C. 乙超越权限给甲造成损失的，甲可以请求乙赔偿损失

D. 甲、乙可以随时解除双方之间的委托合同

【解题思路】

民法典中规定，有偿的委托合同，因受托人的过错造成委托人损失的，委托人可以请求赔偿损失。选项A正确，乙在工作中的过失给委托人甲造成损失的，甲可以请求乙赔偿损失。选项B错误，转委托未经同意或追认的，受托人应当对转委托的第三人的行为承担责任。但如果乙的转委托经委托人甲同意的，受托人乙仅就第三人的选任及其对第三人的指示承担责任。选项C正确，受托人超越权限造成委托人损失的，应当赔偿损失。因此对于乙超越权限给甲造成损失的，甲可以请求乙赔偿损失。选项D正确，无论是委托人还是受托人均可以随时解除委托合同。 【参考答案】ACD

【例 K19-4】甲委托乙销售一批首饰并交付，乙以自己的名义与丙签订买卖合同。乙依约向丙交付首饰后丙未按照合同约定支付货款。根据民法典及相关规定，下列哪些表述是正确的？

A. 乙与丙签订的买卖合同直接约束甲和丙

B. 乙应向甲披露丙，甲可以直接行使乙对丙的权利

C. 乙应向丙披露甲，丙可以直接行使乙对甲的权利

D. 丙如果知道乙是受甲委托就不会与乙签订买卖合同的，则即使乙向甲披露丙，甲也不可以行使乙对丙的权利

【解题思路】

民法典中规定，受托人以自己的名义与第三人订立合同时，第三人不知道受托人与委托人之间的代理关系的，受托人因第三人的原因对委托人不履行义务，受托人应当向委托人披露第三人，委托人因此可以行使受托人对第三人的权利。但是，第三人与受托人订立合同时如果知道该委托人就不会订立合同的除外。本题中乙以自己的名义与丙签订了买卖合同，因此该合同直接约束乙和丙。如果乙向甲披露丙，则因为甲、乙之间存在委托关系，根据乙、丙之间签订的买卖合同，甲可以直接行使对丙的权利，因此选项B正确，选项A、C均错误。选项D正确。如果丙知道乙是受甲委托就不会与乙签订买卖合同的，则乙、丙之间的买卖合同只能约束乙和丙，即使乙向甲披露丙，甲也不可以行使乙对丙的权利。

【参考答案】 BD

三、本章同步训练题目

1. 根据民法典及相关规定，下列哪些协议适用合同的有关规定？

   A. 李某与赵某签订的转让专利权的协议

   B. 甲公司与乙研究院签订的委托开发协议

   C. 丙公司与孙某签订的聘用孙某任销售总监的协议

   D. 张某与丁福利院签订的收养该福利院孤儿的协议

2. 根据民法典及相关规定，有下列哪些情形的，要约失效？

   A. 拒绝要约的通知到达要约人

   B. 要约人依法撤销要约

   C. 承诺期限届满，受要约人未作出承诺

   D. 受要约人对要约的内容作出实质性变更

3. 根据民法典及相关规定，下列哪些情形中，合同已经成立？

   A. 甲对乙说："我的手机500块钱卖给你，要不要？"乙回答："当然。"

   B. 甲公司与乙公司签订了销售500部手机的合同，双方就合同的全部条款都已经协商完毕，尚未在打印好的合同上签字盖章。之后不久甲公司便按合同约定将500部手机运送到了乙公司，乙公司全部予以验收，准备上架销售。

   C. 甲超市经理打电话给乙公司销售部，称"请速运100箱螺蛳粉来我超市。"乙公司稍后回复，称"现只有100箱桂林米粉，同样价格"。

   D. 李某发微信给孙某："昨天你想买的那块玉佩我决定卖给你了，18000元。"孙某只回复了一个笑脸符号。

4. 张某和李某采用书面形式签订一份买卖合同，双方在甲地谈妥合同的主要条款，张某于乙地在合同上签字，李某于丙地在合同上摁了手印，合同在丁地履行。根据民法典及相关规定，关于该合同签订地，下列哪一选项是正确的？

   A. 甲地　　　　　B. 乙地　　　　　C. 丙地　　　　　D. 丁地

5. 根据民法典及相关规定，下列关于合同中的格式条款的说法哪些是正确的？

A. 提供格式条款排除对方主要权利的条款无效
B. 提供格式条款一方加重对方责任的条款无效
C. 提供格式条款一方因重大过失造成对方财产损失无责的格式条款无效
D. 格式条款和非格式条款不一致的，应当采用非格式条款

6. 甲与同学打赌，故意将一台旧iPad遗留在某出租车上，看是否有人送还。与此同时，甲通过市交通广播电台悬赏，称捡到iPad并归还者，付给奖金1000元。该出租车司机乙很快将该iPad送回，主张奖金时遭拒。根据民法典及相关规定，下列哪一表述是正确的？

A. 甲的悬赏属于要约　　　　　　　B. 甲的悬赏属于单方允诺
C. 乙归还电脑的行为是承诺　　　　D. 乙送还电脑是义务，不能获得奖金

7. 甲以23万元的价格将一辆机动车卖给乙。该车因里程表故障显示行驶里程为4万公里，但实际行驶了8万公里，市值为16万元。甲明知有误，却未向乙说明，乙误以为真。根据民法典及相关规定，乙的下列哪些请求是正确的？

A. 以甲欺诈为由请求法院撤销合同
B. 请求甲减少价款至16万元
C. 以重大误解为由，致函甲请求撤销合同，合同自该函到达甲时即被撤销
D. 请求甲承担缔约过失责任

8. 甲通过网络平台向乙采购一只仿真手枪，子弹为钢珠，具有一定的杀伤力。乙通过平台发给甲一份电子合同，称其销售是合法的，合同中包含解决争议方法的条款。根据民法典及相关规定，下列关于该合同效力的说法哪项是正确的？

A. 该合同所有条款均无效
B. 该合同有效，但无法履行
C. 该合同无效，但不影响合同中独立存在的有关解决争议方法的条款的效力
D. 该合同的效力待定

9. 甲公司欲从乙公司购买3吨蜜枣，销售员因为疏忽在采购合同中未写明蜜枣质量等级。根据民法典及相关规定，关于该合同，下列哪些说法是正确的？

A. 质量是民法典规定的合同条款，欠缺该条款的合同不成立
B. 该合同明确了买卖标的物但未明确质量等级，因此成立但未生效
C. 该合同已经生效，但甲、乙仍可就质量条款进一步协商以确定具体标准
D. 如果当事人对质量标准达不成一致，可以参考国家标准、行业标准或通常标准以及按照合同目的确定履行标准

10. 甲公司对乙公司负有交付10架钢琴的合同义务。甲公司和丙公司约定，由丙公司代甲公司履行，乙公司对此全不知情。根据民法典及相关规定，下列哪些表述是正确的？

A. 虽然乙公司不知情，丙公司的履行仍然有法律效力
B. 虽然乙公司不知情，但如丙公司履行有瑕疵，丙公司需就此对乙公司承担违约责任
C. 虽然乙公司不知情，但如丙公司履行有瑕疵，甲公司需就此对乙公司承担违约责任
D. 虽然乙公司不知情，但丙公司履行有瑕疵从而承担违约责任的，丙公司可就该违约赔偿金向甲公司追偿

11. 甲公司与乙公司签订一项专利权转让合同，约定在双方完成专利权人变更手续后的7日内，乙公司完成转让费支付。合同签订后办理著录项目变更手续前，乙公司因注册商标专用权侵权纠纷被人民法院判令巨额赔偿，导致经营状况严重恶化。根据民法典及相关规定，甲公司的哪项主张能够得到支持？

A. 甲公司有权行使先履行抗辩权

B. 甲公司有权行使同时履行抗辩权

C. 甲公司有权行使不安履行抗辩权

D. 在乙公司提供担保之后，甲公司有权继续中止履行

12. 甲、乙订立一份价款为10万元的图书买卖合同，约定甲先支付书款，乙两个月后交付图书。甲由于资金周转困难只交付6万元，答应余款尽快支付，但乙不同意。两个月后甲请求乙交付图书，遭乙拒绝。对此，根据民法典及相关规定，下列哪项表述是正确的？

A. 乙对甲享有同时履行抗辩权

B. 乙对甲享有不安抗辩权

C. 乙有权拒绝交付合同中约定的全部图书

D. 乙有权拒绝交付与4万元书款价值相当的部分图书

13. 根据民法典及相关规定，下列关于代位权的说法哪项是正确的？

A. 代位权是债权人以债务人的名义代位行使债务人的到期债权

B. 代位权的行使范围以债权人的债权为限

C. 对专属于债务人自身的债权，债权人不能行使代位权

D. 债权人行使代位权的必要费用，由债权人自己负担

14. 甲公司对乙公司享有5万元债权，乙公司对丙公司享有10万元债权，且均已到期。如果乙公司怠于行使对丙公司的到期债权，则根据民法典及相关规定，下列表述正确的是？

A. 甲公司有权直接向丙公司主张其对乙公司的10万元债务

B. 甲公司有权直接向丙公司主张其对乙公司的其中5万元债务

C. 如果丙公司也享有对乙公司10万元到期债权，则可以对甲公司的代位清偿主张提出抗辩

D. 甲公司向丙公司行使代位权的必要费用，由丙公司负担

15. 2020年6月1日，乙公司对甲公司的500万元货款债权已到期。2019年12月1日，甲公司向丙公司赠送一套价值50万元的机器设备。2020年3月1日，甲公司向丁基金会捐赠50万元现金。2020年8月1日，甲公司向戊希望学校捐赠价值100万元的电脑。2020年11月10日，甲公司主动将己公司到期应当偿还的200万元借款期限延长一年。根据民法典及相关规定，针对甲公司的上述行为，下列说法正确的是？

A. 乙公司有权申请人民法院撤销甲公司对丙公司的赠与

B. 乙公司有权申请人民法院撤销甲公司对丁基金会的捐赠

C. 乙公司有权申请人民法院撤销甲公司对戊学校的捐赠

D. 乙公司有权申请人民法院撤销甲公司对己公司还款期限的延长

16. 根据民法典及相关规定，下列关于合同转让的说法哪些是正确的？

A. 债权人将合同的权利转让给第三人的，应当经债务人同意

B. 债权人将合同的权利转让给第三人的，应当通知债务人

C. 债务人将合同的义务转移给第三人的，应当经债权人同意

D. 债务人将合同的义务转移给第三人的，可以不经债权人同意

17. 甲公司对乙公司享有10万元债权，甲公司将其债权转让给丁公司并通知了乙公司。乙公司对丙公司享有20万元债权，丙公司未经乙公司同意，将其债务转移给戊公司。根据民法典及相关规定，下列说法正确的是？

A. 甲公司转让债权需经乙公司同意

B. 丙公司转移债务需经乙公司同意

C. 丙公司可以催告乙公司同意其转移债务，乙公司未作表示的，视为默认转移有效

D. 乙公司怠于行使对丙公司的到期债权的，丁公司可以请求代位行使

18.甲欠乙10万元，后乙通知甲将该债权转让给丙。甲接到该通知时，乙欠甲5万元，并且甲的债权先于转让的债权到期。根据民法典及相关规定，下列哪些说法是正确的？

A.乙的债权转让对甲发生效力　　　　B.乙的债权转让不对甲发生效力
C.甲可以向乙主张抵销　　　　　　　D.甲可以向丙主张抵销

19.甲公司和乙公司签订一份橄榄油买卖合同，现甲公司拟将其合同中的全部权利和义务一并转让给丙公司。根据民法典及相关规定，下列哪些说法是正确的？

A.转让须经乙公司同意才能够进行
B.转让只需要通知乙公司就可进行
C.转让后，若丙公司违约，甲公司仍须承担连带责任
D.转让后，乙公司有权向丙公司主张其对甲公司的抗辩

20.甲公司欠乙公司货款12万元，同时乙公司应付甲公司咨询费12万元。现甲公司欠款到期，甲公司欲以已到期的咨询费充抵货款。根据民法典及相关规定，下列哪些说法是正确的？

A.甲公司可以将自己的债务与乙公司的债务抵销
B.双方债务性质不同，不得抵销
C.甲公司主张抵销的，须经乙公司同意
D.甲公司主张抵销的，应当通知乙公司

21.甲、乙夫妻二人共有一套房屋，但不动产登记证明上只有甲的名字。某日，甲在乙不知情的情况下与丙订立房屋买卖合同，约定在1个月后与丙去办理房屋过户登记手续。但在交房日期到来之前，甲、乙二人一起将该房高价出卖给了不知情的丁，并且办理了过户登记手续。根据民法典及相关规定，下列哪些说法是正确的？

A.甲的行为构成预期违约
B.丙只能在合同规定的交房日期到来后请求甲承担违约责任
C.甲属于无权处分，丙有权与甲解除房屋买卖合同
D.丁取得了房屋所有权

22.李某于2016年3月10日向章某借款100万元，期限3年。2019年3月30日，双方商议再借100万元，期限1年。两笔借款均先后由王某保证，未约定保证方式和保证期间。章某未向李某和王某催讨。李某仅于2020年5月归还借款100万元。关于李某归还的100万元，根据民法典及相关规定，下列哪一表述是正确的？

A.因2016年的借款先到期，故归还的是该笔借款
B.因2019年的借款已到期，故归还的是该笔借款
C.因2016年和2019年的借款数额相同，故按比例归还该两笔借款
D.因2016年和2019年的借款均有担保，故按比例归还该两笔借款

23.根据民法典及相关规定，下列哪些属于可以并用的违约责任承担方式？

A.采取补救措施、继续履行与赔偿损失　　B.继续履行与支付违约金
C.继续履行与赔偿损失　　　　　　　　　D.双倍返还定金与支付违约金

24.根据民法典及相关规定，合同当事人一方履行非金钱债务不符合约定的，下列哪些情形下，另一方当事人不能要求其继续履行？

A.该债务的标的不适于强制履行　　　　B.该债务的标的履行费用过高
C.债权人在合理期限内未请求履行　　　D.该债务在事实上不能履行

25.根据民法典及相关规定，合同当事人既约定了定金又约定了违约金的，一方违约，另一方可以主张的违约责任为？

A. 可以在违约金和定金中择一要求赔偿
B. 只能要求对方赔偿违约金
C. 只能要求对方赔偿定金
D. 可以同时要求对方赔偿违约金和定金

26. 根据民法典及相关规定，下列说法正确的是？
A. 因不可抗力不能履行合同的，应当全部免除责任
B. 当事人迟延履行后发生不可抗力的，可以适当免除责任
C. 当事人就迟延履行约定违约金的，违约方支付违约金后，还应当履行债务
D. 约定的违约金低于造成的损失的，人民法院或仲裁机构可以主动予以增加

27. 根据民法典及相关规定，下列关于技术转让合同的说法哪些是正确的？
A. 技术转让合同既可以采用书面形式，也可以采用口头形式
B. 技术转让合同可以约定让与人和受让人实施专利或使用技术秘密的范围，但不得限制技术竞争和技术发展
C. 专利实施许可合同的有效期间可以由双方当事人任意约定
D. 专利实施许可合同的受让人应当按照约定实施专利，不得许可约定以外的第三人实施该专利

28. 甲研究所与刘工签订了一份技术开发合同，约定由双方共同开发一套机电设备，但双方没有约定技术成果的归属。项目完成后刘工在甲研究所不知情的情况下，将研发成果申请了专利，双方遂发生争执。根据民法典及相关规定，下列说法正确的是？
A. 甲研究所享有就该技术成果申请专利的权利，刘工无权申请
B. 刘工享有就该技术成果申请专利的权利，甲研究所无权阻止
C. 甲研究所和刘工共同享有就该技术成果申请专利的权利，双方均可单独申请专利，无需对方同意
D. 甲研究所和刘工共同享有就该技术成果申请专利的权利，甲研究所不同意申请专利的，刘工不得申请

29. 甲公司委托刘教授为其开发一种技术，并签订了技术开发合同，但双方没有约定技术成果的归属。刘教授按约定交付了符合要求的技术成果，甲公司按约定支付了研究开发经费和报酬。后刘教授就该技术成果提交了专利申请。根据民法典及相关规定，下列哪些说法是正确的？
A. 刘教授私自就技术成果申请专利的行为，构成违约
B. 刘教授所享有就该技术成果申请专利的权利，甲公司无权干涉
C. 如果刘教授的专利申请获得了授权，则甲公司未经刘教授许可，不得以生产经营为目的实施该专利
D. 如果刘教授的专利申请授权后希望转让该专利权，则甲公司享有以同等条件优先受让的权利

30. 甲公司将自己拥有的一项专利技术转让给了乙公司，乙公司生产的该专利产品销售良好，后被丙公司指控为侵权产品，起诉至人民法院，判决构成侵权，并要求乙公司赔偿损失 1000 万元。根据民法典及相关规定，下列说法正确的是？
A. 如果甲、乙公司之间对损害赔偿没有约定，应由乙公司向丙公司承担赔偿责任
B. 如果甲、乙公司之间对损害赔偿没有约定，应由甲公司向丙公司承担赔偿责任
C. 如果甲、乙公司之间对损害赔偿没有约定，由甲公司、乙公司承担连带责任
D. 如果甲、乙公司之间对损害赔偿有约定，则按照约定进行赔偿

31. 根据民法典及相关规定，下列哪些技术合同无效？
   A. 甲公司与乙公司签订的合作开发合同，约定就开发完成的发明创造申请专利的权利属于甲公司独有
   B. 丙公司与丁公司签订的委托开发合同，约定就开发完成的发明创造申请专利的权利属于丙公司、丁公司共有
   C. 戊公司与己公司签订的技术转让合同，约定己公司购买与实施该技术无关的大型设备5台
   D. 庚公司与辛公司签订的专利实施许可合同，约定辛公司不得对该专利提出无效宣告请求

32. 根据民法典及相关规定，下列关于委托合同的说法哪些是正确的？
   A. 委托合同可以采用口头形式
   B. 委托合同可以是无偿的
   C. 委托合同可以就一项或数项事务特别委托受托人处理，也可以概括委托受托人处理一切事务
   D. 受托人处理委托事务取得的财产，应当转交给委托人

33. 根据民法典及相关规定，下列关于委托合同的说法哪项是正确的？
   A. 委托合同是委托人和受托人约定，由受托人处理委托人事务的合同
   B. 受托人应当亲自处理委托事务，受托人转委托的，需事先经过委托人同意
   C. 受托人按照委托人的要求处理委托事务的，向委托人报告最终结果即可
   D. 有偿的委托合同，只有受托人存在重大过失给委托人造成损失的，委托人才可以要求赔偿损失

34. 甲律师事务所指派李律师担任乙公司的某案件的一、二审委托代理人。第一次开庭后，李律师感觉案件复杂，本人和甲律师事务所均难以胜任，建议不再继续代理。但甲律师事务所坚持代理。一审判决乙公司败诉。根据民法典及相关规定，下列哪项表述是正确的？
   A. 甲律师事务所有权单方解除委托合同，但须承担赔偿责任
   B. 甲律师事务所在乙公司一审败诉后不能单方解除合同
   C. 即使乙公司一审胜诉，甲律师事务所也可解除委托合同，但须承担赔偿责任
   D. 只有存在故意或重大过失时，甲律师事务所才对败诉承担赔偿责任

35. 甲委托乙购买一批珠宝首饰。乙找到卖家丙并以自己的名义签订了买卖合同。后由于甲没有及时提供购买资金，乙不能按时向丙支付货款。乙向丙说明了自己是受甲委托向丙购买珠宝首饰的。根据民法典及相关规定，下列哪项说法是正确的？
   A. 丙只能要求乙支付货款
   B. 丙可以选定甲和乙共同作为相对人要求其支付货款
   C. 丙可以选定甲或乙作为相对人要求其支付货款；确定选择后，不得再变更
   D. 丙选定乙作为相对人要求其支付货款后，乙的财产不足以清偿债务的，可以重新选择甲作为相对人

第三章

《民事诉讼法》

一、本章核心考点

本章包含的核心考点如图 3-1 所示。

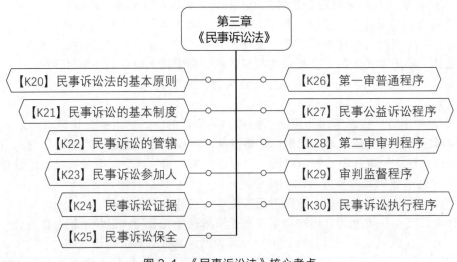

图 3-1 《民事诉讼法》核心考点

二、核心考点分析

【K20】民事诉讼法的基本原则

1. 本考点的主要考查角度分析

本考点中包含的关键词有：独立审判、不得干涉、依法审理、平等、本民族语言、辩论、诚信、处分、监督、支持起诉、调解、无需制作调解书、效力同等。本考点考查角度如图 3-2 所示。

2. 关键词释义

（1）民事诉讼适用范围为平等主体之间的财产关系、人身关系纠纷。

（2）人民法院处于居中裁判的位置，原告、被告需要自行举证支持自己的主张。

（3）民事诉讼审判原则包括平等原则、辩论原则、诚信原则、处分原则、监督原则、支

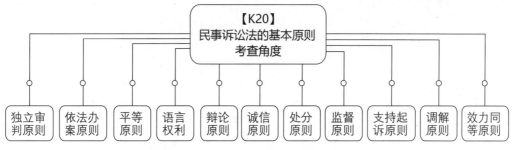

图 3-2 "民事诉讼法的基本原则"考查角度

持起诉原则、用本民族语言诉讼原则、调解原则，新增加了"线上线下诉讼效力同等"原则。

（4）调解原则的关键在于：自愿、合法；调解书签收才生效；拒绝签收即为调解失败。

3. 典型例题及解析

【例 K20-1】根据民事诉讼法及相关规定，下列哪些说法是正确的？

A. 民事诉讼当事人有平等的诉讼权利

B. 人民法院审理民事案件时，当事人有权进行辩论

C. 当事人有权在法律规定的范围内处分自己的民事权利和诉讼权利

D. 民事诉讼活动通过信息网络平台在线进行的，与线下诉讼活动具有同等法律效力

【解题思路】

民事诉讼法中规定，民事诉讼当事人有平等的诉讼权利。人民法院审理民事案件时，当事人有权进行辩论。当事人有权在法律规定的范围内处分自己的民事权利和诉讼权利。民事诉讼活动通过信息网络平台在线进行的，与线下诉讼活动具有同等法律效力。因此选项 A、B、C、D 均正确。　　　　　　　　　　　　【参考答案】ABCD

【例 K20-2】根据民事诉讼法及相关规定，一方当事人反悔，拒绝签收调解书的，人民法院的下列处理方式正确的是？

A. 及时通知对方当事人

B. 将调解书依法留置送达

C. 将调解书交由该当事人所在的居民委员会转交

D. 及时判决

【解题思路】

民事诉讼法中规定，调解未达成协议或调解书送达前一方反悔的，人民法院应当及时判决。因此选项 D 正确，其他选项均错误。　　　　　　　　　　　　【参考答案】D

【K21】民事诉讼的基本制度

1. 本考点的主要考查角度分析

本考点中包含的关键词有：合议庭、单数、审判员、人民陪审员、审判委员会、院长、庭长、审判长、书记员、翻译人员、鉴定人、勘验人、证人、利害关系、影响公正审理、国家秘密、个人隐私、离婚案件、涉及商业秘密案件、公开判决、一审判决 & 裁定、二审判决 & 裁定、两审终审。本考点考查角度如图 3-3 所示。

2. 关键词释义

（1）一审普通程序，审判组织为合议庭，由审判员、人民陪审员组成，人数为单数，最

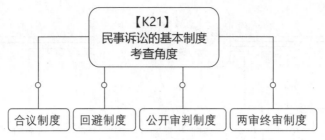

图 3-3 "民事诉讼的基本制度"考查角度

后的判决为少数服从多数（作为少数的法官意见如实记入庭审笔录）。

（2）案件当事人对一审的判决、裁定（仅三种）不服的，可以上诉；二审的判决、裁定直接生效，即为"两审终审制"。二审合议庭由审判员组成，单数。

（3）①审判委员会＞②院长＞③审判长（审判员、陪审员）＞④其他人员（书记员、翻译人员、鉴定人、勘验人）；上一级决定下一级人员的回避。

（4）需要回避的根本原因：该人参加审判，有可能影响案件的公平、公正。

（5）公开审判是原则，不公开审判是例外。例外情形：①依法不公开（涉密涉私）；②依申请不公开（离婚、涉商业秘密）。

（6）两审终审：对一审裁判不服可上诉；二审裁判直接生效。例外：最高人民法院一审终审。

3. 典型例题及解析

【例 K21-1】 根据民事诉讼法及相关规定，下列说法中哪些是正确的？
A. 陪审员在执行陪审职务时，与审判员有同等的权利义务
B. 合议庭的成员人数，必须是单数
C. 人民法院审理第二审民事案件，由审判员和陪审员组成合议庭
D. 合议庭评议案件中的不同意见，必须如实记入笔录

【解题思路】
民事诉讼法中规定，人民法院审理第二审民事案件，由审判员组成合议庭。合议庭的成员人数，必须是单数。陪审员在执行陪审职务时，与审判员有同等的权利义务。合议庭评议案件，实行少数服从多数的原则。评议中的不同意见，必须如实记入笔录。因此选项A、B、D均正确。选项C错误，第二审程序的合议庭成员只有审判员，没有陪审员。

【参考答案】 ABD

【例 K21-2】 根据民事诉讼法及相关规定，我国民事诉讼法的基本制度有？
A. 辩论制度　　B. 回避制度　　C. 公开审判制度　　D. 两审终审制度

【解题思路】
我国民事诉讼法中规定的基本制度有：合议制度、回避制度、公开审判制度、两审终审制度。因此选项B、C、D均正确。选项A中的辩论制度应当为"辩论原则"。

【参考答案】 BCD

【例 K21-3】 根据民事诉讼法及相关规定，下列人员中，应当适用回避制度的有？
A. 鉴定人　　B. 证人　　C. 翻译人员　　D. 陪审员

【解题思路】
民事诉讼法中规定，审判人员具有规定的回避情形的，应当自行回避，当事人有权

用口头或书面方式申请他们回避。关于回避制度的规定，适用于书记员、翻译人员、鉴定人、勘验人。陪审员与审判员有同等的权利义务。因此选项A、C、D均适用回避制度。选项B中的证人不适用回避制度。

【参考答案】ACD

【例K21-4】根据民事诉讼法及相关规定，关于回避，下列哪一说法是正确的？
A. 当事人申请担任审判长的审判人员回避的，应由审判委员会决定
B. 当事人申请陪审员回避的，应由审判长决定
C. 法院驳回当事人的回避申请，当事人不服而申请复议，复议期间被申请回避人不停止参与本案的审理工作
D. 如当事人申请法院翻译人员回避，可由合议庭决定

【解题思路】
民事诉讼法中规定，院长担任审判长或独任审判员时的回避，由审判委员会决定；审判人员的回避，由院长决定；其他人员的回避，由审判长或独任审判员决定。因此选项A错误，审判人员任审判长的，其回避应当由院长决定。选项B错误，陪审员与审判员有同等的权利义务，因此其回避由院长决定。选项D错误，翻译人员的回避，由审判长决定。选项C正确，申请人对回避决定不服的，可以在接到决定时申请复议一次，复议期间被申请回避的人员不停止参与本案的工作。

【参考答案】C

【例K21-5】根据民事诉讼法及相关规定，下列民事案件中，人民法院一律不公开审理的是？
A. 涉及国家秘密的案件
B. 离婚案件
C. 涉及商业秘密的案件
D. 涉及未成年人权益的案件

【解题思路】
民事诉讼法中规定，人民法院审理民事案件，除涉及国家秘密、个人隐私或法律另有规定的以外，应当公开进行。离婚案件，涉及商业秘密的案件，当事人申请不公开审理的，可以不公开审理。因此选项A正确，涉及国家秘密的案件一律不公开审理。选项B、C中的案件属于依申请不公开的情形。选项D中的涉及未成年人权益的案件不属于法定不公开的情形，该类案件向特定人群公开，如同龄人，具有一定的教育意义。

【参考答案】A

【K22】民事诉讼的管辖

1. 本考点的主要考查角度分析

本考点中包含的关键词有：基层人民法院、中级人民法院、高级人民法院、最高人民法院、被告所在地、专属管辖、合同履行地、侵权行为发生地、都有管辖权、书面协议管辖、上级指定管辖、无管辖权、管辖权异议。本考点考查角度如图3-4所示。

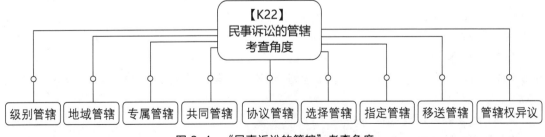

图3-4 "民事诉讼的管辖"考查角度

2. 关键词释义

（1）确定管辖法院，指的是确定第一审案件的法院；通常，二审法院为一审法院的上一级法院。确定基本原则：案件密切联系地，便于查清案情；原告就被告，增加难度，避免原告滥诉。

（2）级别管辖，确定案件一审管辖法院的纵坐标。地域管辖，确定案件一审法院的横坐标。

（3）地域管辖原则"原告就被告"，被告不在家，可以"就原告"。

（4）专属管辖：不动产所在地、遗产继承为死亡时住所地或主要遗产所在地。

（5）移送管辖：受理后、无到有、移一次。

3. 典型例题及解析

【例 K22-1】 根据民事诉讼法及相关规定，最高人民法院管辖的第一审民事案件是？

A. 重大的涉外案件　　　　　　B. 全国有重大影响的案件
C. 专利纠纷案件　　　　　　　D. 在本辖区有重大影响的案件

【解题思路】

民事诉讼法中规定，基层人民法院管辖第一审民事案件，但本法另有规定的除外。中级人民法院管辖的第一审民事案件为：①重大涉外案件；②在本辖区有重大影响的案件；③最高人民法院确定由中级人民法院管辖的案件。高级人民法院管辖在本辖区有重大影响的第一审民事案件。最高人民法院管辖的第一审民事案件为：①在全国有重大影响的案件；②认为应当由本院审理的案件。因此选项 B 正确，全国有重大影响的第一审案件由最高人民法院管辖。其他选项均错误，其中选项 A 中的重大涉外案件由中级人民法院管辖；选项 C 中的专利纠纷案件由知识产权法院以及最高人民法院确定的中级和基层人民法院管辖；选项 D 中的"本辖区"如果是指全省、自治区、直辖市则为高级人民法院管辖，如果是指一般设区的市则为中级人民法院管辖。　　　　　**【参考答案】** B

【例 K22-2】 根据民事诉讼法及相关规定，下列民事诉讼案件中，属于专属管辖的是？

A. 对被采取强制性教育措施的人提起的诉讼
B. 因港口作业中发生纠纷提起的诉讼
C. 对下落不明的人提起的有关身份关系的诉讼
D. 因继承遗产纠纷提起的诉讼

【解题思路】

民事诉讼法中规定，属于专属管辖的诉讼有以下三类：①因不动产纠纷提起的诉讼，由不动产所在地法院管辖；②因港口作业中发生纠纷提起的诉讼，由港口所在地法院管辖；③因继承遗产纠纷提起的诉讼，由被继承人死亡时住所地或主要遗产所在地法院管辖。因此选项 B、D 涉及的案件均属于专属管辖。选项 A、C 涉及的案件均为原告所在地有管辖权。　　　　　**【参考答案】** BD

【例 K22-3】 根据民事诉讼法及相关规定，下列哪些情形下，民事诉讼案件由原告住所地人民法院管辖，原告住所地与经常居住地不一致的，由原告经常居住地人民法院管辖？

A. 对被监禁的人提起的诉讼
B. 对宣告失踪的人提起的有关身份关系的诉讼

C. 对被采取强制性教育措施的人提起的诉讼

D. 对合同纠纷另一方当事人提起的诉讼

【解题思路】

民事诉讼法中规定，下列民事诉讼，由原告住所地人民法院管辖；原告住所地与经常居住地不一致的，由原告经常居住地人民法院管辖：①对不在中华人民共和国领域内居住的人提起的有关身份关系的诉讼；②对下落不明或宣告失踪的人提起的有关身份关系的诉讼；③对被采取强制性教育措施的人提起的诉讼；④对被监禁的人提起的诉讼。可以看出，由原告所在地管辖的案件均属于要么被告难找要么被告不自由，因此被告所在地与诉讼行为关联度不高。选项A、B、C均属于"就原告"案件，当选。选项D中涉及合同纠纷的案件，不具有"就原告"案件的特征。

【参考答案】ABC

【例K22-4】根据民事诉讼法及相关规定，在不违反民事诉讼法对级别管辖和专属管辖规定的情况下，合同双方当事人可以就合同纠纷通过书面协议选择下列哪些人民法院管辖？

A. 被告住所地人民法院 B. 合同履行地人民法院

C. 合同签订地人民法院 D. 标的物所在地人民法院

【解题思路】

民事诉讼法中规定，合同或其他财产权益纠纷的当事人可以书面协议选择被告住所地、合同履行地、合同签订地、原告住所地、标的物所在地等与争议有实际联系的地点的人民法院管辖，但不得违反本法对级别管辖和专属管辖的规定。因此选项A、B、C、D中提及的法院均与争议有密切联系，均可以书面协议选择为管辖法院。

【参考答案】ABCD

【例K22-5】根据民事诉讼法及相关规定，原告向两个有管辖权的人民法院起诉的，由哪个人民法院管辖？

A. 最先收到起诉状的人民法院

B. 最先收到案件受理费的人民法院

C. 最先立案的人民法院

D. 该两个人民法院共同上级人民法院指定的人民法院

【解题思路】

民事诉讼法中规定，两个以上人民法院都有管辖权的诉讼，原告可以向其中一个人民法院起诉；原告向两个以上有管辖权的人民法院起诉的，由最先立案的人民法院管辖。因此原告向两个有管辖权的人民法院起诉的，由最先立案的人民法院管辖。选项C正确，其他选项错误。

【参考答案】C

【例K22-6】法院受理案件后，被告提出管辖异议，根据民事诉讼法及相关规定，下列表述正确的是？

A. 被告可以在一审开庭时当庭提出管辖权异议

B. 向受诉法院提出管辖权异议，请求受诉法院其请求进行审查

C. 向受诉法院的上级法院提出异议，请求上级法院对案件的管辖权进行审查

D. 在法院对管辖异议驳回的情况下，可以对该裁定提起上诉

【解题思路】

民事诉讼法中规定，人民法院受理案件后，当事人对管辖权有异议的，应当在提交答辩状期间提出。人民法院对当事人提出的异议，应当审查。异议成立的，裁定将案件

移送有管辖权的人民法院；异议不成立的，裁定驳回。当事人对驳回裁定不服的，可以上诉。因此选项 A 错误，被告应当在提交答辩状期间提出管辖权异议。选项 B、D 均正确。选项 C 错误，管辖权异议申请应当向受诉法院提出。

【参考答案】BD

【K23】民事诉讼参加人

1. 本考点的主要考查角度分析

本考点中包含的关键词有：原告、被告、反诉、人数众多、共同诉讼标的、必要共同诉讼、同一种类诉讼标的、普通共同诉讼、代表人、损害社会公共利益、有第三人、有独立请求权、无独立请求权、诉讼代理人。本考点考查角度如图 3-5 所示。

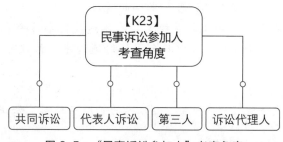

图 3-5 "民事诉讼参加人"考查角度

2. 关键词释义

（1）民事诉讼的原告、被告都是公民、法人和其他组织。原告起诉，被告可以反诉。

（2）一方人数众多时成为共同诉讼。同一诉讼标的诉讼为必要共同诉讼；同一种类的诉讼标的合并审理的为普通共同诉讼。一方人数超过 10 人的，选 2 至 5 人为代表人参加诉讼。

（3）有独立请求权的第三人，既不帮原告也不帮被告；原告撤诉的，有独立请求权的第三人可以变身原告，继续诉讼。

（4）无独立请求权的第三人，要么帮原告要么帮被告。原告撤诉，自己第三人身份丧失。

（5）原告、被告每人可以委托 1 至 2 人作为诉讼代理人。

3. 典型例题及解析

【例 K23-1】甲、乙、丙三人合伙开办名为"春光"的打印店，并依法登记。甲为执行合伙人。顾客丁进店打印资料时，被该店工作人员戊不慎撞伤。丁拟提起诉讼。根据民事诉讼法及相关规定，关于本案被告的确定，下列哪一选项是正确的？

A."春光"打印店为被告

B. 甲为被告

C. 甲、乙、丙三人为共同被告，并注明"春光"字号

D. 戊为被告

【解题思路】

民事诉讼法司法解释中规定，在诉讼中，未依法登记领取营业执照的个人合伙的全体合伙人为共同诉讼人。个人合伙有依法核准登记的字号的，应在法律文书中注明登记的字号。本题中被告为个人合伙，且有核准登记的字号，因此选项 C 正确，其他选项错误。戊作为员工，工作期间的行为属于职务行为。如果戊存在过错，对外赔付后可以内部追责。

【参考答案】C

【例 K23-2】上海某企业使用掺入化学原料的面粉加工馒头，潜在受害人不可确定。

甲、乙、丙、丁等30多名受害者提起损害赔偿诉讼，但未能推选出诉讼代表人。法院建议由甲、乙作为诉讼代表人，但丙、丁等人反对。根据民事诉讼法及相关规定，关于本案，下列哪些表述是正确的？

　　A.甲、乙作为诉讼代表人参加诉讼
　　B.丙、丁等人推选代表人参加诉讼
　　C.诉讼代表人由法院指定
　　D.在丙、丁等人不认可诉讼代表人的情况下，本案裁判对丙、丁等人具有约束力

【解题思路】

　　民事诉讼法及其司法解释中规定，当事人一方人数众多在起诉时不确定的，由当事人推选代表人。当事人推选不出的，可以由人民法院提出人选与当事人协商；协商不成的，也可以由人民法院在起诉的当事人中指定代表人。代表人的诉讼行为对其所代表的当事人发生效力。人民法院作出的判决、裁定，对参加登记的全体权利人发生效力。

　　本题中，一方受害人众多且人数不确定，在未能推选出诉讼代表人的情况下，法院提出了协商意见，但丙、丁等人反对，则可以由法院指定。在丙、丁等人不认可诉讼代表人的情况下，他们作为已经登记的权利人，人民法院作出的判决、裁定，对他们依然发生效力。因此选项A、B均错误，选项C、D均正确。　　【参考答案】CD

　　【例K23-3】甲为有独立请求权第三人，乙为无独立请求权第三人。根据民事诉讼法及相关规定，关于甲、乙诉讼权利和义务，下列哪些说法是正确的？

　　A.甲只能以起诉的方式参加诉讼
　　B.乙可以申请参加或经法院通知参加
　　C.甲具有当事人的诉讼地位，乙不具有当事人的诉讼地位
　　D.任何情况下，甲有上诉权，而乙无上诉权

【解题思路】

　　民事诉讼法及其司法解释中规定，对当事人双方的诉讼标的，第三人认为有独立请求权的，有权提起诉讼。对当事人双方的诉讼标的，第三人虽然没有独立请求权，但案件处理结果同他有法律上的利害关系的，可以申请参加诉讼，或由人民法院通知他参加诉讼。因此选项A、B均正确。选项C错误，人民法院判决承担民事责任的第三人，有当事人的诉讼权利义务。选项D错误，无独立请求权的第三人被判决承担民事责任的，有权提起上诉。　　【参考答案】AB

　　【例K23-4】根据民事诉讼法及相关规定，关于法定诉讼代理人，下列说法正确的是？

　　A.代理权的取得不是根据其所代理的当事人的委托授权
　　B.在诉讼中可以按照自己的意志代理被代理人实施所有诉讼行为
　　C.在诉讼中死亡的，产生与当事人死亡同样的法律后果
　　D.所代理的当事人在诉讼中取得行为能力的，法定诉讼代理人则自动转化为委托代理人

【解题思路】

　　选项A正确，无诉讼行为能力人由他的监护人作为法定代理人代为诉讼。因此法定诉讼代理人代理权的取得，不是基于当事人的委托，而是根据法律的直接规定。选项B正确，法定诉讼代理人是为补充无民事行为能力的人或限制民事行为能力的人在诉讼行为能力上的欠缺而设置的。法定诉讼代理人可以按照自己的意志代理被代理人实施所有

诉讼行为。选项C错误，如果法定诉讼代理人死亡，法院可以另行指定监护人作为法定诉讼代理人继续诉讼，而不必中止或终结诉讼。选项D错误，无诉讼行为能力的被代理人具有或恢复了诉讼行为能力，监护权消灭，法定诉讼代理权消灭。丧失法定诉讼代理权的人只有接受当事人的委托授权，才能成为委托诉讼代理人。　　【参考答案】AB

【K24】民事诉讼证据

1. 本考点的主要考查角度分析

本考点中包含的关键词有：8种证据、谁主张谁举证、逾期举证、调查取证、质证、证据法定形式、证人出庭、证人证言、鉴定、有专门知识的人、无须举证、文书提出命令、保全。本考点考查角度如图3-6所示。

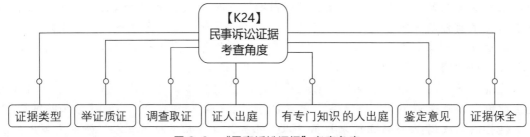

图3-6 "民事诉讼证据"考查角度

2. 关键词释义

（1）证据具有8种类型：当事人的陈述；书证；物证；视听资料；电子数据；证人证言；鉴定意见；勘验笔录。

（2）举证责任：谁主张谁举证；该举证不举证者自行承担不利后果。证据要符合法定形式。

（3）逾期举证：当事人故意或重大过失逾期的，不予采纳；关键证据，训诫、罚款后采纳。

（4）证人出庭费用，败诉人承担；有专门知识的人出庭费用，请求人承担。

（5）鉴定意见费用，需求方承担。鉴定人不出庭，鉴定意见不予采纳，退款。

（6）证据保全条件：可能灭失或以后难以取得；是否担保，取决于法院。

3. 典型例题及解析

【例K24-1】根据民事诉讼法及相关规定，下列哪些可以作为民事诉讼证据？
A. 电子数据　　B. 鉴定意见　　C. 当事人的陈述　　D. 视听资料

【解题思路】

民事诉讼法中规定了8种证据类型，选项A、B、C、D中的电子数据、鉴定意见、当事人的陈述、视听资料均属于民事诉讼证据。　　【参考答案】ABCD

【例K24-2】甲诉乙合同纠纷案，经过县基层人民法院一审、市中级人民法院二审判决甲败诉。甲向市检察院反映，其在一审中提交了偷录双方谈判过程的录音，其中有乙承认药品成分具有人身伤害风险的陈述，足以推翻原判，但法院从未组织质证。对此，下列哪些表述是正确的？

A. 法院进行再审开庭时，应当由法院、当事人、检察院三方对证据进行质证

B. 该录音属于电子数据，甲应当提交证据原件进行质证

C. 如再审法院认定该录音涉及商业秘密，应当依职权决定不公开质证

D. 虽然该录音系甲偷录，但仍可作为质证对象

【解题思路】

选项A错误，质证的主体只限于当事人及其代理人，不包括法院、检察院。选项B错误，录音需要通过载体播放，因此属于视听资料，不是电子数据。选项C正确，涉及国家秘密、商业秘密和个人隐私或法律规定的其他应当保密的证据，不得在开庭时公开质证。选项D正确，只有以严重侵害他人合法权益、违反法律禁止性规定或严重违背公序良俗的方法形成或获取的证据，才不得作为认定案件事实的根据。　　【参考答案】CD

【例K24-3】根据民事诉讼法及相关规定，对于人民法院认为审理案件需要的证据，人民法院应当调查收集。下列哪些情形属于"人民法院认为审理案件需要的证据"？

A. 涉及依职权追加当事人、回避等与实体争议无关的程序事项

B. 涉及个人隐私的材料

C. 涉及可能有损国家利益、社会公共利益的事实

D. 证据由国家有关部门保存，当事人及其诉讼代理人无权查阅调取的

【解题思路】

民事诉讼法司法解释中规定，涉及依职权追加当事人、回避等程序性事项，涉及可能损害国家利益、社会公共利益的事项，属于人民法院认为审理案件需要的证据，人民法院应当依职权调查收集，因此选项A、C均符合题意，当选。而选项B的个人隐私材料、选项D的证据属于"当事人及其诉讼代理人确因客观原因不能自行收集的证据"，人民法院应当依申请调查收集，选项B、D均不符合题意，不当选。　　【参考答案】AC

【例K24-4】根据民事诉讼法及相关规定，下列关于鉴定的说法正确的是？

A. 当事人可以就查明事实的专门性问题向人民法院申请鉴定

B. 人民法院认为鉴定人有必要出庭，鉴定人不出庭的，是否采纳该鉴定意见由法院决定

C. 当事人申请鉴定但协商不能确定鉴定人的，由人民法院在名录中指定鉴定人

D. 鉴定意见可以由鉴定人在法庭上以当面陈述的方式作出

【解题思路】

选项A正确，当事人可以就查明事实的专门性问题向人民法院申请鉴定。选项B错误，鉴定人经人民法院通知拒不出庭作证的，鉴定意见不得作为认定事实的根据。选项C错误，当事人申请鉴定，不能协商确定具备资格的鉴定人的，由人民法院指定。不存在"名录"。选项D错误，鉴定人应当提出书面鉴定意见，在鉴定书上签名或盖章，不能以口头方式作出。　　【参考答案】A

【例K24-5】A县的甲公司与B县的乙公司在订立香蕉买卖合同中约定，如果因为合同履行发生争议，可以向A县法院或B县法院提起诉讼。乙公司交货后，甲公司认为香蕉质量与约定不符，且正在霉变，遂准备提起诉讼，并对香蕉进行证据保全。关于本案的证据保全，下列哪些表述是正确的？

A. 在起诉前，甲公司既可直接向A县法院申请证据保全，也可向B县法院申请证据保全

B. 在向A县法院起诉后，甲公司既可直接向A县法院申请证据保全，也可向B县法院申请证据保全

C. 法院根据甲公司申请起诉前采取证据保全措施时，应当要求其提供担保

D. 法院根据甲公司申请诉讼中采取证据保全措施时，可以要求其提供担保

【解题思路】

选项 A 正确，由于甲公司和乙公司已经通过协议约定 A 县法院和 B 县法院均有管辖权，因此在起诉前，甲公司既可直接向 A 县法院申请证据保全，也可向 B 县法院申请证据保全。选项 B 错误，甲公司已经向 A 县法院起诉，确定了管辖法院，则应当向 A 县法院申请证据保全。证据保全是否需要提供担保，由人民法院确定。证据保全可能对他人造成损失的，人民法院应当责令申请人提供相应的担保。因此选项 C 错误，选项 D 正确。

【参考答案】AD

【K25】民事诉讼保全

1. 本考点的主要考查角度分析

本考点中包含的关键词有：查封、扣押、冻结、财产保全、行为保全、诉前保全、诉中保全、48 小时、30 天、担保、反担保。本考点考查角度如图 3-7 所示。

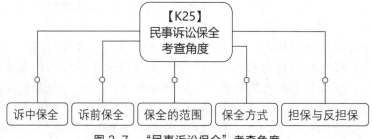

图 3-7 "民事诉讼保全"考查角度

2. 关键词释义

（1）无论是诉前保全还是诉中保全，保全方式均为：查封（场地）、扣押（物品）、冻结（账户）。为了便于实施保全，受理法院需为被保全财产所在地、被申请人住所地或对案件有管辖权的人民法院。

（2）保全分为财产保全、行为保全（责令其作出一定行为或禁止其作出一定行为）。

（3）作出保全决定的时间：诉前保全必须 48 小时内；诉中保全情况紧急的必须在 48 小时内，且均立即执行，但需通知被申请人。

（4）诉前保全后，30 日内申请人不起诉或申请仲裁的，保全解除。

（5）诉前保全，应当提供担保；行为保全不得反担保。诉中保全，是否担保法院决定。

（6）保全限于请求的范围，或与案件有关的财物。

3. 典型例题及解析

【例 K25-1】当事人根据民事诉讼法的规定，在起诉前向人民法院申请财产保全措施的，应当向下列哪个人民法院提出申请？

A. 申请人住所地的人民法院
B. 被申请人住所地的人民法院
C. 财产所在地的人民法院
D. 凡涉及侵权纠纷的，为侵权行为地的人民法院

【解题思路】

民事诉讼法中规定，利害关系人因情况紧急，可以在提起诉讼或申请仲裁前向被保全财产所在地、被申请人住所地或对案件有管辖权的人民法院申请采取保全措施。因此选项 B、C 均正确。选项 A 错误，通常案件地域管辖为原告就被告，即原告所在地人民

法院通常没有管辖权。选项D错误，涉及侵权纠纷的，侵权行为地、侵权结果发生地等多个法院都有管辖权，因此涉及侵权纠纷的，保全法院不限于侵权行为地。【参考答案】BC

【例K25-2】根据民事诉讼法及相关规定，下列关于财产保全的说法哪些是正确的？

A．人民法院在民事诉讼中对于可能因一方当事人的原因而使判决难以执行的案件，必要时可以主动裁定采取财产保全措施

B．人民法院在必要的时候，可以在起诉前主动作出财产保全的裁定

C．人民法院接受申请诉前采取财产保全措施的，申请人应当提供担保，不提供担保的，驳回申请

D．人民法院在民事诉讼中接受财产保全申请后，对情况紧急的，必须在24小时内作出裁定；裁定采取财产保全措施的，应当立即开始执行

【解题思路】

选项A正确，对于可能因当事人一方的行为或其他原因而使判决难以执行或造成当事人其他损害的案件，当事人没有提出申请的，人民法院在必要时也可以裁定采取保全措施。选项B错误，人民法院在当事人起诉前，不可能主动作出财产保全裁定，民不告不理是民事诉讼的基本原则。选项C正确，诉前保全应当提供担保，避免申请人不诉讼或保全错误的，发生赔付困难。选项D错误，紧急情况下的诉中保全，需在48小时内作出裁定。

【参考答案】AC

【例K25-3】甲公司生产的"天师牌"保健枕销量稳居市场第一，乙公司将自己生产的同类型产品注册成"天帅牌"，并全面仿照甲公司产品，使消费者难以区分。为此，甲公司欲起诉乙公司侵权，同时拟申请诉前禁令，禁止乙公司销售该产品。关于诉前保全，下列哪些选项是正确的？

A．甲公司可向乙公司住所地法院申请采取保全措施，并应当提供担保

B．甲公司申请诉前采取保全措施的，法院受理后，须在48小时内作出裁定

C．人民法院根据甲公司申请裁定作出保全措施后，甲公司应当在15天内起诉

D．如果甲公司未在规定期限内起诉，人民法院应当解除保全

【解题思路】

选项A正确，诉前保全，需向有管辖权的人民法院提出，本题中乙公司作为涉嫌侵权人，其住所地人民法院有管辖权。对于诉前申请保全，应当提供担保。选项B正确，申请人申请诉前保全的，法院受理后，须在48小时内作出是否采取保全措施的裁定。选项C错误，诉前保全后，申请人应当在30天内向保全法院提起诉讼。选项D正确，如果甲公司不在30日内起诉，则人民法院解除保全，保全给乙公司造成的损失，由甲公司赔偿。

【参考答案】ABD

【K26】第一审普通程序

1．本考点的主要考查角度分析

本考点中包含的关键词有：起诉条件、拘传、可以上诉的裁定、不计算在审限的、延期、中止、终结、视为撤诉、缺席判决。本考点考查角度如图3-8所示。

2．关键词释义

（1）能够受理的起诉需符合条件：与案件有利害关系的原告、明确的被告、具体的诉讼请求、受理法院有管辖权。

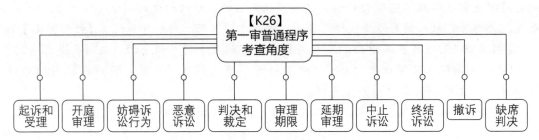

图 3-8 "第一审普通程序"考查角度

（2）妨碍诉讼行为、恶意诉讼行为，将受到罚款、拘留、训诫等处罚。拘传适用对象：案件要求必须到庭，经过两次传唤拒不到庭的原告或被告。

（3）一个案件只会以一份判决或裁定结束，但在案件审理过程中可能有多份裁定。可以上诉的裁定：①不予受理；②对管辖权有异议；③驳回起诉。

（4）延期（延期时间计入审限，因此耗时不会太久）；中止（短时间难以确定中止原因何时消除）；终结（案件不可能继续）。

（5）撤诉：适用于原告，可主动撤，可视为撤。主动撤需经过法院同意；法院不同意则必须到庭，否则缺席判决。

（6）缺席判决：①被告不到场应诉；②原告来了又走了。

3. 典型例题及解析

【例 K26-1】 根据民事诉讼法对第一审普通程序的规定，起诉必须符合下列哪些条件？

A. 原告是与本案有直接利害关系的公民、法人和其他组织
B. 有明确的被告
C. 有具体的诉讼请求和事实、理由
D. 属于人民法院受理民事诉讼的范围和受诉人民法院管辖

【解题思路】

民事诉讼法中规定的起诉条件为：①原告是与本案有直接利害关系的公民、法人和其他组织；②有明确的被告；③有具体的诉讼请求和事实、理由；④属于人民法院受理民事诉讼的范围和受诉人民法院管辖。因此选项 A、B、C、D 四项条件均必须满足。

【参考答案】 ABCD

【例 K26-2】 根据民事诉讼法的规定，下列哪种情形适用拘传措施？

A. 人民法院对必须到庭的被告，经一次传票传唤，无正当理由拒不到庭
B. 人民法院对必须到庭的被告，经两次传票传唤，无正当理由拒不到庭
C. 人民法院对必须到庭才能查清案件基本事实的原告，经一次传票传唤，无正当理由拒不到庭
D. 人民法院对必须到庭才能查清案件基本事实的原告，经两次传票传唤，无正当理由拒不到庭

【解题思路】

民事诉讼法中规定，人民法院对必须到庭的被告，经两次传票传唤，无正当理由拒不到庭的，可以拘传。对于必须到庭才能查清案件基本事实的原告，经两次传票传唤，无正当理由拒不到庭的，可以拘传。因此选项 B、D 均正确，选项 A、C 均错误。

【参考答案】 BD

【例K26-3】根据民事诉讼法的规定，当事人对下列哪些民事诉讼裁定不服的，可以提出上诉？

　　A.驳回起诉　　　B.财产保全　　　C.中止诉讼　　　D.管辖权异议

【解题思路】

民事诉讼法中规定，裁定适用的情形包括：不予受理；对管辖权有异议的；驳回起诉；保全和先予执行；准许或不准许撤诉；中止或终结诉讼等。对于前三种裁定当事人不服的，可以上诉。因此选项A、D均正确，属于可以上诉的情形。选项B、C均错误，裁定一经作出，直接生效。

【参考答案】AD

【例K26-4】甲诉乙侵权一案开庭审理时，原告甲临时申请重新鉴定，根据民事诉讼法及相关规定，人民法院可以如何处理？

　　A.裁定不予诉讼　B.裁定终结诉讼　C.延期开庭审理　　D.裁定中止受理

【解题思路】

民事诉讼法中规定的可以延期开庭审理的情形包括：①必须到庭的当事人和其他诉讼参与人有正当理由没有到庭的；②当事人临时提出回避申请的；③需要通知新的证人到庭，调取新的证据，重新鉴定、勘验，或需要补充调查的；④其他应当延期的情形。因此对于原告临时提出的重新鉴定申请，人民法院可以决定延期审理，选项C正确，其他选项均错误。

【参考答案】C

【例K26-5】根据民事诉讼法的规定，民事诉讼有下列哪些情形的，人民法院应当中止诉讼？

　　A.离婚案件的一方当事人死亡的

　　B.一方当事人死亡，需要等待确定继承人的

　　C.一方当事人丧失诉讼行为能力，尚未确定法定代理人的

　　D.本案必须以另一案的审理结果为依据，而另一案尚未审结的

【解题思路】

民事诉讼法中规定的可以中止诉讼的情形包括：①一方当事人死亡，需要等待继承人表明是否参加诉讼的；②一方当事人丧失诉讼行为能力，尚未确定法定代理人的；③作为一方当事人的法人或其他组织终止，尚未确定权利义务承受人的；④一方当事人因不可抗拒的事由，不能参加诉讼的；⑤本案必须以另一案的审理结果为依据，而另一案尚未审结的；⑥其他应当中止诉讼的情形。因此选项B、C、D中的情形发生，均需要等待，适用于中止诉讼。选项A中离婚案件，一方当事人死亡的，婚姻关系不复存在，因此没有等待的必要，诉讼终结。

【参考答案】BCD

【例K26-6】根据民事诉讼法及相关规定，下列哪些情形下民事诉讼终结？

　　A.追索赡养费案件，一方当事人死亡的

　　B.一方当事人因不可抗拒的事由，不能参加诉讼的

　　C.原告死亡，继承人表示放弃诉讼权利的

　　D.解除收养关系案件的一方当事人死亡的

【解题思路】

民事诉讼法中规定的终结诉讼的情形包括：①原告死亡，没有继承人，或继承人放弃诉讼权利的；②被告死亡，没有遗产，也没有应当承担义务的人的；③离婚案件一方当事人死亡的；④追索赡养费、扶养费、抚育费以及解除收养关系案件的一方当事人死亡的。因此选项A、C、D中表述的情形均符合终结诉讼的情形，案件均没有进行下去

061

的必要。选项 B 中一方当事人因不可抗拒的事由不能参加诉讼，属于暂时受阻，因此可中止诉讼。

【参考答案】 ACD

【K27】民事公益诉讼程序

1. 本考点的主要考查角度分析

本考点中包含的关键词有：污染环境、侵害众多消费者、损害社会公共利益的行为、法律规定的机关和有关组织、人民检察院、支持起诉、初步证据、撤诉、和解、调解。本考点考查角度如图 3-9 所示。

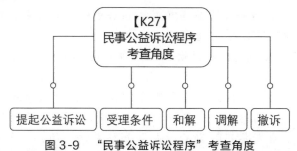

图 3-9 "民事公益诉讼程序"考查角度

2. 关键词释义

（1）适用公益诉讼的案件：污染环境、侵害众多消费者等损害社会公共利益的行为。

（2）公益诉讼原告：法律规定的机关和有关组织、人民检察院。公益组织已经提起公益诉讼的，检察院可以支持起诉。

（3）公益诉讼案件受理条件中有社会公共利益受到损害的初步证据即可，不要求侵害行为实际发生。

（4）撤诉：原告在法庭辩论终结后申请撤诉的，人民法院不予准许。

（5）和解和调解：对公益诉讼案件，当事人可以和解，人民法院可以调解。但和解协议、调解协议需至少公告 30 日。

（6）公益诉讼案件的受理，不影响同一侵权行为的受害人提起的普通民事诉讼，以维护自己的合法权益。

3. 典型例题及解析

【例 K27-1】 根据民事诉讼法及相关规定，提起公益诉讼必须符合下列哪些条件？

A. 原告是法律规定的机关和有关组织

B. 有明确的被告

C. 有具体的诉讼请求

D. 有社会公共利益受到损害的初步证据

【解题思路】

民事诉讼法及其司法解释中规定，对污染环境、侵害众多消费者合法权益等损害社会公共利益的行为，法律规定的机关和有关组织可以向人民法院提起诉讼。符合下列条件的，人民法院应当受理：①有明确的被告；②有具体的诉讼请求；③有社会公共利益受到损害的初步证据；④属于人民法院受理民事诉讼的范围和受诉人民法院管辖。因此选项 A、B、C、D 均为提起民事公益诉讼的条件。

【参考答案】 ABCD

【例 K27-2】 绿洲公司超标排污导致河流污染，公益环保组织向市中级人民法院提起公益诉讼，请求判令绿洲公司停止侵害并赔偿损失。关于该公益诉讼案件，下列表述正确的是？

A. 在法庭辩论终结后，公益环保组织申请撤诉的，法院不予准许
B. 当事人达成调解协议后，人民法院应当将调解协议进行公告
C. 调解协议违反社会公共利益的，不予出具调解书，继续审理并依法裁判
D. 因该案已受理，同样因绿洲公司非法排污造成财产损失的村民赵某提起侵权诉讼的，法院不予受理

【解题思路】

民事诉讼法及其司法解释中规定，公益诉讼案件的原告在法庭辩论终结后申请撤诉的，人民法院不予准许。因此选项 A 正确。选项 B、C 均正确，公益诉讼当事人达成调解协议后，人民法院应当将调解协议进行公告。公告期间不得少于 30 日。调解协议违反社会公共利益的，不予出具调解书，继续对案件进行审理并依法做出裁判。选项 D 错误，人民法院受理公益诉讼案件，不影响同一侵权行为的受害人提起民事诉讼。

【参考答案】 ABC

【K28】第二审审判程序

1. 本考点的主要考查角度分析

本考点中包含的关键词有：上诉案件当事人、15 日内、10 日内、3 个月内、30 日内、上诉状、对上诉请求进行审查、可以不开庭、案件发生、原审法院所在地、二审裁判、二审和解与调解、漏请求、漏人、发回重审一次。本考点考查角度如图 3-10 所示。

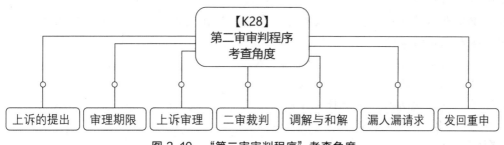

图 3-10 "第二审审判程序"考查角度

2. 关键词释义

（1）当事人对一审裁判不服即可上诉。提出上诉的为上诉人，被上诉的为被上诉人，均上诉的，互为上诉人和被上诉人。上诉案件不涉及的一审当事人，以一审地位列明，如原审原告、原审被告。

（2）对一审判决不服的，收到判决之日起 15 日内上诉；对一审裁定不服的，收到裁定之日起 10 日内上诉。因判决上诉的二审审限为 3 个月；因裁定上诉的二审审限为 30 日。

（3）二审开庭是原则，不需要开庭的可以书面审。二审可以在二审法院开庭，也可以到案件所在地、原审法院开庭。

（4）二审审理范围为上诉人的上诉请求，非全案。二审裁判既要审案件本身，也要审一审裁判的正确性。

（5）二审可以调解，也可以和解。二审和解的，可以根据当事人申请制作调解书。调解书送达才成功，调解书中不写"撤销原判"字样。

（6）一审漏人，二审发回重审；一审漏请求，二审可调解，调解不成，发回重审。重审后可上诉，但不得再次发回重审。

3. 典型例题及解析

【例 K28-1】 赵某被章某打伤后诉至法院，章某败诉。一审判决书送达章某时，其当即向送达人周某表示上诉，但因其不识字，未提交上诉状。关于章某行为的法律效力，下列哪一选项是正确的？

A. 章某已经表明上诉，产生上诉效力

B. 周某将章某的上诉要求告知法院后，产生上诉效力

C. 章某未提交上诉状，不产生上诉效力

D. 章某口头上诉经二审法院同意后，产生上诉效力

【解题思路】

民事诉讼法司法解释中规定，一审宣判时或判决书、裁定书送达时，当事人口头表示上诉的，人民法院应告知其必须在法定上诉期间内递交上诉状。未在法定上诉期间内递交上诉状的，视为未提起上诉。虽递交上诉状，但未在指定的期限内缴纳上诉费的，按自动撤回上诉处理。因此，以书面形式提交上诉状是上诉行为生效的法定形式要件。本题中一审判决书送达章某时，章某当即向送达人周某表示上诉，但未提交上诉状，视为未提出上诉，故选项C正确，选项A、B、D均错误。　　　　　　　　　　　**【参考答案】** C

【例 K28-2】 丙、丁共同承租了甲、乙共有的一套房屋，因未付租金被甲、乙起诉。一审法院判决丙支付甲、乙租金及利息共计2万元，分2次付清；判决丁支付甲、乙租金及利息1万元，一次付清。甲、乙和丙均不服该判决，提出上诉：乙请求改判丙一次性支付所欠的租金及利息2万元。甲请求法院判决解除与丙之间的租赁关系。丙认为租赁合同中没有约定利息，请求判决变更一审判决的相关内容。丁表示服从判决。关于二审中当事人地位的确定，下列选项正确的是？

A. 丙、丁是上诉人，甲、乙是被上诉人

B. 甲、乙是上诉人，丙、丁是被上诉人

C. 乙、丙是上诉人，甲是被上诉人

D. 甲、乙、丙都是上诉人，丁是原审原告

【解题思路】

民事诉讼法司法解释中规定，双方当事人和第三人都提起上诉的，均列为上诉人。人民法院可以依职权确定第二审程序中当事人的诉讼地位。本题中甲、乙、丙都提出了上诉，因此甲、乙、丙都是上诉人，丁未提出上诉，甲、乙的上诉请求中也未涉及丁，因此丁不是上诉人，也不是被上诉人，丁按原审地位列明，即丁为原审被告，选项D正确，其他选项均错误。　　　　　　　　　　　　　　　　　　　　　　　**【参考答案】** D

【例 K28-3】 根据民事诉讼法及相关规定，下列关于第二审人民法院审理上诉案件的说法哪些是正确的？

A. 第二审人民法院对上诉案件应当组成合议庭审理

B. 第二审人民法院仅对第一审判决或裁定适用法律是否正确进行审查

C. 第二审人民法院的判决、裁定，是终审的判决、裁定

D. 第二审人民法院审理上诉案件，可以到案件发生地进行

【解题思路】

选项A正确，民事诉讼法中规定，第二审人民法院对上诉案件，应当组成合议庭，开庭审理。选项B错误，第二审人民法院应当对上诉请求的有关事实和适用法律进行审

查。选项C正确,我国实行两审终审制,因此第二审人民法院的判决、裁定,是终审的判决、裁定。选项D正确,第二审人民法院审理上诉案件,可以在本院进行,也可以到案件发生地或原审人民法院所在地进行。

【参考答案】ACD

【例K28-4】甲不服一审民事判决,提起上诉。在第二审程序中,双方当事人达成和解。在这种情况下,第二审人民法院的下列哪些做法是符合规定的?
A.裁定终结诉讼
B.撤销原判决,根据和解协议的内容进行改判
C.如果甲申请撤诉,经审查符合撤诉条件,准许撤诉
D.根据当事人的请求,对当事人达成的和解协议进行审查并制作调解书送达当事人

【解题思路】
民事诉讼法司法解释中规定,当事人在第二审程序中达成和解协议的,人民法院可以根据当事人的请求,对双方达成的和解协议进行审查并制作调解书送达当事人;因和解而申请撤诉,经审查符合撤诉条件的,人民法院应予准许。因此选项A、B均错误,选项C、D均正确。双方当事人在二审程序中达成和解的,上诉人甲可以申请撤诉,由人民法院审查决定是否允许;双方也可以请求二审法院依据其和解协议制作调解书。

【参考答案】CD

【例K28-5】甲、乙、丙、丁四兄弟因父亲留下的遗产发生纠纷,甲认为丁不参加遗产分配,就以乙、丙为被告提起了诉讼。甲不服一审判决提起上诉,二审法院审理时,发现一审判决遗漏另一继承人丁。丁表示不放弃遗产继承权。关于本案,下列哪些说法是正确的?
A.为避免诉讼拖延,二审法院可依职权直接改判
B.二审法院可根据自愿原则进行调解,调解不成的裁定撤销原判决发回重审
C.丁应列为本案的有独立请求权第三人
D.丁应是本案的共同被告

【解题思路】
本案一审为甲、乙、丙、丁四兄弟因父亲留下的遗产发生纠纷,该案的诉讼标的不可分割,因此为必要共同诉讼。丁应当为本案的共同被告。由于丁未参加一审诉讼,因此二审不能直接改判。如果直接改判且丁不服判决,则丧失了上诉的机会,对丁来说是不公平的。因此选项A、C均错误,选项D正确。选项B正确,二审法院可根据自愿原则进行调解,调解不成的裁定撤销原判决发回重审,给丁参加一审审理的机会。

【参考答案】BD

【例K28-6】关于第二审人民法院对上诉案件的处理,下列表述正确的有?
A.原判决遗漏当事人或违法缺席判决等严重违反法定程序的,裁定撤销原判决,发回原审人民法院重审
B.原判决认定基本事实不清的,裁定撤销原判决,发回原审人民法院重审,或查清事实后改判
C.原判决适用法律错误的,发回原审人民法院重审
D.原判决认定事实清楚,适用法律正确的,判决驳回上诉,维持原判决

【解题思路】
民事诉讼法中规定,第二审人民法院作出的裁判类型有:①原判决、裁定认定事实清楚,适用法律正确的,以判决、裁定方式驳回上诉,维持原判决、裁定。因此选项D

正确。②原判决、裁定认定事实错误或适用法律错误的,以判决、裁定方式依法改判、撤销或变更。因此选项C错误,应当是依法改判、撤销或变更,而不是发回重审。③原判决认定基本事实不清的,裁定撤销原判决,发回原审人民法院重审,或查清事实后改判。因此选项B正确。④原判决遗漏当事人或违法缺席判决等严重违反法定程序的,裁定撤销原判决,发回原审人民法院重审。因此选项A正确。

【参考答案】ABD

【K29】审判监督程序

1. 本考点的主要考查角度分析

本考点中包含的关键词有:已生效、6个月、当事人申请再审、法院决定再审、检察建议、抗诉、再审理由、决定再审、原审、提审。本考点考查角度如图3-11所示。

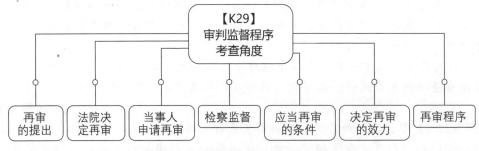

图3-11 "审判监督程序"考查角度

2. 关键词释义

(1) 再审,适用时间为判决、裁定、调解书已经生效的6个月内,或发现新情况的6个月内提出。

(2) 法院自查自纠决定再审:本院、上级要求下级法院再审。

(3) 当事人申请再审,首先向法院提出申请,法院不同意或不理睬的或原裁判明显错误的,可请求检察院抗诉。

(4) 检察院对调解书依职权抗诉的,应当是认为调解书损害了国家利益、社会公共利益。检察院抗诉的,法院必须再审;同级检察建议,上级抗下级法院生效裁判。

(5) 再审理由:结论错误、依据错误、人有错误、程序错误等。

(6) 一旦决定再审,通常会停止原判决的执行。

(7) 再审没有独立程序,再审程序取决于原生效裁判是哪一审作出的。提审按二审执行,作出的裁判直接生效。

3. 典型例题及解析

【例K29-1】根据民事诉讼法的规定,当事人对发生法律效力的民事判决申请再审的,应当在何时提出申请?

A. 在判决发生法律效力后的6个月内　　B. 在判决书送达之日起的6个月内
C. 在判决发生法律效力后的2年内　　　D. 在判决书送达之日起的2年内

【解题思路】

民事诉讼法中规定,当事人申请再审,应当在判决、裁定发生法律效力后6个月内提出。因此选项A正确,其他选项均错误。

【参考答案】A

【例K29-2】根据民事诉讼法及相关规定,下列关于民事诉讼审判监督程序的说法哪些是正确的?

A.当事人对已经发生法律效力的裁定,认为有错误的,可以向上一级人民法院申请再审

B.当事人对已经发生法律效力的调解书,提出证据证明调解违反自愿原则的,可以申请再审

C.当事人对已经发生法律效力的解除婚姻关系的判决,不得申请再审

D.当事人申请再审的,应当停止判决、裁定的执行

【解题思路】

民事诉讼法中规定,当事人对已经发生法律效力的判决、裁定,认为有错误的,可以向上一级人民法院申请再审。当事人对已经发生法律效力的调解书,提出证据证明调解违反自愿原则或调解协议的内容违反法律的,可以申请再审。当事人对已经发生法律效力的解除婚姻关系的判决,不得申请再审。因此选项A、B、C均正确。选项D错误,当事人申请再审的,人民法院应当予以审查当事人的请求,只有法院决定再审的案件,才裁定中止原判决、裁定、调解书的执行,并且对于追索赡养费、扶养费、抚育费、抚恤金、医疗费用、劳动报酬等案件,可以不中止执行。

【参考答案】ABC

【例K29-3】根据民事诉讼法及相关规定,当事人的再审申请符合下列哪些情形的,人民法院应当再审?

A.对审理案件需要的证据,当事人因客观原因不能自行收集,书面申请人民法院调查收集,人民法院未调查收集的

B.原判决、裁定超出诉讼请求的

C.应当参加诉讼的当事人,因不能归责于本人或其诉讼代理人的事由,未参加诉讼的

D.原判决、裁定认定事实的主要证据未经质证的

【解题思路】

民事诉讼法中规定,当事人申请再审理由为"原判决、裁定认定事实的主要证据未经质证的""对审理案件需要的主要证据,当事人因客观原因不能自行收集,书面申请人民法院调查收集,人民法院未调查收集的""无诉讼行为能力人未经法定代理人代为诉讼或者应当参加诉讼的当事人,因不能归责于本人或者其诉讼代理人的事由,未参加诉讼的""原判决、裁定遗漏或超出诉讼请求的",人民法院应当再审。因此,选项A、B、C、D表述的情形均符合题意,当选。

【参考答案】ABCD

【例K29-4】根据民事诉讼法及相关规定,地方各级人民检察院发现同级人民法院已经发生法律效力的判决确有错误的,可以采取下列哪些方式处理?

A.向该人民法院提起抗诉　　B.向该人民法院提出检察建议
C.向上一级人民法院提起抗诉　　D.提请上级人民检察院提起抗诉

【解题思路】

民事诉讼法中规定,地方各级人民检察院对同级人民法院已经发生法律效力的判决、裁定,发现符合规定的情形之一的,或发现调解书损害国家利益、社会公共利益的,可以向同级人民法院提出检察建议,并报上级人民检察院备案;也可以提请上级人民检察院向同级人民法院提出抗诉。因此选项B、D均正确,选项A、C均错误。

【参考答案】BD

【例K29-5】甲起诉乙公司产品质量存在重大问题,请求乙公司侵权赔偿,经县、市两级人民法院审理均胜诉。乙公司以生效的二审判决适用法律错误为由申请再审。根据

民事诉讼法及相关规定，下列哪些说法是正确的？

A. 省高级人民法院收到乙公司再审申请的，裁定中止原判决的执行

B. 省高级人民法院交原审人民法院再审的，原审人民法院为二审人民法院

C. 省高级人民法院按照审判监督程序提审的，按照第二审程序审理

D. 省高级人民法院驳回再审申请的，乙公司可以向人民检察院申请抗诉

【解题思路】

民事诉讼法中规定，按照审判监督程序决定再审的案件，裁定中止原判决、裁定、调解书的执行。选项A错误，裁定中止原判决执行的，需在人民法院决定再审时，而不是申请人提出申请时。选项B正确，由于原生效判决是二审作出的，因此省高级人民法院交原审法院再审的，为二审。选项C正确，对于提审案件，按照二审程序审理。选项D正确，省高级人民法院驳回再审申请的，乙公司可以向人民检察院申请抗诉，寻求最后一线希望。

【参考答案】BCD

【K30】民事诉讼执行程序

1. 本考点的主要考查角度分析

本考点中包含的关键词有：生效裁判、法院制作的调解书、一审法院、财产所在地法院、书面异议、和解、回转、2年、查封、扣押、中止、终结。本考点考查角度如图3-12所示。

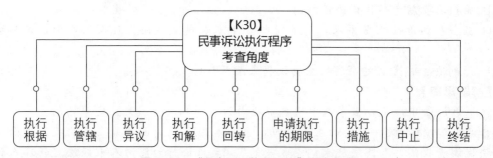

图3-12 "民事诉讼执行程序"考查角度

2. 关键词释义

（1）执行依据：生效的判决、裁定、法院制作的调解书，与财产有关。申请执行期间是2年，从执行依据中记载的履行期限最后一天起算。

（2）管辖：不一定是生效判决法院，是一审法院或财产所在地法院，便于执行。

（3）异议：认为执行标的有误，相关人书面申请。

（4）和解：不意味着终结执行；和解目的没有达到，可申请恢复执行。

（5）执行回转：原来执行被撤销了，执行的财产还回去。

（6）执行措施：查封、扣押，迫使被执行人履行生效裁判、调解书。

（7）执行中止：停下来，等一等；执行终结：执行完毕或没有等待的必要了。

3. 典型例题及解析

【例K30-1】根据民事诉讼法的规定，发生法律效力的下列哪些法律文书可以根据当事人的申请由人民法院依法执行？

A. 人民法院作出的民事判决

B. 行政机关制作的调解书

C. 生效民事判决执行过程中双方当事人自行达成的和解协议
D. 人民法院作出的民事裁定

【解题思路】

民事诉讼法中规定，发生法律效力的民事判决、裁定，当事人必须履行。一方拒绝履行的，对方当事人可以向人民法院申请执行。人民法院制作的调解书的执行，适用执行的规定。因此选项A、D均正确，属于民事执行的依据。选项B错误，民事执行的调解书需为法院制作的。选项C错误，在执行中双方当事人自行和解达成的协议，不属于法律规定的执行依据。

【参考答案】 AD

【例K30-2】 根据民事诉讼法及相关规定，下列关于发生法律效力的民事判决执行的说法哪项是正确的？

A. 发生法律效力的民事判决是二审作出的，应当由二审法院执行
B. 当事人认为执行行为违反法律规定的，可以向作出生效判决的人民法院提出书面异议
C. 当事人认为执行行为违反法律规定的，可以向负责执行的法院提出口头异议
D. 在执行中，被执行人向人民法院提供担保，并经申请执行人同意的，人民法院可以决定暂缓执行及暂缓执行的期限

【解题思路】

民事诉讼法中规定，发生法律效力的民事判决、裁定，以及刑事判决、裁定中的财产部分，由第一审人民法院或与第一审人民法院同级的被执行的财产所在地人民法院执行。因此选项A错误，执行法院非二审法院。选项B、C均错误，当事人、利害关系人认为执行行为违反法律规定的，可以向负责执行的人民法院提出书面异议。选项D正确，执行中被执行人提供担保的，可以暂缓执行及暂缓执行的期限。

【参考答案】 D

【例K30-3】 根据民事诉讼法及相关规定，下列关于执行过程中查封、扣押财产的说法哪些是正确的？

A. 人民法院查封、扣押财产时，被执行人是公民的，应当通知被执行人或其成年家属到场
B. 人民法院查封、扣押财产时，被执行人是公司的，有该公司员工在场见证即可
C. 被查封的财产，执行员不能指定被执行人负责保管
D. 对于被查封、扣押的财产，执行员必须造具清单，由在场人签名或盖章

【解题思路】

选项A正确，人民法院查封、扣押财产时，被执行人是公民的，应当通知被执行人或他的成年家属到场。选项B错误，被执行人是公司的，需通知该公司的法定代表人或主要负责人到场。选项C错误，被查封的财产，执行员可以指定被执行人负责保管。选项D正确，对于被查封、扣押的财产，执行员必须造具清单，由在场人签名或盖章后，交被执行人一份。

【参考答案】 AD

【例K30-4】 法院受理甲与出版社乙著作权纠纷案，判决乙赔偿甲10万元，并登报赔礼道歉。判决生效后，乙交付10万元，但未按期赔礼道歉，甲申请强制执行。执行中，甲、乙自行达成口头协议，约定乙免于赔礼道歉，但另付给甲1万元。关于法院的做法，下列哪一选项是正确的？

A. 不允许，因协议内容超出判决范围，应当继续执行生效判决
B. 允许，法院视为申请人撤销执行申请

C. 允许,将当事人协议内容记入笔录,由甲、乙签字或盖章

D. 允许,根据当事人协议内容制作调解书

【解题思路】

民事诉讼法中规定,在执行中,双方当事人自行和解达成协议的,执行员应当将协议内容记入笔录,由双方当事人签名或盖章。因此选项C正确,其他选项均错误。

【参考答案】C

【例K30-5】根据民事诉讼法及相关规定,以下哪些情形下,人民法院应当裁定中止执行?

A. 申请人撤销申请的

B. 据以执行的法律文书被撤销的

C. 案外人对执行标的提出确有理由的异议的

D. 作为一方当事人的公民死亡,需要等待继承人继承权利

【解题思路】

民事诉讼法中规定,人民法院应当裁定中止执行的情形包括:①申请人表示可以延期执行的;②案外人对执行标的提出确有理由的异议的;③作为一方当事人的公民死亡,需要等待继承人继承权利或承担义务的;④作为一方当事人的法人或其他组织终止,尚未确定权利义务承受人的;⑤人民法院认为应当中止执行的其他情形。因此选项C、D均正确,其中表述的情形均表明需要一定的时间再确定是否继续执行,因此应当中止执行。选项A、B中申请人不再要求执行或没有了执行依据,应当终结执行。

【参考答案】CD

【例K30-6】根据民事诉讼法及相关的规定,人民法院应当裁定终结执行的情形有?

A. 作为一方当事人的法人终止,尚未确定权利义务承受人的

B. 执行中双方达成和解的

C. 作为被执行人的公民因生活困难无力偿还借款,无收入来源,又丧失劳动能力的

D. 追索赡养费、抚养费、抚育费案件的权利人死亡的

【解题思路】

民事诉讼法中规定,人民法院裁定终结执行的情形包括:①申请人撤销申请的;②据以执行的法律文书被撤销的;③作为被执行人的公民死亡,无遗产可供执行,又无义务承担人的;④追索赡养费、扶养费、抚育费案件的权利人死亡的;⑤作为被执行人的公民因生活困难无力偿还借款,无收入来源,又丧失劳动能力的;⑥人民法院认为应当终结执行的其他情形。因此选项C、D属于规定的终结执行的情形,当选。选项A属于应当中止执行的情形。选项B发生执行中和解的,执行员应当将协议内容记入笔录,由双方当事人签名或盖章。

【参考答案】CD

三、本章同步训练题目

1. 根据民事诉讼法及相关规定,下列哪些说法是正确的?

A. 经当事人同意,民事诉讼活动可以通过信息网络平台在线进行

B. 人民检察院有权对民事诉讼实行法律监督

C. 民事诉讼应当遵循诚信原则

D. 在民事诉讼中,人民法院进行审理和发布法律文书均应使用汉语

2.根据民事诉讼法及相关规定，人民法院审理民事案件，应当根据下列哪些原则进行调解？
   A. 自愿   B. 公开   C. 准确   D. 合法

3.甲县人民法院对李某诉张某专利侵权纠纷一案未经开庭审理即作出了判决，根据民事诉讼法及相关规定，关于该审判行为，下列表述正确的是？
   A. 该审判行为违反了辩论原则   B. 该审判行为违反了处分原则
   C. 该审判行为违反了合议制度   D. 该审判行为违反了回避制度

4.根据民事诉讼法及相关规定，下列哪些说法是正确的？
   A. 人民法院审理第一审民事案件，可以由审判员和陪审员组成合议庭审理
   B. 人民法院审理第二审民事案件，只能由审判员组成合议庭
   C. 人民法院审理再审案件，只能由审判员另行组成合议庭
   D. 上级人民法院提审的案件，只能由审判员另行组成合议庭

5.根据民事诉讼法及相关规定，民事诉讼中的审判人员有下列哪些情形的应当回避？
   A. 担任过本案的翻译人员的   B. 是本案当事人的近亲属
   C. 与本案有利害关系   D. 接受过本案当事人款物的

6.A区法院审理原告章某与被告某酒楼食物中毒纠纷一案。审前，法院书面告知章某合议庭由审判员甲、乙和陪审员丙组成时，章某未提出回避申请。开庭前，章某得知陪审员丙与被告经理是父子关系，遂在开庭时提出回避申请。根据民事诉讼法及相关规定，关于本案的回避，下列哪些说法是正确的？
   A. 章某在开庭时提出回避申请的，法院应当审查
   B. 法院对回避申请作出决定前，丙不停止参与本案审理
   C. 应由审判长决定丙是否应回避
   D. 法院经调查认为章某信息不实，决定不予回避的，章某不服可以申请复议一次

7.李某作为技术人员参与了甲公司一项新产品研发，并与该公司签订了为期2年的服务与保密合同。合同履行1年后，李某被甲公司的竞争对手乙公司高薪挖走，负责开发类似的产品。甲公司起诉至法院，要求李某承担违约责任并保守其原知晓的产品秘密。根据民事诉讼法及相关规定，关于该案的审判，下列哪一说法是正确的？
   A. 只有在李某与甲公司共同提出申请不公开审理此案的情况下，法院才可以不公开审理
   B. 根据法律的规定，该案不应当公开审理，但应当公开宣判
   C. 法院可以根据当事人的申请不公开审理此案，但应当公开宣判
   D. 法院应当公开审理此案并公开宣判

8.根据民事诉讼法及相关规定，下列关于管辖的表述中正确的是？
   A. 民事案件地域管辖的一般原则是"原告就被告"
   B. 合同纠纷案件不可以实行协议管辖
   C. 重大涉外案件的一审法院是基层人民法院
   D. 最高人民法院管辖的案件实行一审终审

9.根据民事诉讼法及相关规定，因不动产纠纷提起的民事诉讼，由下列哪个人民法院管辖？
   A. 不动产所在地人民法院   B. 被告住所地人民法院
   C. 原告住所地人民法院   D. 原告经常居住地人民法院

10.根据民事诉讼法及相关规定，在原告住所地与经常居住地不一致的情况下，下列哪

些民事诉讼由原告经常居住地人民法院管辖？

　　A. 甲对被采取强制性教育措施的乙提起侵权之诉
　　B. 章某对被监禁的刘某提起侵权之诉
　　C. 陈某对下落不明的王某提起离婚之诉
　　D. 赵某对旅居美国的覃某提起离婚之诉

11. 甲公司与乙公司签订了家电买卖合同，并欲就发生合同纠纷时的管辖问题进行约定。根据民事诉讼法及相关规定，在不违反级别管辖和专属管辖规定的情况下，下列哪些约定符合规定？

　　A. 双方书面约定由合同履行地人民法院管辖
　　B. 双方口头约定由合同签订地人民法院管辖
　　C. 双方书面约定由标的物所在地人民法院管辖
　　D. 双方口头约定由原告住所地人民法院管辖

12. 根据民事诉讼法及相关规定，因侵权行为提起的民事诉讼，下列哪些人民法院有管辖权？

　　A. 被告住所地人民法院　　　　　　　　B. 侵权行为实施地人民法院
　　C. 侵权结果发生地人民法院　　　　　　D. 原告住所地人民法院

13. 根据民事诉讼法及相关规定，下列关于民事诉讼管辖的说法哪些是正确的？

　　A. 两个人民法院都有管辖权的诉讼，原告可以向其中一个人民法院起诉
　　B. 两个人民法院都有管辖权的诉讼，由该两个人民法院协商确定
　　C. 原告向两个有管辖权的人民法院同时提起诉讼的，由最先立案的人民法院管辖
　　D. 原告向两个有管辖权的人民法院同时提起诉讼的，由其共同的上级人民法院指定

14. 根据民事诉讼法及相关规定，下列有关管辖权异议的说法哪些是正确的？

　　A. 当事人对管辖权有异议的，应当在提交答辩状期间提出
　　B. 当事人未提出管辖权异议，并应诉答辩的，视为受诉人民法院有管辖权，但违反级别管辖和专属管辖规定的除外
　　C. 人民法院发回重审的案件，当事人提出管辖异议的，人民法院应当审查
　　D. 人民法院按第一审程序再审的案件，当事人提出管辖异议的，人民法院不予审查

15. 精神病人李某冲入阳光幼儿园将苏某小朋友打伤，苏某的父母与李某的监护人邓某及阳光幼儿园协商赔偿事宜无果，拟向法院提起诉讼。关于本案当事人的确定，下列哪一选项是正确的？

　　A. 李某是被告，邓某是无独立请求权第三人
　　B. 李某与邓某是共同被告，阳光幼儿园是无独立请求权第三人
　　C. 苏某和她的父母是共同原告
　　D. 李某、邓某、阳光幼儿园是共同被告

16. 根据民事诉讼法及相关规定，关于无独立请求权第三人，下列哪些说法是正确的？

　　A. 无独立请求权第三人在诉讼中有自己独立的诉讼地位
　　B. 无独立请求权第三人有权提出管辖异议
　　C. 一审没有判决无独立请求权第三人承担民事责任的，无独立请求权的第三人无权提出上诉
　　D. 无独立请求权第三人有权申请参加诉讼

17. 当事人委托其诉讼代理人参加民事诉讼，授权委托书写明"全权代理"但无具体授权。根据民事诉讼法及相关规定，该诉讼代理人无权代为行使下列哪些事项？

A. 代为承认对方的诉讼请求　　　　　　B. 提出回避申请
C. 部分变更诉讼请求　　　　　　　　　D. 与对方当事人进行和解

18. 张某醉酒后到甲超市买烟时与营业员发生口角，张某一怒之下推倒了超市货物架，损坏物品若干。超市工作人员报警后，警察赶到现场用数码相机拍摄了超市损坏情况，后甲超市提起诉讼要求张某赔偿损失，并向法院提交了一张光盘，内附警察拍摄的照片。该照片属于下列哪一种证据？

A. 书证　　　　　B. 鉴定意见　　　　　C. 勘验笔录　　　　　D. 电子数据

19. 根据民事诉讼法及相关规定，下列关于证据的说法哪些是正确的？

A. 物证应当提交原物，提交原物确有困难的，可以提交经人民法院核对无异的复制品
B. 书证应当提交原件，当事人如需自己保存原件的，可以提交经人民法院核对无异的复制件
C. 当事人收集到的书证是外文的，应当提交经人民法院核对无异的中文译文，可以不提交外文原文
D. 当事人向人民法院提供的证据系在中华人民共和国领域外形成的，该证据应当经我国公证机关证明

20. 根据民事诉讼法及相关规定，下列哪些事实无需当事人举证证明？

A. 已为生效判决所确认的事实
B. 已为有效公证文书所证明的事实
C. 根据法律规定推定的事实
D. 一方当事人陈述的案件事实，另一方当事人对该事实未置可否的

21. 在一专利侵权纠纷诉讼中，原告章某申请人民法院通知具有专门知识的人李教授出庭，就被告涉嫌侵权产品是否落入自己专利权的保护范围问题在法庭上提出专业意见。根据民事诉讼法及相关规定，下列关于该意见的说法哪种是正确的？

A. 该意见视为证人证言
B. 该意见视为当事人的陈述
C. 该意见视为鉴定意见
D. 该意见视为勘验笔录

22. 专利权人张某因甲公司侵犯其专利权提起诉讼，要求甲公司赔偿其损失500万元，并向法院提交了证据，证明其500万元赔偿额是根据市场调查得到的甲公司销售的侵权产品数量和价格计算出来的。甲公司对于张某要求的赔偿数额不予认可，认为自己的销售所得只有50万元。根据民事诉讼法及相关规定，下列表述正确的是？

A. 甲公司对自己主张的50万元所得负有举证责任
B. 法院可以责令甲公司提交销售合同、账簿等证明材料
C. 如果甲公司拒绝提交证明材料，人民法院可以依职权调查取证
D. 如果甲公司拒绝提交证明材料，人民法院可以参考张某的500万元主张判令甲公司赔偿

23. 在某专利侵权诉讼中，被告对原告出具的鉴定意见有异议，人民法院通知鉴定人出庭作证，但其拒不出庭作证。根据民事诉讼法及相关规定，下列哪些说法是正确的？

A. 人民法院应当拘传该鉴定人出庭作证
B. 该鉴定意见不得作为认定事实的根据
C. 原告可以要求该鉴定人返还鉴定费用
D. 原告申请重新鉴定，人民法院认为对证明待证事实无意义的，可以不予准许

24.根据民事诉讼法及相关规定，下列关于证据保全的表述正确的是？
   A.证据保全只能依当事人申请进行，人民法院不得主动采取保全措施
   B.证据涉及个人隐私的，当事人可以在诉讼前申请保全
   C.因情况紧急，在证据可能灭失的情况下，利害关系人可以在提起诉讼前申请保全证据
   D.在证据可能以后难以取得的情况下，当事人可以在诉讼过程中申请保全证据

25.根据民事诉讼法及相关规定，下列关于财产保全的说法哪些是正确的？
   A.利害关系人只有在起诉后才可以向人民法院申请采取保全措施
   B.在诉讼中，人民法院根据当事人申请采取财产保全措施的，申请人可以不提供担保
   C.财产保全的范围以申请人的为限，是否与本案有关不予考虑
   D.申请财产保全有错误的，申请人应当加倍赔偿被申请人因财产保全所遭受的损失

26.根据民事诉讼法及相关规定，下列关于财产保全的说法正确的是？
   A.诉讼期间，当事人没有提出申请的，人民法院不得裁定采取财产保全措施
   B.诉讼之前，当事人申请财产保全的，人民法院可以责令其提供担保
   C.对作为抵押物、质押物的财产也可以采取财产保全措施
   D.财产已被查封、冻结的，不同法院可以重复查封、冻结

27.根据民事诉讼法及相关规定，下列关于起诉与受理的说法哪些是正确的？
   A.人民法院立案后发现起诉不符合受理条件的，应当判决驳回原告的诉讼请求
   B.对本院没有管辖权的案件，人民法院应当告知原告向有管辖权的人民法院起诉；原告坚持起诉的，应予受理并移送至有管辖权的人民法院
   C.依照法律规定，在一定期限内不得起诉的案件，在不得起诉的期限内起诉的，不予受理
   D.裁定驳回起诉的案件，原告再次起诉的，如果符合起诉条件的，人民法院应予受理

28.根据民事诉讼法的规定，对下列哪些行为的行为人，人民法院可以根据情节轻重予以罚款、拘留？
   A.以暴力、威胁、贿买方法阻止证人作证
   B.当事人之间恶意串通，企图通过诉讼方式侵害他人合法权益的
   C.转移已被冻结的财产
   D.拒不履行人民法院已经发生法律效力的判决和裁定

29.根据民事诉讼法及相关规定，下列表述正确的是？
   A.人民法院适用普通程序审理的案件，应当在立案之日起6个月内审结
   B.有特殊情况需要延长审理的，经上级法院院长批准，可以延长6个月
   C.审理当事人提出的管辖权异议期间不计入审理期限
   D.双方当事人和解期间不计入审理期限

30.根据民事诉讼法及相关规定，下列关于第一审普通程序的说法正确的是？
   A.人民法院审理民事案件，应当在开庭前3日通知当事人和其他诉讼参与人
   B.人民法院审理民事案件，根据需要进行巡回审理、就地办案
   C.原告未经法庭许可中途退庭的，应当缺席判决
   D.宣判前，原告申请撤诉，人民法院裁定不准许撤诉的，原告经传票传唤，无正当理由拒不到庭的，可以缺席判决

31.根据民事诉讼法及相关规定，下列哪些情形下可以延期开庭审理？
   A.必须到庭的被告有正当理由没有到庭的

B.原告临时提出回避申请的
C.需要调取新的证据
D.需要补充调查的

32.根据民事诉讼法及相关规定，下列哪些情形下可以中止诉讼？
A.追索抚育费案件的一方当事人死亡的
B.在开庭审理过程中，发现需要重新进行鉴定的
C.一方当事人丧失诉讼行为能力，尚未确定法定代理人的
D.发现本案必须以另一案的审理结果为依据，而另一案又尚未审结的

33.根据民事诉讼法及相关规定，下列哪些情形下民事诉讼终结？
A.原告死亡，没有遗产，也没有应当承担义务的人的
B.被告死亡，没有遗产，也没有应当承担义务的人的
C.解除收养关系案件一方当事人死亡的
D.作为一方当事人的法人或其他组织终止，尚未确定权利义务承受人的

34.某品牌手机生产商在手机出厂前预装众多程序，大幅侵占标明内存，某省消费者协会以侵害消费者知情权为由提起公益诉讼，法院受理了该案。下列哪些说法是正确的？
A.本案原告没有撤诉权
B.本案当事人可以和解，法院可以调解
C.公益诉讼的起诉主体只限于法律授权的机关或团体
D.公益诉讼的提起必须以存在实际损害为前提

35.绿洲公司超标排污导致河流污染，公益环保组织甲向A市中级人民法院提起公益诉讼，请求判令绿洲公司停止侵害并赔偿损失。法院受理后，在公告期间，公益环保组织乙也向A市中级人民法院提起公益诉讼，请求判令绿洲公司停止侵害、赔偿损失和赔礼道歉。对乙组织的起诉，法院的正确处理方式是？
A.予以受理，与甲组织提起的公益诉讼合并审理
B.予以受理，作为另案单独审理
C.属重复诉讼，不予受理
D.允许其参加诉讼，与甲组织列为共同原告

36.甲、乙、丙诉丁遗产继承纠纷一案，甲不服法院作出的一审判决，认为分配给丙和丁的遗产份额过多，提起上诉。关于本案二审当事人诉讼地位的确定，下列哪一选项是正确的？
A.甲是上诉人，乙、丙、丁是被上诉人
B.甲、乙是上诉人，丙、丁是被上诉人
C.甲、乙、丙是上诉人，丁为被上诉人
D.甲是上诉人，乙为原审原告，丙、丁为被上诉人

37.根据民事诉讼法及相关规定，当事人对一审判决、裁定不服的，自判决书送达之日起（　　）日内，自裁定书送达之日起（　　）日内提起上诉，逾期不上诉的，原判决、裁定即发生法律效力。
A.10，10　　　　B.15，15　　　　C.15，10　　　　D.10，15

38.根据民事诉讼法及相关规定，当事人不服地方人民法院第一审判决提起上诉的，下列哪项说法是正确的？
A.上诉状应当向第二审法院提出
B.第二审人民法院判决宣告前，上诉人不得撤回上诉

C. 第二审人民法院审理上诉案件，达成调解并及时履行的，可以不制作调解书

D. 原审人民法院对发回重审的案件作出判决后，当事人提起上诉的，第二审人民法院不得再次发回重审

39. 民事诉讼第二审人民法院对上诉案件进行调解后达成协议，并依法制作了调解书。根据民事诉讼法及相关规定，对于原审人民法院的判决，下列哪种说法是正确的？

A. 第二审人民法院应作出裁定，撤销原审人民法院的判决

B. 第二审人民法院应在调解书中注明撤销原审人民法院的判决

C. 原审人民法院应主动撤销原判决

D. 调解书送达后，原审人民法院的判决即视为撤销

40. 根据民事诉讼法的规定，第二审人民法院对上诉案件经过审理，认为原判决认定事实清楚，但适用法律错误的，应当如何处理？

A. 发回原审人民法院重审

B. 要求原审人民法院改判

C. 要求原审人民法院修改判决书，改正适用法律错误的问题

D. 裁定撤销原判决

41. 甲诉乙合同纠纷案，经过A县基层人民法院一审、B市中级人民法院二审判决甲败诉。甲向B市检察院反映，其在一审中提交了偷录双方谈判过程的录音带，其中有乙承认货物存在严重质量问题的陈述，足以推翻原判，但法院从未组织质证，请求检察院抗诉。对此，下列哪些说法是正确的？

A. 甲应当首先向B法院申请再审，不能直接请求B检察院抗诉

B. B市检察院应当向B市中级人民法院提起抗诉，要求再审

C. B市检察院可以提请省检察院向省高级法院提起抗诉，要求B市中级人民法院再审

D. B市检察院应当向B市中级人民法院提出检察建议

42. 根据民事诉讼法及相关规定，下列关于审判监督程序的说法哪些是正确的？

A. 当事人对已经发生法律效力的调解书，一律不得申请再审

B. 当事人对已经发生法律效力的解除婚姻关系的判决，不得申请再审

C. 当事人对已经发生法律效力的判决，认为有错误的，可以向上一级人民法院申请再审

D. 人民法院审理再审案件，应当另行组成合议庭

43. 根据民事诉讼法及相关规定，关于民事案件的审判监督程序，下列说法正确的是？

A. 人民法院按照审判监督程序再审的案件，发生法律效力的判决是由第二审人民法院作出的，按照第二审程序审理

B. 人民法院按照审判监督程序再审的案件，发生法律效力的判决是由第一审人民法院作出的，按照第一审程序审理，但对所作判决，当事人不能再提出上诉

C. 检察院发现调解书损害国家利益、社会公共利益的，应当提出抗诉或检察建议

D. 各级人民法院院长对本院已经发生法律效力的判决、裁定、调解书，发现确有错误，认为需要再审的，可以直接决定再审

44. 根据民事诉讼法及相关规定，下列关于执行程序的说法哪些是正确的？

A. 发生法律效力的民事判决，由第一审人民法院或与第一审人民法院同级的被执行的财产所在地人民法院执行

B. 在执行中，被执行人向人民法院提供担保，并经申请执行人同意的，人民法院可以决定暂缓执行

C. 人民法院自收到申请执行书之日起超过6个月未执行的，申请执行人可以向上一级人民法院申请执行

D. 执行完毕后，据以执行的判决被人民法院撤销的，对已被执行的财产，人民法院应当作出裁定，责令取得财产的人返还

45. 甲乙双方合同纠纷，经法院判决，乙须偿付甲货款100万元，利息5万元，分5期偿还。乙未履行该判决。甲据此向法院申请执行，在执行过程中，双方达成和解协议，约定乙一次性支付货款100万元，甲放弃利息5万元并撤回执行申请。和解协议生效后，乙反悔，未履行和解协议。关于本案，下列哪一说法是正确的？

A. 对甲撤回执行的申请，法院裁定中止执行

B. 甲可以向法院申请执行和解协议

C. 甲可以以乙违反和解协议为由提起诉讼

D. 甲可以向法院申请执行原判决，法院恢复执行

46. 根据民事诉讼法及相关规定，在依当事人申请执行生效民事法律文书过程中，有下列哪些情形的，人民法院应当裁定中止执行？

A. 申请人表示可以延期执行的

B. 案外人对执行标的提出确有理由的异议的

C. 作为一方当事人的公民死亡，需要等待继承人继承权利或承担义务的

D. 据以执行的法律文书被撤销的

47. 根据民事诉讼法及相关规定，在执行过程中出现下列哪种情形的，人民法院裁定终结执行？

A. 作为被执行人的公民因生活困难无力偿还借款，无收入来源，又丧失劳动能力的

B. 追索赡养费案件的权利人死亡的

C. 申请人撤销执行申请的

D. 发生不可抗力，无法继续执行的

第四章

《行政复议法》

一、本章核心考点

本章包含的核心考点如图 4-1 所示。

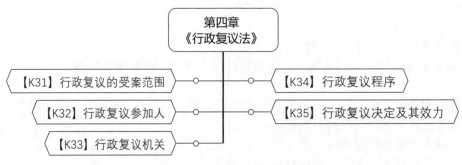

图 4-1 《行政复议法》核心考点

二、核心考点分析

【K31】行政复议的受案范围

1. 本考点的主要考查角度分析

本考点中包含的关键词有：①警告、罚款、没收、暂扣、吊销；②查封、扣押、冻结；③对资格证等证书变更、中止、撤销；④土地、矿藏等自然资源的所有权、使用权；⑤经营自主权；⑥农业承包合同；⑦集资、征收财物、摊派费用；⑧申领证照不依法办理；⑨人身权利、财产权利、受教育权利；⑩抚恤金、社会保险金、最低生活保障费；⑪排除行政机关内部人事处理决；⑫排除行政机关就民事纠纷作出的调解；⑬附带审查国务院部门的规定，县级以上地方各级人民政府及其工作部门的规定，乡、镇人民政府的规定；⑭排除各级政府、部门规章。本考点考查角度如图 4-2 所示。

2. 关键词释义

（1）根据关键词，确定是否属于行政机关作出的行政行为。

（2）排除行政机关内部管理决定及调解协议。

（3）附带审查国务院以下的各级政府、部门的规定，排除规章，更排除法律、行政法规。

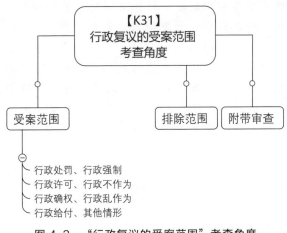

图 4-2 "行政复议的受案范围"考查角度

3. 典型例题及解析

【例 K31-1】根据行政复议法的规定，对下列哪些行为不服的，当事人可以申请行政复议？

A. 李某对某行政机关作出的扣押其财产的行政强制措施不服的
B. 齐某对某行政机关作出的撤销其执业证的决定不服的
C. 某乡政府要求本乡从事个体运输的钟某出资 1 万元用于乡村道路养护
D. 张某对行政机关作出的关于确认土地使用权的决定不服的

【解题思路】

根据行政复议法的规定，选项 A 中李某属于对行政强制措施不服的，选项 B 中齐某属于对行政许可行为不服的，选项 C 中钟某属于对乱摊派行为不服的，选项 D 中张某属于对土地确权行为不服的，均可以申请行政复议。 【参考答案】ABCD

【例 K31-2】根据行政复议法的规定，公民、法人或其他组织在下列哪些情形下可以申请行政复议？

A. 某公安局对张某作出的行政拘留决定，张某不服的
B. 董某认为其提交的材料符合申领营业执照条件，但当地市场监督管理部门不予发放，董某不服的
C. 赵某深夜回家偶遇家中窃贼，打电话报警后 8 个小时警察才出警，张某认为公安机关没有依法履行法定职责的
D. 某民政局拒绝给刘某发放抚恤金，刘某不服的

【解题思路】

根据行政复议法的规定，选项 A 中张某属于对行政处罚决定不服的，选项 B 中董某属于对行政机关滥用职权行为不服的，选项 C 中赵某属于对行政机关不依法履行法定职责不服的，选项 D 中刘某属于对行政机关不依法履行行政给付行为不服的，均可以申请行政复议。 【参考答案】ABCD

【例 K31-3】根据行政复议法的规定，申请人就下列哪些情形申请行政复议，行政复议机关不予受理？

A. 李某对国务院部门制定的规章不服的
B. 公务员王某不服其所在行政机关对其作出的撤职处分决定的

C. 孙某对某行政机关就其与覃某之间的民事纠纷作出的调解不服的
D. 赵某对某行政机关对其作出的行政拘留决定不服的

【解题思路】

选项A中李某的行政复议对象不是具体行政行为，因此不予受理。选项B中王某受到的处分属于行政机关内部管理行为，不属于行政复议的受案范围。选项C中孙某提出行政复议针对的是调解协议，不是行政决定，不属于行政复议的受案范围。选项D中赵某对行政拘留决定不服，属于行政复议的受案范围。因此选项A、B、C均当选，选项D不当选。

【参考答案】 ABC

【例K31-4】 当事人对某省知识产权局的具体行政行为不服提起行政复议时，可以一并请求行政复议机关对该具体行政行为所依据的下列哪些文件进行审查？

A.《专利法实施细则》
B. 省人大常委会制定的《专利保护实施条例》
C. 国家知识产权局制定的《专利行政执法办法》
D. 省知识产权局制定的《关于加强专利保护的规定》

【解题思路】

根据行政复议法的规定，申请人申请行政复议可以附带审查的包括：①国务院部门的规定；②县级以上地方各级人民政府及其工作部门的规定；③乡、镇人民政府的规定。不含国务院部、委员会规章和地方人民政府规章。选项A中的《专利法实施细则》属于行政法规，选项B中的《专利保护实施条例》属于地方性法规，选项C中的《专利行政执法办法》属于国务院部门规章，因此均不属于行政复议附带审查的范围，选项A、B、C不当选。选项D中的《关于加强专利保护的规定》属于地方政府部门规定，可以在申请行政复议时一并提出审查，故选项D当选。

【参考答案】 D

【K32】行政复议参加人

1. 本考点的主要考查角度分析

本考点中包含的关键词有：公民、法人或其他组织、死亡公民近亲属、法定代理人、合伙企业、合伙人、股份公司、申请人超过5人、行政机关、共同行政行为、法律法规授权的组织、委托行政行为、批准行政行为、行政机关被撤销、第三人、代理人。本考点考查角度如图4-3所示。

2. 关键词释义

（1）行政复议申请人为行政行为的相对人，即公民、法人或其他组织。
（2）公民死亡，其近亲属可以自己的名义继续；无民事行为能力人或限制民事行为能力人为相对人的，其法定代理人代为行政复议。
（3）核准登记的合伙企业为申请人，执行合伙事务的合伙人为合伙企业代表人。普通合伙，合伙人为共同申请人。
（4）股份公司：股东会、股东代表大会、董事会可以公司的名义申请行政复议。
（5）申请人人数超过5人的，选1至5个代表人。
（6）与行政行为有利害关系的第三人可以自己申请参加行政复议，也可以接受复议机关的通知参加进来。
（7）申请人、第三人可以委托1至2个代理人。
（8）作出行政行为的行政机关是被申请人；共同行政行为，共同做被申请人。法律法规

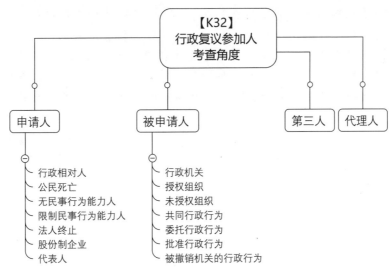

图 4-3 "行政复议参加人"考查角度

授权的组织有资格做被申请人，没有授权的没资格做被申请人。受委托作出的行政行为，委托机关是被申请人。批准行政行为，批准机关是被申请人。行政机关被撤销的，继续其职责的行政机关为被申请人；没有继续其职责的行政机关，谁撤销的谁是被申请人。

3. 典型例题及解析

【例 K32-1】根据行政复议法的规定，下列哪些说法是正确的？
A. 申请行政复议的公民、法人或其他组织为申请人
B. 有权申请行政复议的公民死亡的，其近亲属可以代为申请行政复议
C. 有权申请行政复议的公民为限制民事行为能力人的，其法定代理人可以代为申请行政复议
D. 同申请行政复议的具体行政行为有利害关系的其他公民、法人或其他组织，可以作为第三人参加行政复议

【解题思路】
行政复议法中规定，申请行政复议的公民、法人或其他组织为申请人。有权申请行政复议的公民死亡的，其近亲属可以申请行政复议。有权申请行政复议的公民为无民事行为能力人或限制民事行为能力人的，其法定代理人可以代为申请行政复议。因此选项A、C均正确。选项B错误，公民死亡的，其近亲属以自己的名义申请行政复议，而不是代为申请行政复议。选项D正确，同申请行政复议的具体行政行为有利害关系的其他公民、法人或其他组织，可以作为第三人参加行政复议。 【参考答案】ACD

【例 K32-2】根据行政复议法及相关规定，下列关于复议申请人的说法哪些是正确的？
A. 合伙企业申请行政复议的，应当以执行合伙事务的合伙人为申请人
B. 合伙企业以外的其他合伙组织申请行政复议的，由其合伙人共同申请行政复议
C. 股份制企业的董事会认为某行政机关作出的具体行政行为侵犯该企业合法权益的，可以以该企业的名义申请行政复议
D. 同一行政复议案件申请人超过5人的，应当推选1至2名代表参加行政复议

【解题思路】

行政复议法实施条例中规定，合伙企业申请行政复议的，应当以核准登记的企业为申请人，由执行合伙事务的合伙人代表该企业参加行政复议；其他合伙组织申请行政复议的，由合伙人共同申请行政复议。因此选项A错误，选项B正确。核准等级的合伙企业为行政复议申请人，执行合伙事务的合伙人代表企业参加行政复议。选项C正确，股份制企业的股东大会、股东代表大会、董事会均可以该企业的名义申请行政复议。选项D错误，同一行政复议案件申请人超过5人的，推选1至5名代表参加行政复议。

【参考答案】BC

【例K32-3】根据行政复议法及相关规定，下列关于行政复议的被申请人的说法哪些是正确的？

A.法律授权的组织作出具体行政行为的，该组织为被申请人

B.行政机关设立的派出机构，未经法律、法规授权，对外以自己名义作出具体行政行为的，该派出机构为被申请人

C.下级行政机关依照规章规定，经上级行政机关批准作出具体行政行为的，批准机关为被申请人

D.多个行政机关共同作出的具体行政行为，该多个行政机关为共同被申请人

【解题思路】

行政复议法及其实施条例中规定，法律、法规授权的组织作出具体行政行为的，法律、法规授权的组织为被申请人。因此选项A正确。选项B错误，未经法律、法规授权的组织没有资格做被申请人，因此行政机关设立的派出机构，未经法律、法规授权，对外以自己名义作出具体行政行为的，该行政机关为被申请人。选项C正确，经过批准的行政行为，批准机关是被申请人。选项D正确，共同行政行为作出的行政机关为共同被申请人。

【参考答案】ACD

【例K32-4】关于行政复议第三人，下列哪些选项是正确的？

A.第三人可以委托1至2名代理人参加行政复议

B.第三人可以申请参加行政复议，行政复议机关也可以通知其参加

C.复议机关应为第三人查阅有关材料提供必要条件

D.第三人不参加行政复议，不影响复议案件的审理

【解题思路】

根据行政复议法及其实施条例的规定，申请人、第三人可以委托1至2名代理人参加行政复议。因此选项A正确。选项B、D均正确，行政复议是以申请人和被申请人为当事人的，第三人仅仅是因为与案件有利害关系才产生的，因此第三人是否参加复议案件的审理，不影响案件本身；第三人可以主动申请参加到申请人和被申请人的案件中，也可以由复议机关通知其参加。选项C正确，第三人和申请人一样都有知情权，因此复议机关应为第三人查阅有关材料提供必要条件。

【参考答案】ABCD

【K33】行政复议机关

1.本考点的主要考查角度分析

本考点中包含的关键词有：国务院、国务院部门、省级人民政府、市级人民政府、县级人民政府、乡政府、各级人民政府工作的部门、本级人民政府、上一级管理部门、受委托的行政行为、经批准的行政行为、法律法规授权的组织、共同行政行为、行政机关被撤销。本

考点考查角度如图 4-4 所示。

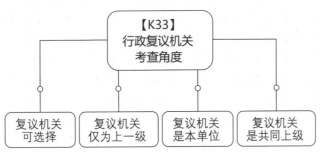

图 4-4 "行政复议机关"考查角度

2. 关键词释义

（1）国务院不能是被申请人，也不能是行政复议机关，可以是申请人对省部级单位作出的复议决定不服时的救济机关，作出的决定叫裁决，一裁终局。

（2）复议机关可选择：①省、市、县级政府的工作部门作为被申请人时有两个复议机关可供选择，即本级政府和上一级管理部门。②多个省部级单位作出的共同行政行为，该多个单位均为被申请人和复议机关。

（3）不受本地人民政府管理的海关、金融、税务、外汇管理、国家安全机关为被申请人的，仅它的上一级管理机关为复议机关。

（4）省部级单位作为被申请人时，复议机关是本单位。

（5）多个省级以下地方政府及其工作部门共同作为被申请人时，其共同上级为复议机关。

3. 典型例题及解析

【例 K33-1】 甲市乙区公安分局以李某制造噪声干扰他人正常生活为由，处以 500 元罚款。李某不服申请复议。下列哪些机关可以成为本案的复议机关？

A. 乙区公安分局　　B. 乙区政府　　C. 甲市公安局　　D. 甲市政府

【解题思路】

行政复议法中规定，对县级以上地方各级人民政府工作部门的具体行政行为不服的，由申请人选择，可以向该部门的本级人民政府申请行政复议，也可以向上一级主管部门申请行政复议。本题中被申请人为乙区公安分局，李某既可以向乙区政府申请行政复议，也可以向甲市公安局申请行政复议，因此选项 B、C 均正确，选项 A、D 均错误。

【参考答案】 BC

【例 K33-2】 根据行政复议法及相关规定，下列关于行政复议受理机关的说法哪些是正确的？

A. 对外汇管理行政机关的具体行政行为不服的，向其上一级主管部门申请行政复议

B. 对县生态环境局的具体行政行为不服的，可以向该县人民政府申请行政复议，也可以向市生态环境局申请行政复议

C. 对法律授权的组织的具体行政行为不服的，可以向直接管理该组织的国务院部门申请行政复议

D. 对省级人民政府的具体行政行为不服的，可以向省人民政府申请行政复议，也可以向国务院申请行政复议

【解题思路】

行政复议法中规定，对海关、金融、国税、外汇管理等实行垂直领导的行政机关和国家安全机关的具体行政行为不服的，向上一级主管部门申请行政复议。因此选项 A 正确。选项 B 正确，县生态环境局作为县政府的工作部门，其上一级管理部门是市生态环境局，县政府和市生态环境局都可以作为行政复议机关。选项 C 正确，对法律、法规授权的组织的具体行政行为不服的，分别向直接管理该组织的地方人民政府、地方人民政府工作部门或国务院部门申请行政复议。选项 D 错误，对省级人民政府的具体行政行为不服的，向作出该具体行政行为的省级人民政府申请行政复议。 【参考答案】ABC

【例 K33-3】根据行政复议法及相关规定，对直辖市人民政府作出的具体行政行为不服的，可以通过下列哪种途径寻求救济？

A. 向该直辖市人民政府申请行政复议 B. 向国务院有关部门申请行政复议
C. 向国务院申请行政复议 D. 向国务院申请裁决

【解题思路】

行政复议法中规定，对国务院部门或省、自治区、直辖市人民政府的具体行政行为不服的，向作出该具体行政行为的国务院部门或省、自治区、直辖市人民政府申请行政复议。因此对直辖市人民政府作出的行政行为不服的，应当向该直辖市人民政府提出行政复议。选项 A 正确，其他选项均错误。 【参考答案】A

【例 K33-4】在一次甲区市场监督管理局和应急管理局对安全隐患企业进行联合检查中，因乙公司特种设备未办理登记、设备设施不符合生产标准和安全生产要求，两局以共同的名义对其作出罚款 50 万元的决定，乙公司不服，欲提起行政复议。根据行政复议法及相关规定，乙公司应向哪个机构申请行政复议？

A. 甲区市场监督管理局 B. 甲区应急管理局
C. 甲区政府 D. 甲市政府

【解题思路】

行政复议法中规定，对两个或两个以上行政机关以共同的名义作出的具体行政行为不服的，向其共同上一级行政机关申请行政复议。本题中乙公司受到的行政处罚决定是由甲区市场监督管理局和应急管理局共同作出的，因此行政复议机关应当为该两机关的共同上级，即甲区政府，故选项 C 正确，其他选项均错误。 【参考答案】C

【K34】行政复议程序

1. 本考点的主要考查角度分析

本考点中包含的关键词有：≥60 日、≤60 日、不收费、口头申请、不停止执行、听证、10 日、不得再收集证据、合法性、合理性、撤回、一事不再理、中止 & 终止。本考点考查角度如图 4-5 所示。

2. 关键词释义

(1) 行政复议的申请时效至少 60 日；行政复议申请期限至多 60 日。
(2) 行政复议不收费。可书面、可口头申请，复议期间不停止原行政行为的执行。
(3) 复杂案件可以举行听证。既审合法性，又审合理性。
(4) 行政机关 10 日内答辩，复议期间不得再收集证据。
(5) 行政复议可以撤回，需复议机关同意；撤回之后，一事不再理。
(6) 中止：有事件发生需要等待一定的时日。终止：要么没有进行下去的必要，要么等

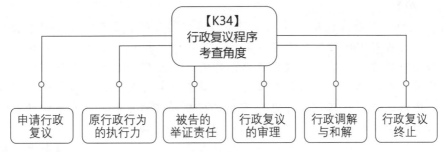

图 4-5 "行政复议程序"考查角度

待时间超过了 60 日。

3. 典型例题及解析

【例 K34-1】根据行政复议法的规定,下列说法正确的是?

A. 申请人需自知道或应当知道具体行政行为之日起 60 日内提出复议申请

B. 载明具体行政行为的法律文书直接送达的,申请行政复议的期限自受送达人签收之日起计算

C. 行政机关履行职责没有履行期限规定的,自行政机关收到申请满 60 日起计算

D. 在紧急情况下请求行政机关履行法定职责而行政机关不履行的,自行政机关收到申请满 60 日起计算

【解题思路】

行政复议法中规定,公民、法人或其他组织认为具体行政行为侵犯其合法权益的,可以自知道该具体行政行为之日起 60 日内提出行政复议申请。因此选项 A 错误。选项 B 正确,受送达人签收,确定了其"知道"具体行政行为这一时间起算条件。选项 C 正确,选项 D 错误。通常情况下,行政机关不作为,自行政机关收到申请满 60 日起计算,但紧急情况下,不受 60 日的限制。
【参考答案】BC

【例 K34-2】公民、法人或其他组织依法提出行政复议申请,行政复议机关无正当理由不予受理的情况下,下列说法正确的是?

A. 上级行政机关应当责令其受理,但不可以直接受理

B. 上级行政机关应当责令其受理,必要时,上级行政机关也可以直接受理

C. 上级行政机关无权责令其受理,必要时,上级行政机关可以直接受理

D. 上级行政机关无权责令其受理,也不能直接受理

【解题思路】

行政复议法中规定,公民、法人或其他组织依法提出行政复议申请,行政复议机关无正当理由不予受理的,上级行政机关应当责令其受理;必要时,上级行政机关也可以直接受理。因此选项 B 正确,其他选项均错误。
【参考答案】B

【例 K34-3】关于行政复议案件的审理和决定,下列哪些说法是正确的?

A. 行政复议期间涉及专门事项需要鉴定的,当事人可自行委托鉴定机构进行鉴定

B. 对重大、复杂的案件,被申请人提出采取听证方式审理的,行政复议机构应当采取听证方式审理

C. 申请人在行政复议决定作出前自愿撤回行政复议申请的,经行政复议机构同意,可以撤回

D. 行政复议人员调查取证时应向当事人或有关人员出示证件

【解题思路】
　　选项A正确，行政复议期间涉及专门事项需要鉴定的，当事人可以自行委托鉴定机构进行鉴定，也可以申请行政复议机构委托鉴定机构进行鉴定。选项B错误，行政复议机构认为必要时，可以实地调查核实证据；对重大、复杂的案件，申请人提出要求或行政复议机构认为必要时，可以采取听证的方式审理。申请人有权申请听证，但是否听证由复议机关决定。选项C正确，申请人有申请行政复议的自由，也有撤回的自由，但是否撤回，需经行政复议机构同意。选项D正确，行政复议人员调查取证时，行政复议人员不得少于2人，并应当向当事人或有关人员出示证件。　　　　　【参考答案】ACD

【例K34-4】关于行政复议，下列说法中哪些是正确的？
　　A.行政复议过程中，被申请人可以与申请人和解或请求行政复议机关进行调解
　　B.行政复议决定书一经作出，即发生法律效力
　　C.行政复议的第三人可以查阅被申请人提出的书面答复，作出具体行政行为的证据、依据和其他有关材料
　　D.行政复议过程中，被申请人不得自行向申请人和其他有关组织或个人收集证据
【解题思路】
　　选项A错误，只有涉及行政机关自由裁量权的案件，以及属于当事人之间的行政赔偿或行政补偿纠纷案件才适用调解。选项B错误，行政复议决定书送达当事人，才发生法律效力。选项C正确，对于不涉及国家秘密、商业秘密或个人隐私的案件材料，申请人、第三人有查阅权。选项D正确，在行政复议过程中，被申请人不得自行向申请人和其他有关组织或个人收集证据。　　　　　【参考答案】CD

【例K34-5】甲公司因非法排污受到了县生态环境局的行政处罚。根据行政复议法及相关规定，关于行政复议期间该行政处罚决定的执行，下列哪些说法是正确的？
　　A.该行政处罚决定应当停止执行
　　B.该县生态环境局认为需要停止执行的，可以停止执行该行政处罚决定
　　C.该市生态环境局认为需要停止执行的，可以停止执行该行政处罚决定
　　D.甲公司申请停止执行，该市生态环境局认为其要求合理决定停止执行的，可以停止执行该行政处罚决定
【解题思路】
　　行政复议法中规定，行政复议期间具体行政行为不停止执行；但是，可以停止执行的情形有：①被申请人认为需要停止执行的；②行政复议机关认为需要停止执行的；③申请人申请停止执行，行政复议机关认为其要求合理，决定停止执行的；④法律规定停止执行的。因此选项B、C、D均正确。选项A错误，通常情况下是不停止执行的。
　　　　　　　　　　　　　　　　　　　　　　　　　【参考答案】BCD

【例K34-6】根据行政复议法及相关规定，下列哪些情形下行政复议终止？
　　A.作为申请人的自然人死亡，其近亲属放弃行政复议权利的
　　B.作为申请人的法人终止，其权利义务的承受人放弃行政复议权利的
　　C.申请人要求撤回行政复议申请，行政复议机构准予撤回的
　　D.案件审理需要以其他案件的审理结果为依据，而其他案件尚未审结的
【解题思路】
　　行政复议法实施条例中规定了行政复议中止和终止的情形。其中中止程序是因为某些事件的发生需要等待时间去处理，不等待可能会造成程序无法进行或会影响结果的公

正性。程序终止说明程序没有进行下去的必要或行政复议的主体丧失了。本题选项 A 中申请人死亡后没有了申请人，选项 B 中因法人终止其承受人放弃而没有了申请人，选项 C 中复议申请被撤回，同样没有了申请人，因此选项 A、B、C 均当选。选项 D 中只是需要等待其他案件的审结，中止程序即可，故选项 D 不当选。 【参考答案】ABC

【K35】行政复议决定及其效力

1. 本考点的主要考查角度分析

本考点中包含的关键词有：维持、驳回、责令履行职责、撤销、变更、确认违法、责令重新作出具体行政行为、行政赔偿、强制执行、复议前置。本考点考查角度如图 4-6 所示。

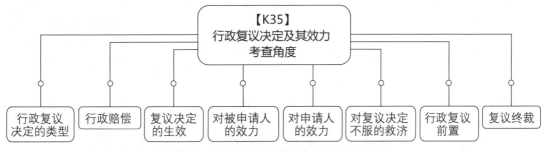

图 4-6 "行政复议决定及其效力"考查角度

2. 关键词释义

（1）行政复议决定是针对原行政行为作出的，因此根据原行政行为的不同，有多种复议决定。不能申请行政复议，驳回；没错，维持；有错，改错（责令履行职责、撤销、变更、确认违法、责令重新作出行政行为）。

（2）复议机关也是行政机关，因此有错就改：错了，造成损失了，申请人要求赔就赔，不要求赔也主动赔。

（3）行政复议决定生效：申请人输了又不执行行政决定，强制执行；被申请人即行政机关输了，履行行政复议决定，不履行则强制执行＋对负责人行政处分。

（4）对复议决定不服的救济：行政诉讼，省部级还可以请求国务院裁决。

（5）复议前置：纠纷针对的是已经取得的土地使用权证的，先复议后诉讼。

3. 典型例题及解析

【例 K35-1】李某不服市政府对其作出的决定，向省政府申请行政复议，市政府在法定期限内提交了答辩，但没有提交有关证据、依据。开庭时市政府提交了作出行政行为的法律和事实依据，并说明由于市政府办公场所调整，所以延迟提交证据。下列哪一选项是正确的？

A. 省政府应接受市政府延期提交的证据材料
B. 省政府应中止案件的审理
C. 省政府应撤销市政府的具体行政行为
D. 省政府应维持市政府的具体行政行为

【解题思路】

本题中作为被申请人的市政府，应当自收到行政复议申请书副本之日起 10 日内，提出书面答复，并提交当初作出具体行政行为的证据、依据和其他有关材料。未在期限内提交当初作出具体行政行为的证据、依据和其他有关材料的，视为该具体行政行为没有证据、依据,决定撤销该具体行政行为。因此选项C正确,其他选项均错误。

【参考答案】C

【例K35-2】根据行政复议法及相关规定,对有下列哪些情形的具体行政行为,行政复议机关可以决定撤销、变更或确认其违法?

A. 主要事实不清、证据不足的　　B. 违反法定程序的
C. 滥用职权的　　D. 具体行政行为明显不当的

【解题思路】

行政复议法中规定,具体行政行为有下列情形之一的,复议机关可以决定撤销、变更或确认该具体行政行为违法:①主要事实不清、证据不足的;②适用依据错误的;③违反法定程序的;④超越或滥用职权的;⑤具体行政行为明显不当的。因此选项A、B、C、D均符合题意,当选。

【参考答案】ABCD

【例K35-3】甲公司通过暗管的方式直接将污水排入地下,被区生态环境局吊销排污许可证,罚款500万元。甲公司对此不服,向市生态环境局申请行政复议,下列说法正确的是?

A. 市生态环境局若认定该行为认定事实清楚、证据确凿、程序合法,但适用依据错误的,可以予以变更
B. 市生态环境局若认定吊销排污许可证和罚款均合理合法,作出维持决定
C. 市生态环境局若认为罚款500万元明显不当,可以变更
D. 市生态环境局若认定罚款500万元不合理,可以对双方进行调解

【解题思路】

选项A、C均正确,行政复议机关若认定该行为认定事实清楚、证据确凿、程序合法,但明显不当或适用依据错误的,可以予以变更。选项B正确,行政复议机关若认定具体行政行为认定事实清楚、证据确凿、适用依据正确、程序合法、内容适当的,应当决定维持。选项D正确,罚款数额属于行政机关根据自由裁量权作出的具体行政行为,因此适用调解。

【参考答案】ABCD

【例K35-4】李某认为某行政机关不履行法定职责,欲申请行政复议。根据行政复议法及相关规定,行政复议机关受理该行政复议申请后发现有下列哪些情形的,应当驳回该行政复议申请?

A. 该行政机关没有相应法定职责的
B. 该行政机关在受理前已经履行法定职责的
C. 该申请不符合规定的受理条件的
D. 行政复议机构要求补正材料申请人无正当理由未在期限内补正的

【解题思路】

行政复议法实施条例中规定,行政复议机关应当决定驳回行政复议申请的情形为:①申请人认为行政机关不履行法定职责申请行政复议,行政复议机关受理后发现该行政机关没有相应法定职责或在受理前已经履行法定职责的;②受理行政复议申请后,发现该行政复议申请不符合行政复议法及其实施条例规定的受理条件的。因此选项A、B、C均符合题意。行政复议申请需要补正而无正当理由逾期不补正的,视为申请人放弃行政复议申请。因此选项D不符合题意。

【参考答案】ABC

【例K35-5】张某违反防疫规定,被处以500元罚款,并被强制自费隔离14天,后查明防疫部门错把张某当成了赵某。张某不服,申请行政复议。对于该损失,下列哪些

说法是正确的?

A. 张某可以在申请行政复议时一并提出行政赔偿请求

B. 张某只能在行政复议终结后另行提出行政赔偿请求

C. 如果张某在申请行政复议时没有提出行政赔偿请求,行政复议机关决定撤销该处罚决定的,应当告知张某另行提出行政赔偿请求

D. 如果张某在申请行政复议时没有提出行政赔偿请求,行政复议机关决定撤销该处罚决定的,应当同时责令该行政机关对张某进行赔偿

【解题思路】

行政复议法中规定,申请人在申请行政复议时可以一并提出行政赔偿请求,行政复议机关对符合国家赔偿法的有关规定应当给予赔偿的,在决定撤销、变更具体行政行为或确认具体行政行为违法时,应当同时决定被申请人依法给予赔偿。本题中选项A、D均正确,即张某申请行政复议时可一并提出赔偿请求,如果没有一并提出赔偿请求,复议机关决定撤销该处罚决定的,应当同时责令该行政机关对张某进行赔偿。选项B、C均错误。

【参考答案】AD

【例K35-6】甲、乙两村分别位于某市两县境内,因土地权属纠纷向市政府申请解决,市政府裁决争议土地属于甲村所有,并发放了土地使用权证。乙村不服,采取下列哪种救济方式是正确的?

A. 向市政府提出行政复议,要求重新确认土地权属

B. 向省政府申请行政复议,要求重新确定土地权属

C. 直接向县基层人民法院提起行政诉讼

D. 直接向市中级人民法院提起行政诉讼

【解题思路】

行政复议法中规定,公民、法人或其他组织认为行政机关的具体行政行为侵犯其已经依法取得的土地、矿藏、水流、森林、山岭、草原、荒地、滩涂、海域等自然资源的所有权或使用权的,应当先申请行政复议。对行政复议决定不服的,可以依法向人民法院提起行政诉讼。因此本题中乙村不服的,不能直接提起行政诉讼,而需要先申请行政复议。行政决定是市政府作出的,因此应当向省政府申请行政复议。选项B正确,其他选项均错误。

【参考答案】B

【例K35-7】甲公司在生活区违法排出未经处理的有害气体,给周围居民带来生活困扰。区生态环境局要求其停业整改。甲公司不服申请行政复议。市生态环境局经审查作出了维持原行政行为的决定。但甲公司既不停业整改,也没有在法定期间向人民法院提起行政诉讼。根据行政复议法的规定,本案可以如何处理?

A. 由区生态环境局依法强制甲公司停业整改

B. 由市生态环境局依法强制甲公司停业整改

C. 由区生态环境局申请人民法院强制执行

D. 由市生态环境局申请人民法院强制执行

【解题思路】

行政复议法中规定,维持具体行政行为的行政复议决定,由作出具体行政行为的行政机关依法强制执行,或申请人民法院强制执行;变更具体行政行为的行政复议决定,由行政复议机关依法强制执行,或申请人民法院强制执行。本题中市生态环境局作出了维持决定,因此应当由区生态环境局依法强制执行或申请人民法院强制执行,故选项

A、C均正确，选项B、D均错误。

【参考答案】AC

【例K35-8】根据行政复议法的规定，对于被申请人不履行行政复议决定的情形，下列哪些说法是正确的？

A. 由行政复议申请人向人民法院申请强制执行

B. 由行政复议机关或有关上级行政机关依法强制执行

C. 由行政复议机关或有关上级行政机关责令被申请人限期履行

D. 对直接负责的主管人员依法给予行政处分

【解题思路】

行政复议法中规定，被申请人不履行或无正当理由拖延履行行政复议决定的，行政复议机关或有关上级行政机关应当责令其限期履行，对直接负责的主管人员和其他直接责任人员依法给予警告、记过、记大过的行政处分；经责令履行仍拒不履行的，依法给予降级、撤职、开除的行政处分。因此选项A、B均错误，选项C、D均正确。

【参考答案】CD

三、本章同步训练题目

1. 根据行政复议法及相关规定，下列哪些情形可以提起行政复议？

   A. 李某对某行政机关作出的警告的行政处罚决定不服的

   B. 李某对某行政机关作出的冻结财产的行政强制措施决定不服的

   C. 李某对国家知识产权局吊销其专利代理师资格证不服的

   D. 李某向行政机关申请保护其人身权利，该行政机关没有依法履行，李某不服的

2. 根据行政复议法及相关规定，下列哪些情形下，当事人提起行政复议可以被受理？

   A. 张某对某行政机关作出的暂扣其许可证的行政处罚决定不服的

   B. 李某对某行政机关作出的撤销其资格证的决定不服的

   C. 赵某认为乡人民政府违法集资的

   D. 韦某申请行政机关依法发放最低生活保障费，该行政机关没有依法发放的

3. 根据行政复议法的规定，当事人在下列哪种情形下可以申请行政复议？

   A. 周某对某地方人民政府规章不服的

   B. 公务员李某对其所在的行政机关对其作出的记大过行政处分不服的

   C. 丁某对行政机关作出的限制人身自由的行政强制措施决定不服的

   D. 刘某对市知识产权局对一起专利侵权纠纷案件的赔偿问题作出的调解不服的

4. 根据行政复议法及相关规定，公民、法人或其他组织认为行政机关的具体行政行为所依据的下列哪项不合法的，可以在申请行政复议时一并申请对其进行审查？

   A. 国务院部、委员会规章

   B. 地方人民政府规章

   C. 县级人民政府及其工作部门的规定

   D. 乡、镇人民政府的规定

5. 根据行政复议法及相关规定，下列哪些说法是正确的？

   A. 有权申请行政复议的公民死亡的，其近亲属可以以自己的名义申请行政复议

   B. 有权申请行政复议的公民为无民事行为能力人的，其法定代理人可以以自己的名义申请行政复议

   C. 有权申请行政复议的法人终止的，承受其权利的法人可以申请行政复议

D. 行政复议的被申请人可以委托代理人代为参加行政复议

6.甲行政机关依照相关法律规定，经其上级乙行政机关批准，对股份制企业丙公司作出行政处罚决定，丙公司职工代表丁认为该具体行政行为侵犯了其合法权益，欲申请行政复议。根据行政复议法及相关规定，下列说法正确的是？

A. 丙公司职工代表丁可以以自己的名义申请行政复议

B. 丙公司职工代表丁可以以企业的名义申请行政复议

C. 该行政复议申请应以甲行政机关为行政复议被申请人

D. 该行政复议申请应以乙行政机关为行政复议被申请人

7.行政复议期间，公民章某认为自己与被审查的具体行政行为有利害关系。根据行政复议法及相关规定，下列哪些说法是正确的？

A. 章某可以申请追加自己为行政复议申请人，参加行政复议

B. 章某可以申请以第三人的身份参加行政复议

C. 章某不参加行政复议的，该行政复议终止

D. 章某不参加行政复议的，不影响该行政复议案件的审理

8.根据行政复议法及相关规定，下列关于行政复议被申请人的说法哪些是正确的？

A. 行政机关与法律授权的组织以共同的名义作出具体行政行为的，行政机关和法律授权的组织为共同被申请人

B. 行政机关与法律授权的组织以共同的名义作出具体行政行为的，仅行政机关为被申请人

C. 行政机关设立的内设机构，未经法律、法规授权，对外以自己名义作出具体行政行为的，该内设机构为被申请人

D. 行政机关设立的内设机构，未经法律、法规授权，对外以自己名义作出具体行政行为的，该行政机关为被申请人

9.李某对甲市乙区教育局作出的一项具体行政行为不服，欲申请行政复议。根据行政复议法及相关规定，下列哪些说法是正确的？

A. 李某可向乙区教育局申请行政复议
B. 李某可向乙区政府申请行政复议
C. 李某可向甲市教育局申请行政复议
D. 李某可向甲市政府申请行政复议

10.根据行政复议法的规定，下列哪些说法是正确的？

A. 对县级以上地方人民政府依法设立的派出机关的具体行政行为不服的，向设立该派出机关的人民政府申请行政复议

B. 对被撤销的行政机关在撤销前所作出的具体行政行为不服的，向继续行使其职权的行政机关的上一级行政机关申请行政复议

C. 对两个或两个以上行政机关以共同的名义作出的具体行政行为不服的，可以选择其中一个行政机关的上一级行政机关申请行政复议

D. 对两个以上国务院部门共同作出的具体行政行为不服的，可以向其中任何一个国务院部门申请行政复议

11.国家市场监督管理总局对甲公司作出罚款30万元的处罚决定，该公司不服申请行政复议，关于本案的复议机关，下列说法正确的是？

A. 国务院
B. 国家市场监督管理总局
C. 全国人大
D. 国家市场监督管理总局和国务院

12.某区市场监督管理局和卫生健康委员会对当地集贸市场进行联合检查。在检查过程中，因个体户甲所售食品变质，两局以共同的名义对其作出罚款决定，甲不服，欲提起行政

复议。根据行政复议法及相关规定，其应向谁申请行政复议？

A. 该区市场监督管理局　　　　B. 该市卫生健康委员会
C. 该区政府　　　　　　　　　D. 该市政府

13. 根据行政复议法的规定，下列说法正确的是？

A. 当事人申请行政复议的，应当提交书面申请
B. 当事人申请行政复议的，应当缴纳申请费
C. 当事人申请行政复议的，应当在法律规定的申请期限内提出申请
D. 行政机关作为被申请人可以委托代理人代为参加行政复议

14. 根据行政复议法的规定，下列哪些说法是正确的？

A. 行政复议机关应当自受理申请之日起60日内作出行政复议决定，但是法律规定少于60日的除外
B. 申请人在申请行政复议时可以一并提出行政赔偿请求
C. 在行政复议期间，行政复议机关认为需要停止执行被申请行政复议的具体行政行为的，可以停止执行该具体行政行为
D. 行政复议期限经批准后可以延长，但延长期限最多不超过30日

15. 商务部对甲公司作出处以50万元罚款的行政处罚，甲公司不服，申请行政复议，下列说法正确的是？

A. 甲公司既可以向国务院也可以向商务部申请复议
B. 在行政复议中，行政复议机关只需要审查罚款决定的合法性
C. 甲公司如果对行政复议决定不服，可以提起行政诉讼
D. 如在复议过程中，甲公司自愿撤回复议申请的，不得再以同一事实和理由提出行政复议申请

16. 国务院某部对甲公司作出罚款50万元的处罚。甲公司不服，向该部申请行政复议。下列哪些说法是正确的？

A. 在行政复议中，不应对罚款决定的适当性进行审查
B. 甲公司委托代理人参加行政复议的，可以口头委托
C. 如在复议过程中甲公司自愿撤回复议的，即不得再以同一事实和理由提出复议申请
D. 如甲公司对复议决定不服向国务院申请裁决，甲公司对国务院的裁决不服向法院起诉的，法院不予受理

17. 根据行政复议法及相关规定，行政复议机关可以作出下列哪些行政复议决定？

A. 变更具体行政行为　　　　B. 责令履行行政职责
C. 撤销具体行政行为　　　　D. 维持具体行政行为

18. 行政复议的被申请人在收到行政复议申请副本后，未在法定期限内提出书面答复，也未提交当初作出具体行政行为的证据、依据和其他有关材料。根据行政复议法及相关规定，下列哪些说法是正确的？

A. 行政复议机关应当自行收集相关证据和材料
B. 行政复议机关应当责令被申请人在5日内提交该证据、依据和材料
C. 该具体行政行为应当被视为没有证据、依据
D. 行政复议机关应当决定撤销该具体行政行为

19. 具体行政行为有下列哪些情形的，复议机关可以决定撤销、变更或确认该具体行政行为违法？

A. 适用依据错误的　　　　B. 违反法定程序的

C. 超越职权的　　　　　　　　　　　　D. 具体行政行为明显不当的

　　20. 根据行政复议法及相关规定，下列说法正确的是？
　　A. 根据不告不理的原则，行政复议申请人未提出赔偿请求的，对行政赔偿事宜不予考虑
　　B. 行政复议申请人未提出赔偿请求，行政复议机关认为需要赔偿的，可以通知申请人增加请求
　　C. 行政复议申请人未提出赔偿请求，行政复议机关认为需要赔偿的，在作出复议决定的同时，告知申请人就行政赔偿事宜另行申请行政复议
　　D. 行政复议申请人未提出赔偿请求，行政复议机关认为需要赔偿的，在作出复议决定的同时，直接作出赔偿决定

　　21. 张某对国家知识产权局申请注册商标不予受理其申请的决定不服，根据行政复议法及相关规定，他可以通过下列哪些途径寻求救济？
　　A. 向国家知识产权局申请行政复议
　　B. 向国务院申请行政复议
　　C. 依法申请行政复议后，对复议决定仍然不服的，可以向人民法院起诉
　　D. 依法申请行政复议后，对复议决定仍然不服的，可以向国务院申请最终裁决

　　22. 根据行政复议法及相关规定，下列说法正确的是？
　　A. 对于维持具体行政行为的行政复议决定，申请人逾期不起诉又不履行的，由作出具体行政行为的行政机关依法强制执行，或申请人民法院强制执行
　　B. 对于变更具体行政行为的行政复议决定，申请人逾期不起诉又不履行的，由行政复议机关依法强制执行，或申请人民法院强制执行
　　C. 被申请人不履行行政复议决定的，行政复议机关或有关上级行政机关应当责令其限期履行
　　D. 被申请人无正当理由拖延履行行政复议决定的，行政复议机关应当代为履行

第五章

《行政诉讼法》

一、本章核心考点

本章包含的核心考点如图 5-1 所示。

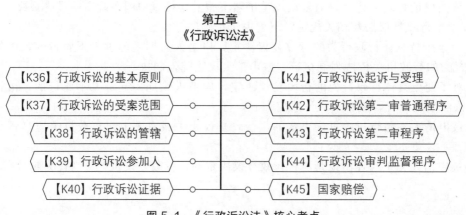

图 5-1 《行政诉讼法》核心考点

二、核心考点分析

【K36】行政诉讼的基本原则

1. 本考点的主要考查角度分析

本考点中包含的关键词有：原告被告地位恒定、出庭应诉、合法性审查、合议制度、回避制度、公开审判制度、两审终审制度、语言权利、辩论权利、监督原则。本考点考查角度如图 5-2 所示。

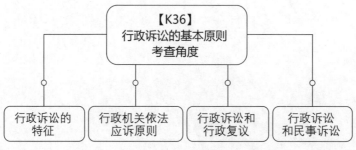

图 5-2 "行政诉讼的基本原则"考查角度

2. 关键词释义

（1）行政诉讼原告为行政相对人，被告为行政机关及法律、法规、规章授权的组织。被告不得反诉。

（2）被告可委托代理人，但负责人必须出庭应诉。

（3）行政诉讼仅对行政行为的合法性进行审查；行政复议既审合法性也审合理性。

（4）合议庭组成原则与民事诉讼一致。回避制度基本要求与民事诉讼一致。

（5）审判制度：涉密涉私依法不公开；涉及商业秘密的依申请不公开。

（6）调解适用：行政赔偿、补偿以及行政机关行使法律、法规规定的自由裁量权的案件。

3. 典型例题及解析

【例 K36-1】 根据行政诉讼法及相关规定，下列哪些说法是正确的？

A. 人民法院依法对行政案件独立行使审判权，不受行政机关、社会团体和个人的干涉

B. 当事人在行政诉讼中的法律地位平等，在行政复议中的地位不平等

C. 人民法院审理行政案件，对具体行政行为是否合法进行审查，对抽象行政行为是否合理进行审查

D. 人民法院审理行政案件，依法实行合议、回避、公开审判和两审终审制度

【解题思路】

行政诉讼法中规定，人民法院依法对行政案件独立行使审判权，不受行政机关、社会团体和个人的干涉。因此选项 A 正确。选项 B 正确，当事人在行政诉讼中的法律地位平等，但在行政复议中，申请人是民事主体，被申请人是行政机关，地位上处于行政管理关系。选项 C 错误，行政诉讼仅对行政行为的合法性进行审查。选项 D 正确，行政诉讼依法实行合议、回避、公开审判和两审终审制度。

【参考答案】 ABD

【例 K36-2】 根据行政诉讼法及相关规定，在行政诉讼中，对于与本案有利害关系的下列哪些人员，当事人有权申请其回避？

A. 审判人员　　　B. 勘验人　　　C. 翻译人员　　　D. 证人

【解题思路】

行政诉讼法中规定，当事人认为审判人员与本案有利害关系或有其他关系可能影响公正审判，有权申请审判人员回避。审判人员认为自己与本案有利害关系或有其他关系，应当申请回避。前两款规定，适用于书记员、翻译人员、鉴定人、勘验人。因此选项 A、B、C 中的人员均适用回避，选项 D 中的证人根据其稀缺性不适用回避制度。

【参考答案】 ABC

【例 K36-3】 根据民事诉讼法和行政诉讼法的规定，下列哪些说法是错误的？

A. 民事诉讼案件应当收取诉讼费用，行政诉讼案件不得向当事人收取任何费用

B. 民事诉讼的被告为公民、法人或非法人组织，行政诉讼的被告为行政机关或法律、法规授权的组织

C. 民事诉讼案件适用调解，行政诉讼案件不适用调解

D. 民事诉讼和行政诉讼中被告均可以仅委托代理人出庭应诉

【解题思路】

选项 A 错误，民事诉讼案件和行政诉讼案件，均收取诉讼费用。选项 B 错误，行政诉讼案件的被告还包括规章授权的组织。选项 C 错误，行政诉讼案件中涉及行政赔偿、

补偿以及行政机关自由裁量权的案件也可以调解。选项 D 错误,行政诉讼中的被告可以委托代理人出庭,但行政机关负责人必须出庭应诉。

【参考答案】ABCD

【例 K36-4】关于行政诉讼与行政复议,下列说法正确的是?
A. 公民、法人或其他组织提起行政诉讼前必须先申请行政复议
B. 行政诉讼案件和行政复议案件,均收取费用
C. 行政诉讼和行政复议都只对具体行政行为是否合法进行审查
D. 行政复议原则上采取书面审查的方式,行政诉讼原则上应开庭审理

【解题思路】

行政诉讼法中规定,对属于人民法院受案范围的行政案件,公民、法人或其他组织可以先向行政机关申请复议,对复议决定不服的,再向人民法院提起诉讼;也可以直接向人民法院提起诉讼。因此选项 A 错误。除特别规定的案件需要复议前置或复议终裁之外,通常是可复议可诉讼,当事人有选择的权利。选项 B 错误,行政复议案件不收取费用。选项 C 错误,行政复议案件审查合法性和适当性,行政诉讼案件仅审查合法性。选项 D 正确,行政复议原则上采用书面审查的方式,行政诉讼原则上应开庭审理。

【参考答案】D

【K37】行政诉讼的受案范围

1. 本考点的主要考查角度分析

本考点中包含的关键词有:①行政拘留、暂扣、吊销、停产停业、没收、罚款、警告;②限制人身自由、查封、扣押、冻结;③拒绝行政许可、期限内不予答复;④确认土地、矿藏等自然资源的所有权、使用权;⑤征收、征用、补偿;⑥保护人身权、财产权、合法权益;⑦经营自主权;⑧排除、限制竞争;⑨乱集资、乱摊派;⑩抚恤金、社会保险金、最低生活保障费;⑪特许经营协议、土地房屋征收补偿协议;⑫排除国防、外交、普遍约束力的决定命令、行政机关工作人员奖惩等处分、行政终裁、行政指导等;⑬附带审查国务院部门和地方各级人民政府及其部门的规范性文件,不含规章。本考点考查角度如图 5-3 所示。

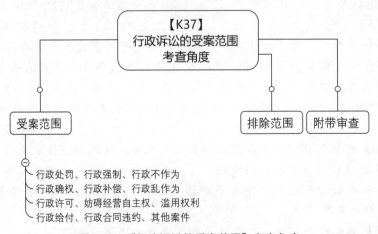

图 5-3 "行政诉讼的受案范围"考查角度

2. 关键词释义

(1) 属于可行政复议的行政行为,除明确复议前置、复议终裁之外,均可以直接诉讼。
(2) 复议决定也是行政决定,也属于可诉讼的范围。

(3) 对国家行为、不具有行政强制力的行为、行政机关内部人事管理行为不可以诉讼。
(4) 附带审查的范围与行政复议中附带审查的范围一致。

3. 典型例题及解析

【例 K37-1】 根据行政诉讼法及相关规定，公民、法人或其他组织对下列哪些具体行政行为不服的，可以提起行政诉讼？

A. 张某对责令停产停业的行政处罚不服的
B. 赵某对违法摊派卫生费的行为不服的
C. 李某对限制人身自由的行政强制措施不服的
D. 宋某对法律规定由行政机关最终裁决的具体行政行为不服的

【解题思路】

行政诉讼法中规定的行政诉讼的受案范围包括：①对行政拘留、暂扣或吊销许可证和执照、责令停产停业、没收违法所得、没收非法财物、罚款、警告等行政处罚不服的；②对限制人身自由或对财产的查封、扣押、冻结等行政强制措施和行政强制执行不服的；③申请行政许可，行政机关拒绝或在法定期限内不予答复，或对行政机关作出的有关行政许可的其他决定不服的；④对行政机关作出的关于确认土地、矿藏、水流、森林、山岭、草原、荒地、滩涂、海域等自然资源的所有权或使用权的决定不服的；⑤对征收、征用决定及其补偿决定不服的；⑥申请行政机关履行保护人身权、财产权等合法权益的法定职责，行政机关拒绝履行或不予答复的；⑦认为行政机关侵犯其经营自主权或农村土地承包经营权、农村土地经营权的；⑧认为行政机关滥用行政权力排除或限制竞争的；⑨认为行政机关违法集资、摊派费用或违法要求履行其他义务的；⑩认为行政机关没有依法支付抚恤金、最低生活保障待遇或社会保险待遇的；⑪认为行政机关不依法履行、未按照约定履行或违法变更、解除政府特许经营协议、土地房屋征收补偿协议等协议的；⑫认为行政机关侵犯其他人身权、财产权等合法权益的。因此选项 A、B、C 中的行政行为分别符合第①、⑨、②项的规定，均属于行政诉讼的受案范围，相对人不服的，可以申请行政诉讼。选项 D 中法律已经明确了属于行政机关的最终裁决，因此不能诉讼。

【参考答案】 ABC

【例 K37-2】 根据行政诉讼法及相关规定，公民、法人或其他组织对下列哪些具体行政行为不服的，可以提起行政诉讼？

A. 认为行政机关侵犯其经营自主权的
B. 认为行政机关滥用权力排除或限制竞争的
C. 申请行政机关履行保护其人身权利的法定职责，该行政机关没有依法履行的
D. 申请行政机关依法发放最低生活保障费，该行政机关没有依法发放的

【解题思路】

根据行政诉讼法中规定的行政诉讼的受案范围，选项 A、B、C、D 中的行政行为均属于行政诉讼的受案范围，相对人不服的，可以申请行政诉讼。

【参考答案】 ABCD

【例 K37-3】 根据行政诉讼法及相关规定，下列哪项不属于行政诉讼的受案范围？

A. 甲公司排污影响李某的鱼塘，李某要求当地生态环境局履行监督职责，遭拒绝后向法院起诉
B. 甲市政府发出通知，要求非本地生产的啤酒须经本市技术监督部门检验合格方可在本地销售，违者予以罚款。乙公司是一家外地啤酒生产企业，对甲政府通知提起诉讼

C. 市场监督管理局向申请餐饮服务许可证的李某告知补正申请材料的通知,李某认为通知内容违法而向法院起诉

D.《公司法》规定,设立公司应当预先核准公司名称。张某对名称预先核准规定不服提起诉讼

【解题思路】

行政诉讼法中规定的行政诉讼不予受理的情形包括:①国防、外交等国家行为;②行政法规、规章或行政机关制定、发布的具有普遍约束力的决定、命令;③行政机关对行政机关工作人员的奖惩、任免等决定;④法律规定由行政机关最终裁决的行政行为。选项 A 中李某要求行政机关履行法定职责而行政机关不作为,属于行政诉讼受案范围。选项 B 中所述属于行政机关滥用权力限制竞争,属于行政诉讼受案范围。选项 C 中的补正通知不属于行政决定,属于行政机关的正常履职行为,不属于行政诉讼的受案范围。选项 D 中的规定是公司设立的一种前置性许可事项,属于法律中的条款,不属于行政诉讼的受案范围。

【参考答案】 CD

【例 K37-4】 根据行政诉讼法及相关规定,对下列哪些事项不能提起行政诉讼?

A. 行政机关征收、征用土地的行为　　B. 行政机关对其工作人员的免职决定

C. 国家作出的与某外国签订条约的决定　　D. 国家知识产权局发布的部门规章

【解题思路】

根据行政诉讼法相关规定,选项 A 中公民对行政机关征收、征用土地的行为不服的,可以提起行政诉讼。选项 B 中的免职决定属于行政机关内部管理行为,选项 C 中的行为属于国家之间的外交行为,选项 D 中的部门规章为抽象行政行为,均不属于行政诉讼的受案范围,不能提起行政诉讼。

【参考答案】 BCD

【例 K37-5】 根据行政诉讼法的规定,公民、法人或其他组织对下列哪些事项提起的诉讼人民法院不受理?

A. 行政机关的调解行为

B. 不具有强制力的行政指导行为

C. 吊销许可证的行政处罚行为

D. 行政机关发布的具有普遍约束力的决定

【解题思路】

根据行政诉讼法的规定,选项 A 的调解行为不具有强制力,不是行政决定,选项 B 中的行政指导行为,不属于行政决定,选项 D 中的决定属于抽象行政行为,因此均不属于行政诉讼的受案范围。选项 C 中的行政处罚属于行政诉讼的受案范围,法院应当受理。

【参考答案】 ABD

【K38】行政诉讼的管辖

1. 本考点的主要考查角度分析

本考点中包含的关键词有:国务院部门、各级人民政府、人民政府的工作部门、重大案件、复杂案件、重大影响的共同诉讼、港澳台案件、行政机关所在地、被限制人身自由、不动产、共同行政行为、复议机关、管辖权争议、上向下移、下向上移、管辖权异议。本考点考查角度如图 5-4 所示。

2. 关键词释义

(1) 管辖法院的级别确定与被告密切相关。国务院部门及县级以上政府为被告的,疑难

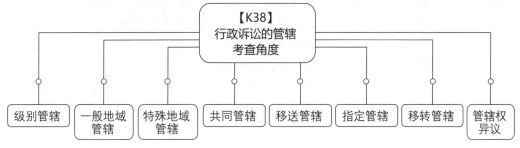

图 5-4 "行政诉讼的管辖"考查角度

杂症及人数众多的,中级人民法院管辖。

(2) 作为被告的行政机关所在地法院及复议机关所在地法院均有管辖权。原告被限制人身自由的就原告,不动产为不动产所在地。

(3) 多个被告的,各被告所在地法院都有管辖权;均接到诉状的,最先立案的管辖。

(4) 争着管或不想管:上级指定。下级管的可以向上移,但不得向下移。

(5) 管辖权异议需在提交答辩状期间提出,过期不候;对裁定不服的,可 10 日内上诉。

3. 典型例题及解析

【例 K38-1】根据行政诉讼法的规定,下列第一审行政案件应当由中级人民法院管辖的是?

A. 对发明专利权无效宣告决定不服的案件

B. 对省人民政府的工作部门所作的具体行政行为提起诉讼的案件

C. 对乡政府违法乱摊派不服提起诉讼的案件

D. 江苏省范围内的重大、复杂案件

【解题思路】

行政诉讼法中规定,中级人民法院管辖的第一审行政案件包括:①对国务院部门或县级以上地方人民政府所作的行政行为提起诉讼的案件;②海关处理的案件;③本辖区内重大、复杂的案件;④其他法律规定由中级人民法院管辖的案件。选项 A 中的被告为国家知识产权局,因此由中级人民法院管辖。选项 B 中的被告为政府的工作部门,因此由基层人民法院管辖。选项 C 中的被告为乡政府,因此由基层人民法院管辖。选项 D 中的案件属于省范围内的重大、复杂案件,因此由省高级人民法院管辖。【参考答案】A

【例 K38-2】根据行政诉讼法及相关规定,下列哪些说法是正确的?

A. 行政案件一般由最初作出具体行政行为的行政机关所在地人民法院管辖

B. 经复议的案件,由复议机关所在地人民法院管辖

C. 因不动产提起的行政诉讼,由不动产所在地人民法院管辖

D. 对限制人身自由的行政强制措施不服提起的行政诉讼,原告所在地人民法院没有管辖权

【解题思路】

行政诉讼法中规定,行政案件由最初作出行政行为的行政机关所在地人民法院管辖。经复议的案件,也可以由复议机关所在地人民法院管辖。因此选项 A 正确,选项 B 错误。经过复议的案件,并不排除原行政机关所在地人民法院的管辖权。选项 C 正确,不动产所在地人民法院有专属管辖权。选项 D 错误,对于被限制人身自由的行政案件,原告所在地和被告所在地人民法院都有管辖权。【参考答案】AC

【例 K38-3】根据行政诉讼法及相关规定，下列关于管辖的说法正确的是？
A. 上级人民法院有权将自己管辖的案件交由下级人民法院审理
B. 两个以上人民法院都有管辖权的案件，原告应当向其共同的上级人民法院起诉
C. 有管辖权的人民法院由于特殊原因不能行使管辖权的，由上级人民法院指定管辖
D. 人民法院发现受理的案件属于自己管辖时，也可以移送给其他有管辖权的人民法院

【解题思路】
行政诉讼法中规定，上级人民法院有权审理下级人民法院管辖的第一审行政案件。下级人民法院对其管辖的第一审行政案件，认为需要由上级人民法院审理或指定管辖的，可以报请上级人民法院决定。因此选项 A 错误，选项 C 正确。行政诉讼案件不得下移审理，即不得将上级管辖的一审案件交给下级法院审理。选项 B 错误，两个以上人民法院都有管辖权的案件，原告可以选择其中一个人民法院提起诉讼。选项 D 错误，只有人民法院发现受理的案件不属于本院管辖的应当移送有管辖权的人民法院管辖。对于有管辖权的案件，不得移送。
【参考答案】C

【K39】行政诉讼参加人

1. 本考点的主要考查角度分析

本考点中包含的关键词有：行政相对人、利害相关人、公民死亡、单位终止、人民检察院、代表人、合案审理、共同被告、第三人、适格的被告、代理人。本考点考查角度如图 5-5 所示。

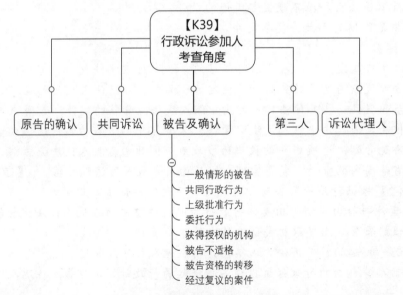

图 5-5 "行政诉讼参加人"考查角度

2. 关键词释义

（1）原告：行政相对人、利害关系人、原告资格的承继者。
（2）被告：行政机关及法律、法规、规章授权的组织。共同行政行为的机关为共同被告；上级批准的行政决定，看名义，谁盖公章谁是被告；委托行政行为的委托机关是被告；被告不适格告知原告变更；作出行政行为的行政机关被撤销的，继续行使其职责的为被告，

没有单位继续行使其职责的，谁撤销谁是被告。

(3) 经过复议的案件：复议维持，共同告（两机关为共同被告）；复议改变，单独告（复议机关是被告）；复议不作为，选择告（不服原行政行为告原机关；不服不作为告复议机关）。复议维持的，必须为共同被告；原告只告一个，人民法院强行追加另一个做共同被告。

(4) 第三人：与行政行为有利害关系的，自己可以申请加入行政诉讼，法院也可以通知加入诉讼。

(5) 诉讼代理人：包括法定代理人和委托代理人。

3. 典型例题及解析

【例 K39-1】根据行政诉讼法及相关规定，下列哪些主体可以依法提起行政诉讼？
A. 与被诉的行政复议决定有法律上利害关系的公民
B. 撤销或变更行政行为涉及其合法权益的法人
C. 在复议程序中被追加为第三人的法人
D. 要求主管行政机关依法追究加害人法律责任的公民

【解题思路】

行政诉讼法及其司法解释中规定，行政行为的相对人以及其他与行政行为有利害关系的公民、法人或其他组织，有权提起诉讼。因此选项 A 中的"有法律上利害关系"的公民有权起诉。选项 B 中的涉及其合法权益的法人、选项 C 中的被追加为第三人的法人和选项 D 中的要求追究加害人法律责任的公民，均属于"与行政行为有利害关系"，因此均有权依法提起诉讼。
【参考答案】ABCD

【例 K39-2】根据行政诉讼法及相关规定，下列关于行政诉讼参加人的说法哪些是正确的？
A. 同案件处理结果有利害关系的单位或个人，可以由人民法院通知参加诉讼
B. 同案件处理结果有利害关系的单位或个人，只能由人民法院通知参加诉讼
C. 第三人参加诉讼的，无论判决是否与其权益相关，第三人均不得提起上诉
D. 人民法院判决减损第三人权益的，第三人有权依法提起上诉

【解题思路】

行政诉讼法中规定，公民、法人或其他组织同案件处理结果有利害关系的，可以作为第三人申请参加诉讼，或由人民法院通知参加诉讼。因此选项 A 正确，选项 B 错误。选项 C 错误，第三人也可以自己申请参加诉讼。选项 D 正确，人民法院判决第三人承担义务或减损第三人权益的，第三人有权依法提起上诉。
【参考答案】AD

【例 K39-3】某市市场监督管理局和税务局共同对甲公司作出行政处罚决定，甲公司不服，以市税务局为被告向人民法院提起行政诉讼。人民法院告知甲公司追加市市场监督管理局为共同被告，甲公司不同意。根据行政诉讼法及相关规定，人民法院应当如何处理？
A. 依职权追加市市场监督管理局为被告
B. 通知市市场监督管理局以第三人身份参加诉讼
C. 裁定驳回甲公司的起诉
D. 判决驳回甲公司的诉讼请求

【解题思路】

行政诉讼法司法解释中规定，应当追加被告而原告不同意追加的，人民法院应当通

知其以第三人的身份参加诉讼，但行政复议机关作共同被告的除外。因此本题中甲公司应当以市市场监督管理局和市税务局作为共同被告起诉，但是甲公司只起诉了市税务局，法院应当告知甲公司追加市市场监督管理局；甲公司不同意的，依法通知其为第三人参加诉讼。选项B正确，其他选项均错误。

【参考答案】B

【例K39-4】根据行政诉讼法的规定，下列哪项说法是正确的？
A.由行政机关委托的组织所作的具体行政行为，该组织是被告
B.经上级行政机关批准的行政行为，向人民法院提起诉讼的，批准机关为被告
C.法律授权的内设机构超出法定授权范围实施行政行为，应当以设立该内设机构的行政机关为被告
D.由法律、法规、规章授权的组织所作的具体行政行为，该组织是被告

【解题思路】
行政诉讼法司法解释中规定，由行政机关委托的组织所作的具体行政行为，该行政机关是被告，选项A错误。选项B错误，经上级行政机关批准的行政行为，以在对外发生法律效力的文书上署名的机关为被告。选项C错误，虽然是内设机构且实施的行政行为超出了授权范围，但该组织是经过法律授权的，因此该内设机构是被告。选项D正确，实施行政行为的组织得到了授权，则有资格做被告。

【参考答案】D

【例K39-5】李某对某行政机关撤销其依法考取的资格证书不服欲提起行政诉讼，但该行政机关已被撤销，根据行政诉讼法及相关规定，应当以谁为被告？
A.该行政机关负责人
B.继续行使该行政机关职权的行政机关
C.没有继续行使其职权的行政机关的，其所属的人民政府为被告
D.没有继续行使其职权的行政机关并且该机关为垂直领导的，其上一级行政机关为被告

【解题思路】
行政诉讼法及其司法解释中规定，行政机关被撤销或职权变更的，继续行使其职权的行政机关是被告，没有继续行使其职权的行政机关的，以其所属的人民政府为被告；实行垂直领导的，以垂直领导的上一级行政机关为被告。因此选项A错误，选项B、C、D均正确。

【参考答案】BCD

【例K39-6】根据行政诉讼法及相关规定，下列关于诉讼参加人的说法哪些是错误的？
A.经复议的案件，复议机关是被告
B.经复议的案件，原行政机关和复议机关是共同被告
C.复议维持的案件，原行政机关是被告
D.公民对行政决定不服申请行政复议，复议机关受理后始终不作出决定的，复议机关是被告

【解题思路】
行政诉讼法中规定，经复议的案件，复议机关决定维持原行政行为的，作出原行政行为的行政机关和复议机关是共同被告；复议机关改变原行政行为的，复议机关是被告。因此选项A、B、C均错误。经过复议的案件，谁是被告，要看复议决定。复议决定是维持的，原行政机关和复议机关是共同被告；复议决定改变原行政行为的，复议机关是被告。选项D错误，对于复议机关不作为的，如果原告起诉对象是原行政行为，则

原行政机关是被告；如果起诉复议机关不作为，则复议机关是被告。【参考答案】ABCD

【K40】行政诉讼证据

1. 本考点的主要考查角度分析

本考点中包含的关键词有：现场笔录、签署保证书、审查属实、行政执法人员出庭、诉讼中不得收集证据、原告的举证责任、依职权调查取证、依申请、证据保全、不公开质证、非法证据排除规则、不得作为定案的依据、不得单独作为定案的依据、二审证据。本考点考查角度如图5-6所示。

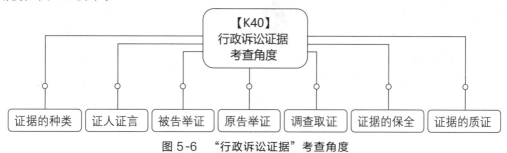

图5-6 "行政诉讼证据"考查角度

2. 关键词释义

（1）行政诉讼增加了一种证据类型为"现场笔录"：有利于还原当时的行政执法现场活动。

（2）诉讼中，原告有权利要求行政执法人员出庭作证，对现场笔录的真实性、合法性等问题进行当庭说明。

（3）行政诉讼中，原告、被告的举证责任不同等。被告需对其作出行政行为时的证据、依据提供证据，诉讼中则不得再收集证据。被告在提交答辩状期间不提供证据依据的，视为没有证据依据，相应地会得到"撤销原行政行为"的判决。原告对自己的实际损失等负有举证责任。

（4）人民法院可以依申请也可以依职权调取证据，但不得调取为证明被告行为合法性的证据。

（5）诉讼中，在证据可能灭失或以后难以取得的情况下，人民法院可以依申请或依职权保全证据。

（6）没有经过质证的证据不得作为定案的依据。以非法手段取得的证据，不得作为定案的根据。带有一定的证据瑕疵的，不得单独作为定案的依据。

3. 典型例题及解析

【例K40-1】根据行政诉讼法及相关规定，下列哪些属于行政诉讼法规定的证据？
A. 鉴定意见　　　B. 视听资料　　　C. 当事人的陈述　　　D. 现场笔录

【解题思路】
行政诉讼法中规定了证据的8种类型：①书证；②物证；③视听资料；④电子数据；⑤证人证言；⑥当事人的陈述；⑦鉴定意见；⑧勘验笔录、现场笔录。因此选项A、B、C、D均属于行政诉讼中的证据类型。　　　　　　　　　　　【参考答案】ABCD

【例K40-2】关于行政诉讼中的原告的举证责任，下列哪些说法是正确的？
A. 在行政赔偿、补偿的案件中，原告应当对行政行为造成的损害提供证据
B. 原告应当提供被告侵犯其合法权益的证据
C. 在行政诉讼过程中，原告可以提供证明被诉具体行政行为违法的证据，其提供的

证据不成立的，可免除被告对被诉具体行政行为合法性的举证责任

D. 负有举证责任的原告拒绝签署保证书，待证事实又欠缺其他证据加以佐证的，人民法院对其主张的事实不予认定

【解题思路】

行政诉讼法中规定，在行政赔偿、补偿的案件中，原告应当对行政行为造成的损害提供证据。因此选项 A 正确。选项 B 错误，在行政诉讼中被告应当提供作出该行政行为的证据和所依据的规范性文件，证明其行政行为的合法性。选项 C 错误，在诉讼中，原告提供的证据不成立的，不免除被告的举证责任。选项 D 正确，负有举证责任的当事人拒绝到庭、拒绝接受询问或拒绝签署保证书，待证事实又欠缺其他证据加以佐证的，人民法院对其主张的事实不予认定。

【参考答案】 AD

【例 K40-3】 根据行政诉讼法及相关规定，下列哪些与本案有关的证据，原告不能自行收集的，可以申请人民法院调取？

A. 由国家机关保存而须由人民法院调取的证据

B. 涉及国家秘密的证据

C. 涉及商业秘密的证据

D. 涉及个人隐私的证据

【解题思路】

行政诉讼法中规定，与本案有关的下列证据，原告或第三人不能自行收集的，可以申请人民法院调取：①由国家机关保存而须由人民法院调取的证据；②涉及国家秘密、商业秘密和个人隐私的证据；③确因客观原因不能自行收集的其他证据。因此选项 A、B、C、D 均正确。

【参考答案】 ABCD

【例 K40-4】 关于行政诉讼证据，下列说法正确的是？

A. 人民法院依职权调取的证据，不需要质证，可以直接作为定案的依据

B. 涉及商业秘密的证据，不需要质证

C. 在第二审程序中，对第一审认定的证据，即使当事人有争议，法庭也不再进行质证

D. 原告确有证据证明被告持有的证据对原告有利，被告无正当事由拒不提供的，可以推定原告的主张成立

【解题思路】

司法解释中规定，人民法院依职权调取的证据，由法庭出示，并可就调取该证据的情况进行说明，听取当事人意见。因此选项 A 错误，证据不经过质证的，不得作为定案的依据。选项 B 错误，涉及商业秘密等应当保密的证据，不得在开庭时公开质证，但还是需要质证的。选项 C 错误，在第二审程序中，对当事人依法提供的新的证据，法庭应当进行质证。选项 D 正确，被告无正当理由拒不提供，说明证据对其严重不利，因此而承担不利后果也属于因果相当。

【参考答案】 D

【例 K40-5】 根据行政诉讼法及相关规定，下列哪些说法是正确的？

A. 被告向人民法院提供的现场笔录，应当由执法人员和当事人签名

B. 被告向人民法院提供的现场笔录没有当事人签名的，人民法院不予接受

C. 在证据存在以后难以取得的情况下，原告可以向人民法院申请保全证据

D. 在证据可能灭失的情况下，人民法院可以主动采取保全措施

【解题思路】

司法解释中规定，被告向人民法院提供的现场笔录，应当载明时间、地点和事件等

内容，并由执法人员和当事人签名。当事人拒绝签名或不能签名的，应当注明原因。因此选项 A 正确，选项 B 错误，当事人拒绝签名的，说明原因，或有在场的其他人员签名。选项 C、D 均正确，诉讼中，如果证据存在可能灭失或以后难以取得的情形，人民法院可以依申请或依职权对证据进行保全。

【参考答案】ACD

【K41】行政诉讼起诉与受理

1. 本考点的主要考查角度分析

本考点中包含的关键词有：6 个月、1 年、20 年、5 年、15 日、2 个月、10 日、口头起诉、登记立案、接收起诉状、7 日、上诉、投诉、向上一级起诉、5 日。本考点考查角度如图 5-7 所示。

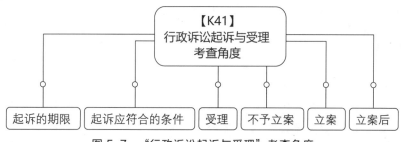

图 5-7 "行政诉讼起诉与受理"考查角度

2. 关键词释义

（1）行政诉讼一般起诉期限为 6 个月，自原告知道或应当知道：①行政行为的内容；②6 个月的起诉期限之日起算。知内容不知道起诉期限的，起诉期限不超过 1 年。两不知的自行政行为作出之日起：①不动产，起诉期限不超过 20 年；②其他，起诉期限不超过 5 年。

（2）经过复议的案件，自收到复议决定之日起 15 日内起诉；复议机关逾期不作为的，可在复议期满之日起 15 日内起诉。

（3）申请行政机关履行保护其人身权、财产权等合法权益的，行政机关在接到申请之日起 2 个月内不履行的，可以起诉。

（4）因不可抗力等非自身原因不能起诉的时间不计算在起诉期间内。因特殊原因耽误起诉的，自障碍消除之日起 10 日内向法院申请延长期限，是否延长，由法院决定。

（5）起诉条件：①原告适格；②有明确的被告；③有具体的诉讼请求和理由；④属于行政诉讼受案范围且法院有管辖权。

（6）起诉可以书面也可以口头。起诉材料登记在案；符合起诉条件则应当立案；无法确定的，先接收材料；7 日内决定立案的立案，决定不了的先立案。不接收材料等可投诉；不受理的可请上一级法院受理；立案后，5 日内把起诉状等材料转交被告；被告 15 日内答辩并提交证据、规范性文件。

3. 典型例题及解析

【例 K41-1】在行政诉讼中，公民、法人或其他组织因不可抗力耽误法定期限的，如何计算起诉期限？

A. 自障碍消除之日起 2 个月内起诉的，人民法院应当受理

B. 自障碍消除之日起 10 日内起诉的，人民法院应当受理

C. 自障碍消除之日起 10 日内向人民法院申请延长起诉期限

D. 被耽误的时间不计算在起诉期限内

【解题思路】

行政诉讼法中规定，公民、法人或其他组织因不可抗力或其他不属于其自身的原因耽误起诉期限的，被耽误的时间不计算在起诉期限内。因此选项D正确，其他选项均错误。

【参考答案】D

【例K41-2】2012年3月15日，李某冒充父亲将其父亲名下的一处房产卖给张某并办理了过户手续。2012年4月15日张某取得了房屋所有权证。2015年12月5日李某父亲发现儿子私自卖掉自己房屋的事实并起诉房产登记中心，要求撤销向张某核发的房屋所有权证，并给自己核发新证。下列哪些说法是正确的？

A. 本案的起诉期限为6个月
B. 本案的起诉期限从2012年4月15日起算
C. 本案的起诉期限从2015年12月5日起算
D. 本案的最长起诉期限为20年

【解题思路】

行政诉讼法中规定，公民、法人或其他组织直接向人民法院提起诉讼的，应当自知道或应当知道作出行政行为之日起6个月内提出，选项A正确。选项B错误，选项C正确，行政诉讼起诉期限，自当事人知道或应当知道作出行政行为之日起计算，本案李父是2015年12月5日得知房屋换人的事实的。选项D正确，因不动产提起诉讼的案件自行政行为作出之日起超过20年起诉的，人民法院不予受理。

【参考答案】ACD

【例K41-3】根据行政诉讼法及相关规定，提起行政诉讼应当符合下列哪些条件？

A. 原告是认为行政行为侵犯其合法权益的公民、法人或非法人组织
B. 有明确的被告
C. 有具体的诉讼请求和事实根据
D. 属于人民法院的受案范围和受诉人民法院管辖

【解题思路】

行政诉讼法中规定，提起诉讼应当符合下列条件：①原告是符合本法第二十五条规定的公民、法人或其他组织；②有明确的被告；③有具体的诉讼请求和事实根据；④属于人民法院受案范围和受诉人民法院管辖。因此选项A、B、C、D均属于行政诉讼应当符合的条件。

【参考答案】ABCD

【例K41-4】张某把准备好的起诉状和证据提交给受诉法院申请立案，人民法院收到起诉状难以当场确定是否立案。根据行政诉讼法及相关规定，下列哪些说法是正确的？

A. 人民法院应当先予接收起诉状，出具注明收到日期的书面凭证
B. 人民法院应当裁定不予受理
C. 人民法院应当先予立案，经审查不符合受理条件的，裁定驳回起诉
D. 人民法院应当先予接收起诉状，7日内决定是否立案

【解题思路】

行政诉讼法中规定，对当场不能判定是否符合本法规定的起诉条件的，应当接收起诉状，出具注明收到日期的书面凭证，并在7日内决定是否立案。因此选项A、D均正确，选项B、C均错误。

【参考答案】AD

【K42】行政诉讼第一审普通程序

1. 本考点的主要考查角度分析

本考点中包含的关键词有：裁定停止执行、拒不到庭、中途退庭、申请撤诉、参照规

章、6+X、高级人民法院或最高人民法院批准、可上诉裁定、驳回原告的诉讼请求、撤销或部分撤销、重新作出行政行为的限制、履行给付义务、确认违法但不撤销、判决行政行为无效、判决变更、判决继续履行、不得加重原告义务或减损原告权益、复议决定一并裁判。本考点考查角度如图 5-8 所示。

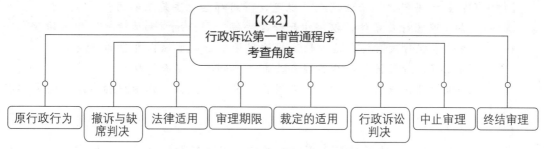

图 5-8 "行政诉讼第一审普通程序"考查角度

2. 关键词释义

（1）原行政行为在诉讼期间原则上不停止执行，例外包括被告、法院认为需要停止及原告申请被批准停止的。

（2）原告不到庭，按撤诉处理；开庭后中途无故退庭的，缺席判；被告不到庭，可缺席判。

（3）原告主动撤诉，适用一事不再理。

（4）行政诉讼以法律、行政法规、地方性法规、自治条例、单行条例为依据，参照规章。

（5）审限 6+X，延长期限 X 需高级人民法院或最高人民法院批准。

（6）行政诉讼判决针对的是原行政行为的合法性：①全对或告错了，判决驳回原告的诉讼请求。②有一项或多项错误，判决撤销或部分撤销，并重作且不得重复作。③继续履行给付义务。④确认违法但不撤销，因为会损害更大利益或无意义；确认违法不需要撤销、不需要履行。⑤判决行政行为无效：行政行为主体无资格或无依据明显违法。⑥起诉不得加重处罚。

（7）行政诉讼的赔偿：告则判，不告不理。

（8）经过复议的案件，对原行政行为和复议决定一并裁判。

3. 典型例题及解析

【例 K42-1】甲公司就某行政机关对其作出的罚款 5000 元的行政处罚决定向人民法院起诉。在诉讼中，该行政机关变更了原处罚决定，撤销了罚款决定，并书面告知了人民法院，但该公司并未因此而申请撤诉。根据行政诉讼法及相关规定，下列哪些说法是正确的？

A. 人民法院应当裁定终结诉讼，并告知该公司另行起诉
B. 人民法院应当对改变后的行政处罚决定进行审理
C. 人民法院应当继续审理原行政处罚决定
D. 人民法院应当针对原行政行为判决确认违法

【解题思路】

行政诉讼法司法解释中规定，被告在一审期间改变被诉行政行为的，应当书面告知人民法院。原告或第三人对改变后的行政行为不服提起诉讼的，人民法院应当就改变后

的行政行为进行审理。被告改变原违法行政行为，原告仍要求确认原行政行为违法的，人民法院应当依法作出确认判决。本题中行政机关在诉讼中撤销了行政行为，被告不申请撤诉，则法院应当对原行政行为继续审理。由于原行政行为已撤销，因此法院应该作出确认违法的判决，选项A、B均错误，选项C、D均正确。　　【参考答案】CD

【例K42-2】根据行政诉讼法及相关规定，下列哪些说法是正确的？
A. 人民法院审理行政案件，以法律和行政法规、部门规章和地方性法规为依据
B. 人民法院审理行政案件，地方性法规适用于本行政区域内发生的行政案件
C. 人民法院审理行政案件，参照国务院部、委制定、发布的规章
D. 人民法院审理民族自治地方的行政案件，并以该民族自治地方的自治条例和单行条例为依据

【解题思路】
行政诉讼法中规定，人民法院审理行政案件，以法律和行政法规、地方性法规为依据，参照规章。地方性法规适用于本行政区域内发生的行政案件。人民法院审理民族自治地方的行政案件，并以该民族自治地方的自治条例和单行条例为依据。因此选项A错误，选项B、C、D均正确。　　【参考答案】BCD

【例K42-3】行政诉讼过程中，在下列哪种情形下，人民法院可以按照撤诉处理？
A. 外地原告开庭前一天收到传票无法出庭的
B. 原告认为人民法院偏袒被告，未经法庭许可中途退庭的
C. 原告申请撤诉，人民法院裁定不予准许，经合法传唤无正当理由拒不到庭的
D. 被告改变原具体行政行为，原告不撤诉的

【解题思路】
行政诉讼法司法解释中规定，当事人或其他诉讼参与人在外地的，应当留有必要的在途时间。因此选项A中的原告无法到庭具有正当理由，不应当按撤诉处理。选项B中原告开庭过程中无正当理由退庭的，可以按撤诉处理。选项C中法院不准许原告撤诉说明有必要继续审理，原告经传唤拒不到庭的可以缺席判决。选项D中原告改变原具体行政行为而被告不撤诉的，法院应当继续审理。　　【参考答案】B

【例K42-4】根据行政诉讼法及相关规定，在下列哪些情形下，人民法院中止行政诉讼？
A. 原告丧失诉讼行为能力，尚未确定法定代理人的
B. 案件涉及法律适用问题，需要送请有权机关作出解释或确认的
C. 原告死亡，没有近亲属或近亲属放弃诉讼权利的
D. 作为原告的法人或其他组织终止后，其权利义务的承受人放弃诉讼权利的

【解题思路】
行政诉讼法司法解释中规定，在诉讼过程中中止诉讼的情形包括：①原告死亡，须等待其近亲属表明是否参加诉讼的；②原告丧失诉讼行为能力，尚未确定法定代理人的；③作为一方当事人的行政机关、法人或其他组织终止，尚未确定权利义务承受人的；④一方当事人因不可抗力的事由不能参加诉讼的；⑤案件涉及法律适用问题，需要送请有权机关作出解释或确认的；⑥案件的审判须以相关民事、刑事或其他行政案件的审理结果为依据，而相关案件尚未审结的；⑦其他应当中止诉讼的情形。由此可见，中止程序是因为需要一定的时间等待能够影响审判结果的重要事项的最终结果，选项A、B均符合上述情形。选项C、D中的表述说明面临的情形是不再有原告，因此就没有了中止诉讼等待结果的必要性。　　【参考答案】AB

【例K42-5】关于行政诉讼中的财产保全，下列哪些说法是正确的？

A. 对于因一方当事人的行为，可能使人民法院生效裁判不能执行的案件，人民法院可以根据对方当事人的请求作出财产保全的裁定

B. 对于因一方当事人的行为，可能使人民法院生效裁判难以执行的案件，人民法院可以主动作出财产保全的裁定

C. 对于因一方当事人的行为，可能使人民法院生效裁判难以执行的案件，人民法院可以责令对方当事人不得作出一定行为

D. 当事人对财产保全的裁定不服的，可以申请复议；复议期间停止裁定的执行

【解题思路】

行政诉讼法司法解释中规定，人民法院对于因一方当事人的行为或其他原因，可能使行政行为或人民法院生效裁判不能或难以执行的案件，可以根据对方当事人的申请或依职权，裁定对其财产进行保全、责令其作出一定行为或禁止其作出一定行为。当事人对保全的裁定不服的，可以申请复议；复议期间不停止裁定的执行。因此选项A、B、C均正确，选项D错误。

【参考答案】ABC

【例K42-6】根据行政诉讼法及相关规定，下列哪些说法是正确的？

A. 人民法院判决被告重新作出具体行政行为的，被告不得作出与原具体行政行为基本相同的具体行政行为

B. 人民法院审理行政案件，不得对行政机关未予处罚的人直接给予行政处罚

C. 人民法院审理行政案件不得加重对原告的处罚，但利害关系人同为原告的除外

D. 原告在人民法院对行政案件宣告判决前申请撤诉的，是否准许，由人民法院裁定

【解题思路】

行政诉讼法中规定，人民法院判决被告重新作出行政行为的，被告不得以同一事实和理由作出与原行政行为基本相同的行政行为。因此选项A错误，如果被告基于不同的事实和理由，可以作出与原行政行为基本相同的行政行为。选项B正确，法院对行政机关未处罚的直接予以处罚属于越权，行使了行政机关的职责，是不允许的。选项C错误，在利害关系人同为原告且诉讼请求相反时，人民法院不可避免加重对原告的处罚。选项D正确，原告的撤诉申请需经过法院的批准。

【参考答案】BD

【例K42-7】根据行政诉讼法及相关规定，下列有关人民法院第一审判决的说法哪些是正确的？

A. 行政行为证据确凿，适用法律、法规正确，符合法定程序的，人民法院判决维持行政行为

B. 原告申请被告履行法定职责理由不成立的，人民法院判决驳回原告的诉讼请求

C. 原告申请被告履行给付义务理由成立的，人民法院判决被告当场履行给付义务

D. 行政行为程序轻微违法但对原告权利不产生实际影响的，人民法院判决确认违法但不撤销行政行为

【解题思路】

行政诉讼法中规定，行政行为证据确凿，适用法律、法规正确，符合法定程序的，或原告申请被告履行法定职责或给付义务理由不成立的，人民法院判决驳回原告的诉讼请求。因此选项A错误，选项B正确，在行政行为合法的情况下，应当判决驳回原告的诉讼请求，而不是维持原行政行为。选项C错误，人民法院经过审理，查明被告不履行法定职责的，判决被告在一定期限内履行，而不能要求当场履行。选项D正确，行政行

109

为程序轻微违法但对原告权利不产生实际影响的，如果撤销则反而可能会对原告造成不利影响，因此法院判决确认违法但不撤销行政行为。

【参考答案】BD

【例K42-8】张某对行政机关对其处以5.02万元罚款不服，提起了诉讼。根据行政诉讼法及相关规定，有关法院判决变更，下列说法正确的是？

A. 法院经审理认为该行政处罚明显不当的，可以判决变更

B. 法院经审理认为5.02万元的罚款额确实计算错误的，法院可以判决变更

C. 法院经审理认为该行政处罚明显不当的，可以增加判决对张某给予5天的行政拘留

D. 法院经审理认为张某的行为最高可处以20万元的罚款，因此判决变更罚款10万元

【解题思路】

行政诉讼法中规定，行政处罚明显不当，或其他行政行为涉及对款额的确定、认定确有错误的，人民法院可以判决变更。因此选项A、B均正确。选项C、D均错误，人民法院判决变更，不得加重原告的义务或减损原告的权益。选项C中新增的行政拘留属于行政机关的职责，法院属于越权。选项D中加重了处罚，是不允许的。

【参考答案】AB

【K43】行政诉讼第二审程序

1. 本考点的主要考查角度分析

本考点中包含的关键词有：15日、10日、3＋X、全面审查、撤销裁定、维持、撤销、变更、改判、发回重审或改判、另行组成合议庭、不得再次发回重审、一审遗漏当事人或遗漏诉讼请求或违法缺席判决、一审漏审赔偿请求、二审提赔偿请求。本考点考查角度如图5-9所示。

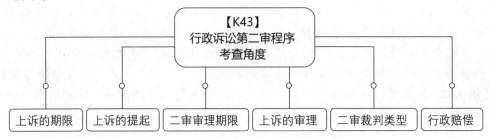

图5-9 "行政诉讼第二审程序"考查角度

2. 关键词释义

（1）上诉期间：一审为判决的15日内上诉；一审为裁定的10日内上诉。二审期限统一为3个月，需要延长的由高级人民法院或最高人民法院批准。

（2）二审对一审判决、裁定和行政行为做全面审查，一并裁判。

（3）一审裁定错误，裁定撤销裁定。

（4）类型：①一审判决正确，维持。②一审事实清楚，其他有误，则撤销、变更或依法改判。③一审事实不清、证据不足，发回重审或查清事实后改判。④发回重审的另行组成合议庭；重审后又被上诉的，二审裁判，不得再次发回重审。

（5）一审遗漏当事人或遗漏请求或违法缺席判决的，撤销原判决，发回重审。

（6）行政赔偿：①不告不理。②一审漏审赔偿请求，法院认为需要赔偿，则先调解；调

解不成，发回重审；法院认为不需要赔偿的，判决驳回行政赔偿请求。③二审提赔偿请求的，则先调解；调解不成，告知原告另诉。

3.典型例题及解析

【例K43-1】根据行政诉讼法及相关规定，下列关于行政诉讼的说法哪些是正确的？

A.第二审法院认为原审法院不予立案确有错误且当事人的起诉符合起诉条件的，应当指令原审法院依法立案

B.第二审人民法院对行政上诉案件，认为事实清楚的，可以实行书面审理

C.第二审人民法院审理行政上诉案件，只限于审查原审人民法院作出的裁判是否合法

D.第二审人民法院审理行政上诉案件，需要改变原审判决的，应当同时对被诉行政行为作出判决

【解题思路】

行政诉讼法中规定，第二审人民法院经审理认为原审人民法院不予立案的裁定确有错误且当事人的起诉符合起诉条件的，应当裁定撤销原审人民法院的裁定，指令原审人民法院依法立案。因此选项A正确。选项B正确，人民法院对上诉案件，合议庭认为不需要开庭审理的，也可以不开庭审理。选项C错误，人民法院审理上诉案件，应当对原审人民法院的判决、裁定和被诉行政行为进行全面审查。选项D正确，二审改变原判，意味着对原行政行为的合法性没有了判定结论，因此应当同时对被诉行政行为作出判决。

【参考答案】 ABD

【例K43-2】根据行政诉讼法及相关规定，关于当事人的行政赔偿请求，第二审人民法院应当如何处理是正确的？

A.原告第一审未提出赔偿请求，法院经审理认为需要赔偿的，直接就行政赔偿请求进行审理并作出判决

B.原告第一审提出了赔偿请求没有审理，二审经过审理认为需要赔偿的，直接就行政赔偿请求进行审理并作出判决

C.原告第一审提出了赔偿请求没有审理，二审经过审理认为不需要赔偿的，应当判决驳回行政赔偿请求

D.上诉人第二审增加赔偿请求的，二审人民法院进行调解；调解不成的，告知上诉人另行起诉

【解题思路】

选项A错误，没有法律依据。行政诉讼也是奉行不告不理的原则，因此原告没有提出赔偿请求的，法院不予审查。选项B错误，原审判决遗漏行政赔偿请求，二审认为应当予以赔偿的，可以就行政赔偿问题进行调解；调解不成的，应当就行政赔偿部分发回重审。选项C正确，原审判决遗漏行政赔偿请求，二审法院认为不应当予以赔偿的，应当判决驳回行政赔偿请求。选项D正确，二审当事人新增加赔偿请求的，法院可以调解，调解不成的，告知当事人另行起诉。

【参考答案】 CD

【例K43-3】第二审人民法院审理行政上诉案件，在下列哪些情形下应当发回重审？

A.当事人在第二审期间提出行政赔偿请求的

B.原审中一审判员为被告行政机关负责人的近亲属而没有回避的

C.原审判决遗漏了诉讼请求的

D. 原审法院对发回重审判决后当事人再一次上诉，第二审法院经审理认为未查清事实的

【解题思路】

行政诉讼法司法解释中规定，当事人在第二审期间提出行政赔偿请求的，第二审人民法院可以进行调解；调解不成的，应当告知当事人另行起诉。因此选项 A 的情形中调解不成，则应告知当事人另行起诉而不是发回重审。选项 B 中审判员应当回避而没有回避的，属于严重违反法定程序，应当发回重审。选项 C 中原审判决遗漏了诉讼请求的，第二审人民法院应当裁定撤销原审判决，发回重审。选项 D 中虽然第二审法院仍然认为事实不清，也不得再次发回重审。

【参考答案】BC

【K44】行政诉讼审判监督程序

1. 本考点的主要考查角度分析

本考点中包含的关键词有：判决裁定确有错误、调解书违反自愿原则、内容违法、损害国家利益、损害社会公共利益、检察建议、抗诉、中止原裁判的执行、另行组成合议庭、检察院派员出庭。本考点考查角度如图 5-10 所示。

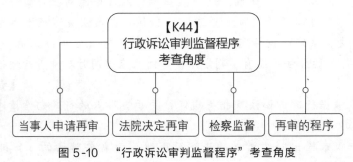

图 5-10 "行政诉讼审判监督程序"考查角度

2. 关键词释义

（1）当事人申请再审的时机：裁判生效后 6 个月内，或发现足以推翻原判决的证据的 6 个月内。

（2）当事人申请再审的理由：认为裁判确实有错误：事实错、证据错、依据错、程序错。

（3）法院决定再审：①认为裁判确实有错误；②调解书违反自愿原则、内容违法。

（4）检察院监督：①认为裁判确实有错误；②调解书损害国家利益、社会公共利益。检察院监督方式：①检察建议；②抗诉。检察院抗诉的案件，法院不需要审查决定是否再审，直接再审，并通知检察院派员出庭监督。

（5）再审审理：另行组成合议庭；生效裁判是一审的按照一审程序再审；生效裁判是二审的按照二审程序再审。上级法院可以提审。

3. 典型例题及解析

【例 K44-1】根据行政诉讼法及相关规定，下列关于审判监督程序的说法哪些是正确的？

A. 当事人对已经发生法律效力的判决，认为确有错误的，可以向原审人民法院申请再审

B. 当事人申请再审的，停止原判决、裁定的执行

C. 据以作出原判决的法律文书被撤销，当事人提出再审申请的，人民法院应当再审

D. 原判决遗漏诉讼请求，当事人提出再审申请的，人民法院应当再审

【解题思路】

行政诉讼法中规定，当事人对已经发生法律效力的判决、裁定，认为确有错误的，可以向上一级人民法院申请再审，但判决、裁定不停止执行。因此选项 A、B 均错误。再审需要向上一级法院提出。当事人申请再审的，原判决、裁定不停止执行。只有在法院决定再审后，才可能停止原裁判的执行。选项 C、D 均正确，选项 C、D 中的情形均可能导致原裁判的错误，因此应当决定再审。

【参考答案】CD

【例 K44-2】根据行政诉讼法及相关规定，下列说法正确的是？

A. 最高人民检察院对各级人民法院已经发生法律效力的裁判，发现适用法律、法规确有错误的，应当提出抗诉

B. 人民法院决定再审的案件，应当裁定中止原判决的执行

C. 人民法院院长对本院已经发生法律效力的调解书，发现内容违法的，应当决定再审

D. 检察院对已经发生法律效力的调解书，认为违反自愿原则的，应当提出检察建议或提出抗诉

【解题思路】

行政诉讼法中规定，最高人民检察院对各级人民法院已经发生法律效力的判决、裁定，发现有行政诉讼法第 91 条规定情形之一，应当提出抗诉。选项 A 正确，"适用法律、法规确有错误"即为行政诉讼法第 91 条规定的情形之一。选项 B 错误，人民法院决定再审的案件，应当裁定中止原判决的执行，但支付抚恤金、最低生活保障费或社会保险待遇的案件，可以不中止执行。选项 C 错误，人民法院院长发现本院作出的调解书内容违法的，应当提交审判委员会讨论决定是否启动再审。选项 D 错误，检察院抗诉或提出检察建议的调解书，应当属于违反国家利益、社会公共利益的情形。

【参考答案】A

【K45】国家赔偿

1. 本考点的主要考查角度分析

本考点中包含的关键词有：侵犯人身权、侵犯财产权、非职权行为、共同行政行为、赔偿请求。本考点考查角度如图 5-11 所示。

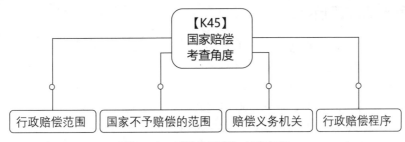

图 5-11 "国家赔偿"考查角度

2. 关键词释义

（1）赔偿事由：行政行为（合法的或非法的）侵犯了受害人的人身权（造成身体伤害或死亡）、财产权（造成财产损失）。

（2）非职务行为、自身导致的等国家不予赔偿。

（3）国家赔偿体现在行政机关赔偿。共同作出行政行为的行政机关都是赔偿义务机关。受害人可以要求其中一个行政机关赔偿全部损失，也可以要求所有行政机关共同赔偿损失。

（4）行政赔偿可以和行政复议一起提，可以和行政诉讼一起提，也可以单独提。单独提需要先向行政机关提才能单独向法院起诉。

3. **典型例题及解析**

【例 K45-1】根据国家赔偿法及相关规定，行政机关及其工作人员在行使行政职权时有下列哪些行为的，受害人有取得赔偿的权利？

A. 违法对财产采取查封、扣押的行政强制措施的

B. 违法采取限制公民人身自由的行政强制措施的

C. 违法征收、征用财产的

D. 以殴打、虐待等行为造成公民死亡的

【解题思路】

国家赔偿法中规定，行政机关及其工作人员在行使行政职权时侵犯财产权或人身权的，受害人有取得赔偿的权利。选项 A、C 均属于侵犯财产权利的情形，选项 B、D 均属于侵犯人身权利的情形，因此受害人均有取得赔偿的权利。　　【参考答案】ABCD

【例 K45-2】根据国家赔偿法及相关规定，下列哪些说法是正确的？

A. 赔偿请求人根据受到的不同损害，可以同时提出数项行政赔偿请求

B. 赔偿请求人可以在提起行政诉讼时一并提出行政赔偿请求

C. 存在共同赔偿义务机关的，赔偿请求人应当向所有共同赔偿义务机关同时要求赔偿

D. 人民法院审理行政赔偿案件时，请求人请求赔偿的数额，行政机关负有举证责任

【解题思路】

国家赔偿法中规定，赔偿请求人根据受到的不同损害，可以同时提出数项赔偿要求。因此选项 A 正确。选项 B 正确，赔偿请求人要求赔偿，可以在申请行政复议或提起行政诉讼时一并提出。选项 C 错误，赔偿请求人可以向共同赔偿义务机关中的任何一个赔偿义务机关要求赔偿，该赔偿义务机关应当先予赔偿。选项 D 错误，谁主张谁举证，赔偿请求人首先对自己的主张负有举证责任。　　【参考答案】AB

三、本章同步训练题目

1. 根据行政诉讼法及相关规定，下列哪种说法是正确的？

A. 人民法院审理行政案件，一律公开审理

B. 被诉行政机关负责人应当出庭应诉

C. 人民法院审理行政案件，一律不适用调解

D. 各民族公民都有使用本民族语言、文字进行行政诉讼的权利

2. 一行政诉讼案件中，原告李某认为本案书记员甲、审判长乙（法院院长）与该行政机关有利益关系可能会影响公正审判。根据行政诉讼法及相关规定，下列哪些说法是正确的？

A. 李某有权申请书记员甲回避　　　　B. 李某无权申请审判长乙回避

C. 甲的回避，由审判长决定　　　　　D. 乙是否回避可以自行决定

3. 下列关于行政复议和行政诉讼的说法哪些是正确的？

A. 公民、法人或其他组织对行政复议决定不服的，可以依法向人民法院提起行政诉讼，但是法律规定行政复议决定为最终裁决的除外

B. 行政复议和行政诉讼都不能以调解方式结案

C. 行政复议和行政诉讼中被诉具体行政行为原则上都不停止执行

D. 公民、法人或其他组织向人民法院提起行政诉讼，人民法院已经依法受理的，不得申请行政复议

4. 根据行政诉讼法及相关规定，公民、法人或其他组织对下列哪些具体行政行为不服的，可以提起行政诉讼？

A. 认为行政机关违法要求履行义务的

B. 对行政机关制定并发布的具有普遍约束力的决定不服的

C. 对行政机关作出的关于确认荒地使用权的决定不服的

D. 对征收土地补偿款决定不服的

5. 根据行政诉讼法及相关规定，下列哪些诉讼属于行政诉讼受案范围？

A. 国家知识产权局不受理甲的商标注册申请，甲不服的

B. 国家知识产权局宣告乙的实用新型专利权无效，乙不服的

C. 县教育局从个体户丙处购置文具后拖欠其货款，丙不服的

D. 县税务局对丁作出罚款 2000 元的处罚决定，丁不服的

6. 根据行政诉讼法的规定，对下列哪些事项不能提起行政诉讼？

A. 公安机关依法对李某实施刑事拘留，李某不服的

B. 北京人王某对国务院修改专利法实施细则的决定不服的

C. 教育厅对其工作人员刘某作出的行政处分决定，刘某不服的

D. 美国人汤姆对被驱逐出境的决定不服的

7. 下列当事人提起的诉讼，属于行政诉讼受案范围的是？

A. 张某和王某是邻居，因宅基地纠纷打架斗殴，经派出所民警调解达成调解协议，后张某认为调解协议内容偏袒了王某

B. 李某因容留外国人杰瑞在其家中吸毒，被处以行政拘留，李某不服

C. 刘某向市场监督管理局申请设立基金会，市场监督管理局因其不属于职责范围不予答复

D. 甲公司通过投标取得 100 亩工业用地使用权，后县政府以价格过低为由强行收回土地，甲公司不服

8. 根据行政诉讼法及相关规定，下列关于一审案件管辖权的表述正确的是？

A. 对某自治区人民政府作出的具体行政行为不服的案件，由高级人民法院管辖

B. 对国家知识产权局驳回专利申请不服的案件，由北京知识产权法院管辖

C. 对市教育局所作的行政行为提起诉讼的案件，由市中级人民法院管辖

D. 海关处理的涉嫌走私案件，由中级人民法院管辖

9. 根据行政诉讼法及相关规定，原告向两个有管辖权的人民法院提起行政诉讼的，由下列哪个人民法院管辖？

A. 最先收到起诉状的人民法院

B. 最先收到案件受理费的人民法院

C. 最先立案的人民法院

D. 将案件提交给该两个人民法院的共同上级指定管辖

10. 根据行政诉讼法及相关规定，下列关于行政诉讼管辖的说法哪些是正确的？

A. 两个以上人民法院都有管辖权的案件，原告可以选择其中一个人民法院提起诉讼

B. 上级人民法院有权审判由下级人民法院管辖的第一审行政案件

C. 人民法院发现受理的案件不属于本院管辖的，应当裁定驳回起诉

D. 人民法院对管辖权发生争议，由争议双方协商解决；协商不成的，报它们的共同上级人民法院指定管辖

11. 某县市场监督管理局认定甲公司无照经营，予以取缔并罚款 10 万元。王某不服，向市市场监督管理局申请复议，市市场监督管理局认为罚款额太低不足以起到警示作用，遂把罚款额提高到了 100 万元。甲公司不服，提起行政诉讼。关于此案，下列哪项说法是正确的？

A. 本案应当由县基层人民法院管辖

B. 本案应当由市基层人民法院管辖

C. 本案应当由市中级人民法院管辖

D. 本案可以由县基层人民法院管辖，也可以由市基层人民法院管辖

12. 根据行政诉讼法的规定，下列哪些说法是正确的？

A. 行政行为的相对人对行政行为不服的，有权提起诉讼

B. 有权提起诉讼的公民死亡的，其近亲属代为起诉

C. 有权提起诉讼的法人终止的，承受其权利的法人可以提起诉讼

D. 行政机关不依法履行职责致使社会公共利益受到侵害的，人民检察院可以依法向人民法院提起诉讼

13. 根据行政诉讼法及相关规定，下列哪些选项中的主体认为自己的合法权益受行政行为侵害的有权依法提起行政诉讼？

A. 中外合资企业外国投资方，应当以企业的名义提起诉讼

B. 未依法登记领取营业执照的个人合伙，应当以全体合伙人为共同原告

C. 个体工商户提起行政诉讼的，应当以实际经营者为原告

D. 公民因被限制人身自由而不能提起诉讼的，其近亲属可以接受该公民的口头委托以该公民的名义提起诉讼

14. 根据行政诉讼法及相关规定，下列说法正确的是？

A. 原告所起诉的被告不适格的，人民法院应当裁定不予受理

B. 原告所起诉的被告不适格的，人民法院直接裁定驳回起诉

C. 没有经过复议的案件，应当追加被告而原告不同意追加的，人民法院应当通知其以第三人的身份参加诉讼

D. 应当追加被告而原告不同意追加的，人民法院应当驳回原告的诉讼请求

15. 根据行政诉讼法及相关规定，下列关于行政诉讼被告的说法哪些是正确的？

A. 两个以上行政机关共同作出同一行政行为的，其共同上级机关是被告

B. 规章授权行使行政职权的行政机关派出机构实施行政行为，行政机关为被告

C. 居民委员会受行政机关委托作出行政行为的，以委托的行政机关为被告

D. 高等学校依据法律、法规、规章的授权实施行政行为的，以该高等学校为被告

16. 县市场监督管理局以甲公司的行为符合《广告法》第 28 条第 2 款第 2 项规定为由，对甲公司作出罚款 500 万元、责令停产停业 1 年的决定。甲公司不服，向市市场监督管理局申请行政复议，市市场监督管理局根据《广告法》第 28 条第 2 款第 4 项规定，对甲公司作出罚款 500 万元、责令停产停业 1 年的决定。甲公司不服，提起行政诉讼。下列说法正确的是？

A. 本案的被告是县市场监督管理局

B. 本案的被告是市市场监督管理局

C. 本案的被告是县市场监督管理局和市市场监督管理局

D. 本案的被告是县市场监督管理局，市市场监督管理局是第三人

17. 根据行政诉讼法及相关规定，下列说法正确的是？

A. 当事人一方人数众多的，由当事人推选代表人；当事人推选不出的，可以由人民法院在起诉的当事人中指定代表人

B. 当事人一方人数有 10 人以上的，应当推选出 1~5 人作为代表人参加诉讼

C. 多件同类行政行为发生的行政案件，人民法院认为可以合并审理的，应当征得当事人的同意

D. 复议机关维持原行政行为的案件，人民法院告知原告追加复议机关为共同被告而原告不同意追加的，人民法院通知复议机关作为第三人参加诉讼

18. 根据行政诉讼法及相关规定，下列哪些说法是正确的？

A. 在行政诉讼过程中，被告不得自行向原告收集证据

B. 在行政诉讼过程中，被告代理人可以自行向证人收集证据

C. 在行政诉讼过程中，被告应当提供作出被诉具体行政行为的证据

D. 在行政诉讼过程中，被告应当提供作出被诉具体行政行为所依据的规范性文件

19. 行政诉讼中，原告要求相关行政执法人员出庭说明，在下列何种情形下，法院通常不予准许？

A. 对现场笔录的合法性或真实性有异议的

B. 对行政执法人员身份的合法性有异议的

C. 对扣押财产的品种或数量有异议的

D. 对被起诉的行政决定有异议的

20. 根据行政诉讼法及相关规定，下列关于行政诉讼证据的说法哪些是正确的？

A. 人民法院有权要求当事人提供或补充证据

B. 在证据可能灭失或以后难以取得的情况下，人民法院可以主动采取保全措施

C. 被告认为原告起诉超过法定期限的，由被告承担举证责任

D. 人民法院有权向有关行政机关调取证据

21. 根据行政诉讼法及相关规定，下列哪些证据材料在任何情况下均不能作为定案依据？

A. 以偷拍、偷录、窃听等手段获取侵害他人合法权益的证据材料

B. 无法与原件、原物核对的复制件

C. 以欺诈手段获取的证据材料

D. 经一方当事人改动，对方当事人不予认可的证据材料

22. 张某不服省知识产权局作出的行政处罚决定，向省政府申请了行政复议。根据行政诉讼法及相关规定，下列关于行政诉讼起诉期限的说法哪些是正确的？

A. 张某如果不服复议决定，可以在收到复议决定书之日起 15 日内起诉

B. 如果省政府逾期不作决定，张某可以在复议期满之日起 15 日内起诉

C. 张某如果不服复议决定，在起诉期限内发生不可抗力，张某应当自障碍消除之日起 2 个月内起诉

D. 张某如果不服复议决定，在起诉期限内张某因生病无法起诉，可以在痊愈后 10 日内申请延长期限

23. 李某向人民法院提起行政诉讼，受诉人民法院在 7 日内既不立案，又不作出裁定，根据行政诉讼法及相关规定，李某可以如何处理？

A. 向受诉法院院长投诉　　　　　　　　B. 向上一级人民法院投诉
C. 向上一级人民法院起诉　　　　　　　D. 向上一级人民检察院抗诉

24. 张某不服某市知识产权局作出的行政处罚决定，起诉至人民法院，根据行政诉讼法及相关规定，下列说法正确的是？
　　A. 人民法院应当自立案之日起 5 日内，将起诉状副本发送给市知识产权局
　　B. 该市知识产权局应当自收到起诉状副本之日起 10 日内向人民法院提交作出行政行为的证据和所依据的规范性文件
　　C. 如果该市知识产权局不提交答辩状的，不影响人民法院审理
　　D. 人民法院应当自收到市知识产权局的答辩状之日起 5 日内，将答辩状副本发送张某

25. 根据行政诉讼法及相关规定，行政诉讼期间有下列哪些情形的，停止具体行政行为的执行？
　　A. 法律、法规规定停止执行的
　　B. 原告认为需要停止执行的
　　C. 法院认为需要停止执行的
　　D. 原告申请停止执行，人民法院认为该具体行政行为的执行会造成难以弥补的损失，并且停止执行不损害社会公众利益，裁定停止执行的

26. 根据行政诉讼法的规定，下列哪些说法是正确的？
　　A. 人民法院审理行政案件，参照行政法规
　　B. 人民法院审理行政案件，参照地方性法规
　　C. 人民法院审理行政案件，参照省政府制定的规章
　　D. 人民法院审理行政案件，参照市政府制定的规章

27. 根据行政诉讼法及相关规定，下列关于行政诉讼的说法哪些是正确的？
　　A. 对人民法院不予受理的裁定不服的，原告可以提起上诉
　　B. 原告申请撤诉法院不予准许，后经两次合法传唤，原告仍无正当理由拒不到庭的，人民法院可以按撤诉处理
　　C. 被告未经法庭许可中途退庭，人民法院可以缺席判决
　　D. 原告在人民法院对行政案件宣告判决前申请撤诉的，是否准许，由人民法院裁定

28. 根据行政诉讼法及相关规定，裁定可以适用于下列哪些事项？
　　A. 终结诉讼　　　　　　　　　　　　B. 补正裁判文书中的笔误
　　C. 管辖异议　　　　　　　　　　　　D. 诉讼期间停止具体行政行为的执行

29. 根据行政诉讼法及相关规定，某县基层人民法院有特殊情况不能自立案之日起 6 个月内作出第一审行政判决，需要延长期限的，应如何处理？
　　A. 由该基层人民法院院长批准　　　　B. 由上一级中级人民法院批准
　　C. 由其所在省高级人民法院批准　　　D. 由最高人民法院批准

30. 根据行政诉讼法及相关规定，对于下列哪些情况，法院应判决确认违法但不撤销行政行为？
　　A. 被告拖延履行法定职责，判决履行没有意义的
　　B. 被告改变原违法行政行为，原告仍要求确认原行政行为违法的
　　C. 行政行为程序轻微违法，但对原告权利不产生实际影响的
　　D. 行政行为依法应当撤销，但撤销会给国家利益、社会公共利益造成重大损害的

31. 根据行政诉讼法及相关规定，下列关于行政诉讼二审程序的说法哪些是正确的？
　　A. 当事人对一审判决不服均提起上诉的，上诉各方均为上诉人

B. 第一审人民法院作出判决和裁定后，当事人中的一部分人提出上诉，没有提出上诉的其他当事人为被上诉人

C. 第二审人民法院审理上诉案件，仅对原审人民法院的裁判是否合法进行审查

D. 第二审人民法院应当对原审人民法院的判决、裁定和被诉行政行为进行全面审查

32. 县生态环境局以甲公司逾期未完成限期治理任务为由，决定对其加收超标准排污费并处以罚款5万元。甲公司认为决定违法诉至法院，提出赔偿请求。一审法院经审理维持县生态环境局的决定。甲公司提出上诉。下列哪些说法是正确的？

A. 一审法院开庭审理时，如果甲公司未经法庭许可中途退庭，法院应当按撤诉处理

B. 二审法院认为需要改变一审判决的，应同时对县生态环境局的决定作出判决

C. 一审法院如遗漏了甲公司的赔偿请求，二审法院认为不应当赔偿的，应裁定撤销一审判决，发回重审

D. 一审法院如遗漏了甲公司的赔偿请求，二审法院认为不应当赔偿的，应当判决驳回甲公司的行政赔偿请求

33. 根据行政诉讼法及相关规定，下列哪些说法是正确的？

A. 当事人对已经发生法律效力的判决，认为确有错误的，可以向上一级人民法院申请再审

B. 当事人对已经发生法律效力的判决，认为赔偿数额过低的，可以向上一级人民法院申请再审

C. 上级人民法院对下级人民法院已经发生法律效力的判决，发现遗漏诉讼请求的，有权指令再审

D. 上级人民法院对下级人民法院已经发生法律效力的调解书，发现内容违法，有权提审

34. 根据行政诉讼法及相关规定，下列关于审判监督程序的说法哪些是正确的？

A. 省高级人民检察院发现省高级人民法院作出的已经发生法律效力的判决遗漏诉讼请求的，可以向该高级人民法院提出抗诉

B. 市人民检察院发现县基层人民法院作出的已经发生法律效力的判决认定事实的主要证据是伪造的，可以向该法院提出抗诉

C. 市人民检察院发现市中级人民法院作出的已经发生法律效力的判决适用法律法规有错误的，可以向市中级人民法院提出检察建议

D. 县市人民检察院发现县人民法院作出的已经发生法律效力的判决违反法定程序可能影响公正的，可以提请市检察院提出抗诉

35. 根据国家赔偿法的规定，有下列哪些情形的，国家不承担赔偿责任？

A. 行政机关工作人员与行使职权无关的个人行为

B. 因公民、法人和其他组织自己的行为而致使损害发生的

C. 行政机关的行政指导行为

D. 行政机关工作人员假借行政机关的名义违法摊派费用的行为

36. 某县公安局和县税务局共同对李某经营的KTV进行了查封，给其造成了损失。李某认为该查封行为违法，欲要求国家赔偿。根据国家赔偿法及相关规定，下列哪些说法是正确的？

A. 该县公安局和县市场监督管理局为共同赔偿义务机关

B. 该县公安局和县市场监督管理局的共同上级，即县人民政府为赔偿义务机关

C. 李某必须以县公安局和县市场监督管理局为共同赔偿义务机关请求赔偿

D. 李某可以要求县市场监督管理局承担全部赔偿责任

第六章 《著作权法》

一、本章核心考点

本章包含的核心考点如图 6-1 所示。

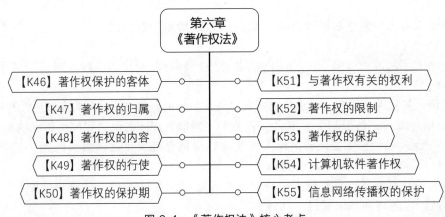

图 6-1 《著作权法》核心考点

二、核心考点分析

【K46】著作权保护的客体

1. 本考点的主要考查角度分析

本考点中包含的关键词有：作品、作品创作完成、独创性、有形形式、文字作品、口述作品、音乐、戏剧、曲艺、舞蹈、杂技、美术、建筑、摄影作品、视听作品、工程设计图、产品设计图、地图、示意图、模型作品、计算机软件、国家各级规范性文件及官方译文、单纯事实消息、历法、通用数表、通用表格、公式。本考点考查角度如图 6-2 所示。

2. 关键词释义

（1）著作权自作品创作完成之日起产生。
（2）国家著作权登记部门是行政机关。是否登记不影响权利本身。
（3）作品：是指文学、艺术和科学领域内具有独创性并能以一定形式表现的智力成果。
（4）难点：美术作品、摄影作品，其原件的展览权为所有权人所享有。

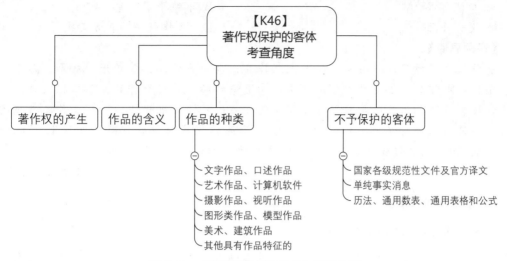

图 6-2 "著作权保护的客体"考查角度

（5）视听作品，包括电影作品、电视作品以及其他视听作品。

（6）图形作品，是指工程设计图、产品设计图、地图、示意图等作品，为职务作品的客体。

（7）国家各级规范性文件包括：法律、法规，国家机关的决议、决定、命令和其他具有立法、行政、司法性质的文件，及其官方正式译文。

3. 典型例题及解析

【例 K46-1】根据著作权法及相关规定，下列哪种说法是正确的？
A. 某 5 岁的幼儿创作的诗歌，其著作权自该幼儿成年之日起产生
B. 某画家创作的美术作品，其著作权自该美术作品创作完成之日起产生
C. 某作家创作的小说，其著作权自该小说首次发表之日起产生
D. 某电影公司拍摄的电影，其著作权自该电影公映之日起产生

【解题思路】

著作权法实施条例中规定，著作权自作品创作完成之日起产生。因此选项 B 正确，选项 A、C、D 均错误。著作权的产生与作者的年龄大小无关，与是否发表无关，与电影是否公开放映无关。
【参考答案】B

【例 K46-2】根据著作权法及相关规定，下列有关作品的说法正确的是？
A. 作品应当具有独创性并能以一定形式表现
B. 文字作品，是指小说、诗词、散文、论文等以文字形式表现的作品
C. 以建筑物或构筑物形式表现的有审美意义的作品为美术作品
D. 通过连续的动作、姿势、表情等表现思想情感的作品属于舞蹈作品

【解题思路】

著作权法中规定，著作权法所称作品，是指文学、艺术和科学领域内具有独创性并能以一定形式表现的智力成果。因此选项 A 正确。根据著作权法实施条例的规定，选项 B、D 均正确，分别为文字作品及舞蹈作品的定义。选项 C 错误，以建筑物或构筑物形式表现的有审美意义的作品为建筑作品。
【参考答案】ABD

【例 K46-3】下列哪些属于著作权法所称的作品？

A. 口述作品 B. 单纯事实消息
C. 视听作品 D.《著作权法》官方英文译文

【解题思路】

著作权法中规定，作品包括：①文字作品；②口述作品；③音乐、戏剧、曲艺、舞蹈、杂技艺术作品；④美术、建筑作品；⑤摄影作品；⑥视听作品；⑦工程设计图、产品设计图、地图、示意图等图形作品和模型作品；⑧计算机软件；⑨符合作品特征的其他智力成果。根据前述规定，选项 A、C 均为著作权法所称的作品。选项 B、D 错误，单纯事实消息、《著作权法》官方英文译文属于著作权法不予保护的对象。

【参考答案】 AC

【K47】著作权的归属

1. 本考点的主要考查角度分析

本考点中包含的关键词有：本国主体、非本国主体、自然人、单位作者、国家著作权登记部门、著作权集体管理组织、改编、翻译、汇编、视听作品、职务作品、合作、委托、自传、原件所有权转移的美术和摄影作品、作者身份不明的作品。本考点考查角度如图 6-3 所示。

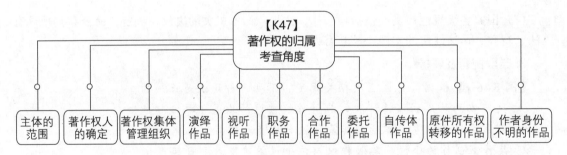

图 6-3 "著作权的归属"考查角度

2. 关键词释义

（1）本国主体，著作权因创造完成而产生。非本国主体，采用对等原则（例如：A 国公民的著作权希望得到我国保护的前提是，我国公民的著作权应当在 A 国得到保护）。

（2）无论职务作品还是非职务作品，通常作者为自然人；单位作者仅限于工作本身是对完成的工作内容本身不承担责任的职务行为。

（3）著作权集体管理组织是非营利性组织，得到著作权人的授权后以自己的身份进行维权。

（4）演绎作品、视听作品通常属于在作品基础上再创作，享有著作权，也不得侵犯作品所有人的著作权。

（5）一般职务作品作者享有著作权，所在单位享有优先使用权；特殊职务作品作者享有署名权（①图形作品作者；②计算机软件作者；③报社、期刊社、通讯社、广播电台、电视台工作人员），其他著作权归单位享有。

（6）合作的著作权共同享有；委托的受托人享有；自传体本人享有；约定优先。

（7）美术、摄影作品原件所有权转移，展览权转移，其他著作权不随之转移。

（8）作者身份不明的，原件所有人享有署名权以外的著作权。

3. 典型例题及解析

【例K47-1】 李某以企业家王某为原型创作了一部小说。在创作过程中，宋某提供了资金，赵某提供了一些咨询意见。根据著作权法及相关规定，下列关于该小说作者的说法哪项是正确的？

A. 李某是作者　　　B. 王某是作者　　　C. 宋某是作者　　　D. 赵某是作者

【解题思路】

著作权法中规定，创作作品的自然人是作者。为他人创作进行组织工作，提供咨询意见、物质条件，或进行其他辅助工作，均不视为创作。本题中李某是小说的创作人，因此是作者。其他选项均不正确。

【参考答案】 A

【例K47-2】 根据著作权法及相关规定，下列哪些说法是正确的？

A. 中国公民的作品不论是否发表，依照著作权法享有著作权
B. 无国籍人的作品以法文在法国出版的，不受我国著作权法的保护
C. 无国籍人的作品首先在中国境内出版的，其著作权自首次出版之日起受保护
D. 外国人的作品在中国境外首先出版后，30日内在中国境内出版的，视为该作品同时在中国境内出版

【解题思路】

著作权法及其实施条例中规定，中国公民、法人或非法人组织的作品，不论是否发表，依照本法享有著作权。因此选项A正确。外国人、无国籍人的作品根据其作者所属国或经常居住地国同中国签订的协议或共同参加的国际条约享有的著作权，受本法保护。中国和法国都是《保护文学和艺术作品伯尔尼公约》的成员国，因此无国籍人在法国出版作品受法国保护，也受我国保护。因此选项B错误。首先在中国境内出版的外国人、无国籍人的作品，其著作权自首次出版之日起受保护；在中国境外首先出版后，30日内在中国境内出版的，视为该作品同时在中国境内出版。因此选项C、D均正确。

【参考答案】 ACD

【例K47-3】 下列关于著作权集体管理组织的描述正确的是？

A. 著作权人可以授权著作权集体管理组织行使著作权
B. 依法设立的著作权集体管理组织是营利法人
C. 著作权集体管理组织被授权后，可以以自己的名义为著作权人主张权利
D. 著作权集体管理组织有权以自己的名义向使用者收取使用费

【解题思路】

根据著作权法中规定，著作权人可以授权著作权集体管理组织行使著作权。依法设立的著作权集体管理组织是非营利法人，被授权后，可以以自己的名义为著作权人主张权利，并可以作为当事人进行涉及著作权的诉讼、仲裁、调解活动。著作权集体管理组织根据授权向使用者收取使用费。因此选项A、C、D均正确。选项B错误，著作权集体管理组织是非营利法人。

【参考答案】 ACD

【例K47-4】 红星小学计划将本年度向小学生们普及知识产权基础知识，将指导小学生成为小小发明家的工作经验总结上报给区教育局。李老师承担了总结报告的撰写任务。根据著作权法及相关规定，下列哪种说法是正确的？

A. 红星小学视为该总结报告的作者
B. 该总结报告的作者是李老师，该总结报告的著作权人是红星小学

C. 该总结报告的署名权由李老师享有,该总结报告的复制权由红星小学享有

D. 该总结报告的著作权由李老师享有

【解题思路】

著作权法中规定,由法人或非法人组织主持,代表法人或非法人组织意志创作,并由法人或非法人组织承担责任的作品,法人或非法人组织视为作者。本题中李老师是代表学校完成总结报告,是由学校主持并承担责任的,因此红星小学视为该总结报告的著作权人。选项A正确,其他选项均错误。

【参考答案】A

【例K47-5】根据著作权法的规定,下列说法正确的是?

A. 汇编作品的著作权由汇编人和原作品的著作权人共同享有

B. 视听作品中的剧本作者有权单独行使其著作权

C. 合同未作明确约定或没有订立合同的,受委托创作的作品的著作权属于委托人

D. 摄影作品原件所有权的转移,视为作品著作权的转移

【解题思路】

著作权法中规定,汇编作品著作权由汇编人享有,但行使著作权时,不得侵犯原作品的著作权。因此选项A错误,原作品著作权人不享有汇编作品的著作权。选项B正确,视听作品中的剧本、音乐等可以单独使用的作品的作者有权单独行使其著作权。选项C错误,受委托创作的作品,没有约定的,著作权属于受托人。选项D错误,作品原件所有权的转移,不改变作品著作权的归属,但美术、摄影作品原件的展览权由原件所有人享有。

【参考答案】B

【例K47-6】知名网络作家佳佳于2019年3月5日创作完成小说《寒冬》,随后于2019年5月3日在某网站发表。岳岳受甲公司委托将《寒冬》改编成剧本并拍摄成电视剧,由导演胡某执导,影星王某和赵某担任主演,张某为制片者。下列选项中正确的是?

A. 佳佳从2019年5月3日起对小说享有著作权

B. 岳岳对剧本《寒冬》享有著作权

C. 电视剧《寒冬》的著作权人为胡某

D. 甲公司将该剧本拍成电视剧应当取得佳佳和岳岳的许可并支付报酬

【解题思路】

著作权自作品创作完成之日起产生。因此选项A错误,佳佳自其创作完成之日即2019年3月5日起享有著作权。改编、翻译、注释、整理已有作品而产生的作品,其著作权由改编、翻译、注释、整理人享有,但行使著作权时不得侵犯原作品的著作权。因此选项B正确,岳岳对剧本《寒冬》享有著作权,其行使著作权不得侵犯佳佳的权利。选项C错误,视听作品中的电影作品、电视剧作品的著作权由制作者享有。因此电视剧的著作权人为张某,而不是导演胡某。选项D正确,甲公司将该剧本拍成电视剧应取得演绎作品著作权人、原作品作者许可并支付报酬。

【参考答案】BD

【例K47-7】下列选项中,对职务作品的描述正确的是?

A. 甲记者为其所在报社撰写的人物专访,著作权人为该报社

B. 乙记者为其所在的电视台在冬奥会现场做的直播报道,著作权人为该电视台

C. 丙大学李教授应《读者》杂志邀请撰写的评论文章,著作权人为该杂志社

D. 丁公司程序员赵某编写的计算机程序属于完成自己的本职工作,著作权人为丁公司

【解题思路】

著作权法中规定，特殊职务作品，作者享有署名权，著作权的其他权利由法人或非法人组织享有，法人或非法人组织可以给予作者奖励，包括：①主要是利用法人或非法人组织的物质技术条件创作，并由法人或非法人组织承担责任的工程设计图、产品设计图、地图、示意图、计算机软件等职务作品；②报社、期刊社、通讯社、广播电台、电视台的工作人员创作的职务作品。选项A中甲记者撰写的人物专访、选项B中乙记者所做的直播报道、选项D中赵某编写的计算机程序均属于特殊职务作品，著作权人分别为报社、电视台和丁公司，甲记者、乙记者和赵某享有署名权，选项A、B、D均正确。选项C中李教授撰写的评论文章，不属于职务作品，李教授为著作权人，选项C错误。

【参考答案】ABD

【例K47-8】赵某和章某合作创作了一部不可分割使用的小说《绿水青山》。甲出版社与赵某联系欲出版该小说，章某表示坚决反对，两人不能协商一致。下列说法正确的是？

A. 赵某和章某为该小说的合作作者，共同享有著作权
B. 因为章某不同意，故赵某不能许可甲出版社出版该小说
C. 赵某可以许可甲出版社出版该小说，但由此所得收益应分配给章某
D. 赵某有权转让该小说，但要将所得的收益分配给章某

【解题思路】

著作权法中规定，两人以上合作创作的作品，著作权由合作作者共同享有。选项A正确，赵某和章某为共同著作权人。选项B错误，选项C正确，在与章某不能协商一致的情况下，赵某可以出版该小说，但所获得的收益应当与章某进行合理的分配。选项D错误，在共有权人不能协商一致的情况下，部分共有人不得行使转让、许可他人专有使用、出质这样的处分权利。

【参考答案】AC

【例K47-9】李某创作了一幅国画，以30万元的价格卖给王某并交付了画作。根据著作权法及相关规定，下列哪些说法是正确的？

A. 王某取得该幅国画的所有权
B. 王某有权许可出版社出版该幅国画
C. 王某有权将该幅国画进行巡回展出
D. 王某有权复制该幅国画并售卖

【解题思路】

著作权法中规定，作品原件所有权的转移，不改变作品著作权的归属，但美术、摄影作品原件的展览权由原件所有人享有。本题中李某将国画卖给王某，转移了所有权，同时转移了原件的展览权，但其他著作权并未转移，因此选项A、C均正确，选项B、D均错误。

【参考答案】AC

【K48】著作权的内容

1. 本考点的主要考查角度分析

本考点中包含的关键词有：人身权、发表权、署名权、修改权、保护作品完整权、财产权、复制权、发行权、出租权、展览权、表演权、放映权、广播权、摄制权、信息网络传播权、改编权、翻译权、汇编权。本考点考查角度如图6-4所示。

2. 关键词释义

（1）发表权是人身权；发行权是财产权。发表权是将作品公之于众；发行权是批量复制、印刷，进行传播。

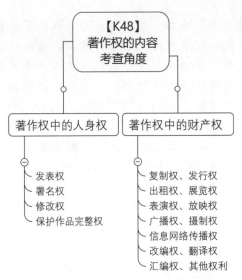

图 6-4 "著作权的内容"考查角度

(2) 有出租权的作品：视听作品、计算机软件、录音录像制品。

(3) 展览权：美术、摄影作品的展览权随着原件的转移而转移。

(4) 广播权的实施：听众、观众只能被动接收节目信息；信息网络传播权：网络用户可以自行选择收听收看的时间、方式。

(5) 著作权人享有表演权、改编权、翻译权、汇编权。他人实施表演权、改编权、翻译权、汇编权的，需经著作权人许可并支付报酬。

3. 典型例题及解析

【例 K48-1】根据著作权法的规定，下列哪些说法是正确的？

A. 署名权是表明作者身份，在作品上署名的权利

B. 作者死亡后，署名权由其继承人继承

C. 修改权是修改或授权他人修改作品的权利

D. 作者死亡后，有继承人的，修改权由其继承人保护

【解题思路】

著作权法中规定，署名权，即表明作者身份，在作品上署名的权利。修改权，即修改或授权他人修改作品的权利。因此选项 A、C 均正确。选项 B 错误，选项 D 正确，作者死亡后，其著作权中的署名权、修改权和保护作品完整权由作者的继承人保护，而不是继承。继承仅限于对财产权的继承。 【参考答案】ACD

【例 K48-2】根据著作权法及相关规定，著作权人对其下列哪些作品享有出租权？

A. 电影作品　　　B. 电视剧作品　　　C. 美术作品　　　D. 文字作品

【解题思路】

著作权法中规定，出租权，即有偿许可他人临时使用视听作品、计算机软件原件或复制件的权利，计算机软件不是出租的主要标的的除外。因此选项 A、B 中的电影作品、电视剧作品属于视听作品，享有出租权。选项 C、D 中的美术作品、文字作品不享有出租权。 【参考答案】AB

【例 K48-3】根据著作权法及相关规定，展览权包括哪些内容？

A. 公开陈列美术作品的原件的权利 B. 公开陈列摄影作品的原件的权利
C. 公开陈列美术作品的复制件的权利 D. 公开播放音乐作品的复制件的权利

【解题思路】

著作权法中规定,展览权,即公开陈列美术作品、摄影作品的原件或复制件的权利。因此选项 A、B、C 均正确,选项 D 错误,音乐作品不享有展览权。

【参考答案】ABC

【例 K48-4】根据著作权法及相关规定,下列哪项属于著作权中的财产权?

A. 决定作品是否公之于众的权利
B. 保护作品不受歪曲、篡改的权利
C. 以出售方式向公众提供作品的原件的权利
D. 以摄制视听作品的方法将作品固定在载体上的权利

【解题思路】

著作权法中规定,发表权,即决定作品是否公之于众的权利。保护作品完整权,即保护作品不受歪曲、篡改的权利。因此选项 A 为发表权,选项 B 为保护作品完整权,均属于著作权中的人身权。发行权,即以出售或赠与方式向公众提供作品的原件或复制件的权利。摄制权,即以摄制视听作品的方法将作品固定在载体上的权利。因此选项 C 为发行权,选项 D 为摄制权,均属于著作权中的财产权。

【参考答案】CD

【例 K48-5】甲网络平台公司未经歌手乙的许可,将其最新发行的一首歌曲上传到其网站,供在线播放和下载。根据著作权法及相关规定,甲网络平台公司的行为侵犯了乙的下列哪项权利?

A. 发表权 B. 表演权
C. 广播权 D. 信息网络传播权

【解题思路】

著作权法中规定,信息网络传播权,即以有线或无线方式向公众提供作品,使公众可以在其选定的时间和地点获得作品的权利。本题中甲网络平台公司未经乙的同意,将其演唱的歌曲上传到其网站,供在线播放和下载,使公众可以在其选定的时间和地点获得作品,因此侵犯了乙的信息网络传播权。故选项 D 正确,其他选项均错误。

【参考答案】D

【K49】著作权的行使

1. 本考点的主要考查角度分析

本考点中包含的关键词有:许可、质权、转让、登记、备案。本考点考查角度如图 6-5 所示。

2. 关键词释义

(1)著作权人应当与被许可人订立许可合同,载明许可范围、期间、报酬等事项。共有权利人不得无故阻碍其他权利人实施著作权。

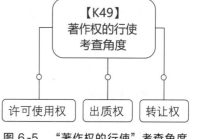

图 6-5 "著作权的行使"考查角度

(2)著作权是无形知识产权,其质押需订立书面合同,并办理登记手续。著作权的质押自登记之日设立。

(3)著作权转让属于对权利的处分,应当订立书面合同,并取得全体共有人的同意。

3. 典型例题及解析

【例K49-1】根据著作权法及相关规定，著作权许可使用合同包括下列哪些内容？

A. 许可使用的权利种类
B. 许可使用的权利是专有使用权或非专有使用权
C. 许可使用的地域范围、期间
D. 违约责任

【解题思路】

著作权法中规定，许可使用合同包括的主要内容为：①许可使用的权利种类；②许可使用的权利是专有使用权或非专有使用权；③许可使用的地域范围、期间；④付酬标准和办法；⑤违约责任；⑥双方认为需要约定的其他内容。因此选项A、B、C、D所述均为许可合同中应当包含的内容。

【参考答案】ABCD

【例K49-2】根据著作权法及相关规定，以著作权出质的，由出质人和质权人向下列哪个部门办理出质登记？

A. 国务院著作权行政管理部门　　B. 国务院市场监督管理部门
C. 省级人民政府著作权行政管理部门　　D. 著作权集体管理组织

【解题思路】

著作权法中规定，以著作权中的财产权出质的，由出质人和质权人依法办理出质登记。因此以著作权出质的，应当依法办理出质手续。我国接受办理著作权出质登记的为国家著作权行政管理部门，选项A正确，其他选项均错误。

【参考答案】A

【例K49-3】关于著作权的许可使用和转让，下列哪些说法是正确的？

A. 著作权人可以转让其著作权中的发表权和修改权
B. 著作权转让合同应当采用书面形式
C. 与著作权人订立著作权转让合同的，可以向著作权行政管理部门备案
D. 职务作品的著作权由作者享有的，作品完成两年内，未经单位同意，作者不得许可第三人以与单位使用的相同方式使用该作品

【解题思路】

著作权法及其实施条例中规定，转让著作权财产权的，应当订立书面合同。因此选项A错误，著作权转让仅限于财产权转让，发表权和修改权为人身权，不得转让。选项B正确，转让合同应当采用书面形式。选项C正确，与著作权人订立专有许可使用合同、转让合同的，可以向著作权行政管理部门备案。选项D正确，对于一般职务作品，作品完成两年内，未经单位同意，作者不得许可第三人以与单位使用的相同方式使用该作品。

【参考答案】BCD

【K50】著作权的保护期

1. 本考点的主要考查角度分析

本考点中包含的关键词有：不受限制、作者终身及死亡后、12月31日、创作完成后、首次发表后、身份不明。本考点考查角度如图6-6所示。

2. 关键词释义

（1）自然人：①署名权、修改权、保护作品完整权：不受限制；②发表权＋财产权：作者终生＋死后的第50年的12月31日。

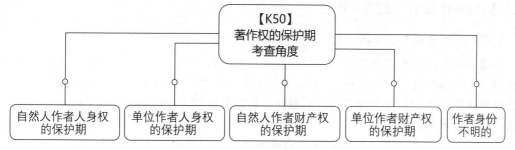

图 6-6 "著作权的保护期"考查角度

(2) 单位作者、职务作品：①发表权：创作完成后的第 50 年的 12 月 31 日。②财产权：首次发表后的第 50 年的 12 月 31 日。

(3) 视听作品：①发表权：创作完成后的第 50 年的 12 月 31 日。②财产权：首次发表后的第 50 年的 12 月 31 日。

(4) 作者身份不明的财产权：首次发表后的第 50 年的 12 月 31 日。

3. 典型例题及解析

【例 K50-1】章某于 2007 年 3 月 23 日创作完成了一部小说，2010 年 6 月 8 日章某去世。根据著作权法及相关规定，关于该小说著作权的保护期限，下列哪些说法是正确的？

A. 发表权的保护期截止于 2060 年 12 月 31 日

B. 发行权的保护期截止于 2060 年 6 月 8 日

C. 署名权的保护期不受限制

D. 保护作品完整权的保护期截止于 2060 年 12 月 31 日

【解题思路】

著作权法中规定，作者的署名权、修改权、保护作品完整权的保护期不受限制。自然人的作品，其发表权及财产权的保护期为作者终生及其死亡后 50 年，截止于作者死亡后第 50 年的 12 月 31 日。本题中章某的三项人身权保护期限不受限制；由于章某于 2010 年去世，因此其发表权及财产权的保护期限为 2060 年 12 月 31 日，选项 A 正确，选项 B 错误，保护期限的最后一天与去世日期无关，均为最后一年的 12 月 31 日。选项 C 正确，选项 D 错误，保护作品完整权为人身权，其保护期不受限制。【参考答案】AC

【例 K50-2】根据著作权法的规定，下列哪些作品发表后，其著作权的保护期截止于作品首次发表后的第 50 年的 12 月 31 日？

A. 自然人作品的展览权 B. 法人作品的发表权

C. 视听作品的出租权 D. 非法人组织作品的复制权

【解题思路】

著作权法中规定，自然人作品的财产权的保护期为作者终生及其死亡后 50 年，截止于作者死亡后第 50 年的 12 月 31 日，因此选项 A 不符合题意。法人或非法人组织的作品的发表权的保护期截止于作品创作完成后第 50 年的 12 月 31 日；财产权的保护期截止于作品首次发表后第 50 年的 12 月 31 日，因此选项 B 中法人作品的发表权保护期限截止于创作完成后的第 50 年的 12 月 31 日，不符合题意。选项 C 中视听作品的出租权属于财产权，其保护期限截止于首次发表后的第 50 年的 12 月 31 日，符合题意。选项 D 中非法人组织作品的复制权为其财产权，其保护期截止于首次发表后的第 50 年的 12 月 31 日，符合题意。

【参考答案】CD

【K51】与著作权有关的权利

1. 本考点的主要考查角度分析

本考点中包含的关键词有：①出版：报社、期刊社、15日、30日、报刊转载、文字性修改删节、内容修改、版式设计、10年。②表演：表明表演者身份、保护表演形象不受歪曲、许可现场直播、许可复制/发行/出租录有其表演的录音录像制品、信息网络传播权、职务表演、不受限制、表演发生后。③录音录像。④广播电台电视台：已发表、未发表、有线或无线方式转播、录制以及复制、通过信息网络向公众传播、播放视听作品、播放录像制品。本考点考查角度如图6-7所示。

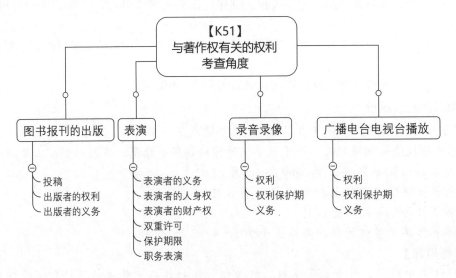

图6-7 "与著作权有关的权利"考查角度

2. 关键词释义

（1）投稿：报社15日内不通知决定刊登，期刊社30日内不通知决定刊登的，作者可以另投稿其他报社、期刊社。报社、期刊社可以对作品作文字性修改、删节；对内容的修改，应当经作者许可。

（2）同行转载：除作者有另外声明外，作品刊登后，其他报刊可以不经著作权人同意转载，但需要支付报酬（法定许可1）。

（3）版式设计保护期为10年，截止于首次出版后第10年的12月31日。

（4）表演者：使用他人作品演出，表演者应当取得著作权人许可，并支付报酬。

（5）表演者的权利：①人身权：表明表演者身份、保护表演形象不受歪曲，保护期不受限制。②财产权：许可他人现场直播、许可他人复制/发行/出租录有其表演的录音录像制品、许可他人通过信息网络传播，有权获得报酬；财产权保护期：表演发生后的第50年的12月31日。

（6）职务表演：表演者的权利由演员享有的，演出单位可以在其业务范围内免费使用。

（7）单层许可：①使用著作权人的作品制作录音录像制品需经许可并支付报酬；②使用他人已经合法录制为录音制品的音乐作品制作录音制品无需经许可但支付报酬（法定许可2）；③将表演制作为录音录像制品的，需经表演者B许可（签合同）并支付报酬。

(8) 录音录像制作者 C 的财产权：许可他人复制、发行、出租、通过信息网络向公众传播并获得报酬的权利；权利的保护期截止于该制品首次制作完成后第 50 年的 12 月 31 日。

(9) 多层许可：录音录像制作者 C 许可他人 D 复制、发行、通过信息网络向公众传播其录音录像制品，被许可人 D 应当同时取得著作权人 A、表演者 B 许可，并支付报酬；被许可人 D 出租录音录像制品，还应当取得表演者 B 的许可，并支付报酬。

(10) 对录音制作者的限制：将录音制品用于有线、无线等公开传播，不需要经过录音制品作者的许可但应当支付报酬（法定许可 3）。

(11) 广播电台、电视台播放他人未发表的作品，应获得著作权人许可并支付报酬；播放他人已发表的作品，可以不经著作权人许可，但应当按照规定支付报酬（法定许可 4）。

(12) 广播电台、电视台对其播放的节目拥有的权利：①有权禁止有线或无线方式转播；②有权禁止录制以及复制；③有权禁止通过信息网络向公众传播。权利保护期截止于该广播、电视首次播放后第 50 年的 12 月 31 日。

(13) 电视台播放他人的视听作品，应当取得视听作品著作权人的许可（单层许可），并支付报酬。电视台播放他人的录像制品，应当取得录像制作者和原著作权人的许可（双层许可），并支付报酬。

3. 典型例题及解析

【例 K51-1】 我国著作权规定的与著作权有关的权利主体有？

A. 出版者　　　　　　　　　　　　　B. 表演者
C. 录音录像制作者　　　　　　　　　D. 广播电台、电视台

【解题思路】

著作权法中规定的与著作权有关的权利主体包括出版者、表演者、录音录像制作者、广播电台电视台，因此选项 A、B、C、D 均正确。　　　　**【参考答案】** ABCD

【例 K51-2】 李某授权甲出版社出版其编著的专利申请基础知识图书。根据著作权法及相关规定，下列说法正确的是？

A. 出版过程中，该出版社对图书进行修改、删节，需经李某的同意
B. 甲出版社重印、再版该图书的，不需要通知李某，但需要支付报酬
C. 图书脱销后，甲出版社拒绝重印的，李某有权终止合同
D. 该图书首次出版后 10 年内，甲出版社有权禁止他人使用其出版的该图书的版式设计

【解题思路】

著作权法中规定，图书出版者经作者许可，可以对作品修改、删节。因此选项 A 正确。选项 B 错误，出版社重印、再版的，需经著作权人同意，并支付报酬。选项 C 正确，图书脱销后出版社不得拒绝重印，否则著作权人可以终止合同，授权其他出版社出版。选项 D 正确，版式设计的保护期限为 10 年，截止于首次出版后的第 10 年的 12 月 31 日。　　　　**【参考答案】** ACD

【例 K51-3】 张某在甲报刊发表了一篇专利检索技巧分享的文章，未作任何不许使用的声明。根据著作权法及相关规定，下列哪种说法是正确的？

A. 其他报刊希望转载该文章的，需经甲报刊的同意，并向张某支付报酬
B. 其他报刊希望转载该文章的，需经张某的同意，但不需要支付报酬
C. 其他报刊希望转载该文章的，需经张某的同意，并向张某支付报酬
D. 其他报刊希望转载该文章的，不需要经过张某的同意，但需要向张某支付报酬

【解题思路】

著作权法中规定，作品刊登后，除著作权人声明不得转载、摘编的外，其他报刊可以转载或作为文摘、资料刊登，但应当按照规定向著作权人支付报酬。因此选项 D 正确，此属于法定许可的情形。其他选项均错误。 【参考答案】D

【例 K51-4】根据著作权法及相关规定，下列属于表演者对其表演所享有的权利的是？

A. 表明表演者身份

B. 许可他人录音录像，并获得报酬

C. 许可他人出租录有表演者表演的录音录像制品，并获得报酬

D. 许可他人通过信息网络向公众传播其表演，并获得报酬

【解题思路】

根据著作权法的规定，选项 A 中的表明表演者身份为表演者享有的一种人身权。选项 B、C、D 中的许可他人录音录像、许可他人出租录有表演者表演的录音录像制品、许可他人通过信息网络向公众传播其表演，并获得报酬，属于表演者的财产权，因此选项 A、B、C、D 均属于表演者所享有的权利。 【参考答案】ABCD

【例 K51-5】根据著作权法及相关规定，下列哪些说法是正确的？

A. 录音录像制作者使用他人作品制作录音录像制品，应当取得著作权人许可，并支付报酬

B. 录音制作者使用他人已经合法录制为录音制品的音乐作品制作录音制品，可以不经著作权人许可，且无需支付报酬

C. 经录音录像制作者许可通过信息网络传播录音录像制品的被许可人，还需要经过原著作权人、表演者的许可并支付报酬

D. 将录音制品通过无线进行传播的，可以不经录音制作者的许可，且无需支付报酬

【解题思路】

著作权法中规定，使用他人作品制作录音录像制品的，应当取得著作权人许可，并支付报酬，因此选项 A 正确。选项 B 错误，使用他人已经合法录制为录音制品的音乐作品制作录音制品的，可以不经著作权人许可，但应当按照规定支付报酬。选项 C 正确，此为通过信息网络传播录音录像制品的被许可人，需要经过三重许可：录音录像制作者、原著作权人、表演者。选项 D 错误，将录音制品通过无线进行传播的，可以不经录音制作者的许可，但应当支付报酬。 【参考答案】AC

【例 K51-6】根据著作权法及相关规定，下列哪些说法是正确的？

A. 广播电台播放他人未发表的作品的，应当经著作权人许可，并支付报酬

B. 广播电台播放他人已经发表的作品的，可以不经著作权人许可，但应当支付报酬

C. 电视台播放他人录像制品的，应当经录像制作者和著作权人许可，并支付报酬

D. 电视台播放他人视听作品的，应当取得著作权人的许可，并支付报酬

【解题思路】

著作权法中规定，广播电台、电视台播放他人未发表的作品，应当取得著作权人许可，并支付报酬。广播电台、电视台播放已发表的作品，可以不经著作权人许可，但应当按照规定支付报酬。电视台播放他人的视听作品、录像制品，应当取得视听作品著作权人或录像制作者许可，并支付报酬；播放他人的录像制品，还应当取得著作权人许可，并支付报酬。因此选项 A、B、C、D 均正确。 【参考答案】ABCD

【例 K51-7】根据著作权法及相关规定，关于与著作权有关的权利的保护期限，下列说法哪些是正确的？

A. 出版者对其出版的图书的版式设计享有禁止他人使用的权利，保护期限为 50 年，截止于该图书首次出版后第 50 年的 12 月 31 日

B. 表演者对其表演享有的权利，保护期限为 50 年，截止于该表演发生后第 50 年的 12 月 31 日

C. 录音录像制作者对其制作的录音录像制品享有许可他人出租的权利，保护期限为 50 年，截止于该制品首次制作完成后第 50 年的 12 月 31 日

D. 电视台对其播放的电视节目享有禁止将其播放的电视进行录制的权利，保护期限为 50 年，截止于该节目首次播放后第 50 年的 12 月 31 日

【解题思路】

著作权法中定，出版者有权许可或禁止他人使用其出版的图书、期刊的版式设计，该权利的保护期为 10 年，截止于使用该版式设计的图书、期刊首次出版后第 10 年的 12 月 31 日。因此选项 A 错误。选项 B 错误，表演者对其表演既享有人身权也享有财产权。表演者享有的人身权的保护期不受限制，享有的财产权保护期截止于该表演发生后第 50 年的 12 月 31 日。选项 C 正确，录音录像制作者对其制作的录音录像制品享有许可他人复制、发行、出租、通过信息网络向公众传播并获得报酬的权利，保护期截止于该制品首次制作完成后第 50 年的 12 月 31 日。选项 D 正确，电视台对其播放的电视节目享有禁止将其播放的电视进行录制的权利，保护期限截止于该节目首次播放后第 50 年的 12 月 31 日。

【参考答案】CD

【K52】著作权的限制

1. 本考点的主要考查角度分析

本考点中包含的关键词有：不经许可不支付报酬、已发表、个人、适当引用、不可避免地再现或引用、关于政治/经济/宗教问题的时事性文章、在公众集会上发表的讲话、少量复制、供教学或科研人员使用、国家机关为执行公务、为陈列或保存版本的需要、在公共场所的艺术作品、翻译成少数民族语言文字作品、阅读障碍者能够感知的无障碍方式、实施义务教育和国家教育规划、编写出版教科书。本考点考查角度如图 6-8 所示。

图 6-8 "著作权的限制"考查角度

2. 关键词释义

（1）能够合理使用的共同前提条件为"已发表"的作品；合理使用意味着"不经著作权人的许可且不向其支付报酬"。

（2）发生合理使用的情形，基本上不影响权利人实施著作权能够获得的经济效益：非营利目的、小范围、让位于大利益、公益性。

（3）法定许可：仅限于"为实施义务教育和国家教育规划而编写出版教科书"而使用，限制的仅仅是著作权人的许可权，不影响经济效益。

3. 典型例题及解析

【例 K52-1】下列选项中可以不经著作权人许可，不向其支付报酬的是？

A. 李某为介绍某一作品，在其作品中大量引用他人未发表的作品
B. 某纪念馆为保存版本的需要，复制其收藏的王某画作
C. 某出版社为编写出版大学教科书，在教科书中汇编赵某已经发表的单幅摄影作品
D. 甲刊物转载章某在乙刊物上发表的一篇论文，章某未声明不得转载

【解题思路】
著作权法中规定了构成合理使用的多种情形，其中选项A与合理使用的基本前提"已发表"的作品不符合，因此李某应当经过著作权人的许可并支付报酬。选项B所述与"纪念馆等为陈列或者保存版本的需要，复制本馆收藏的作品"规定一致，符合合理使用的条件，当选。选项C不属于合理使用的任一种情形。选项D中刊物之间的转载，可以不经著作权人许可但要支付报酬，因此选项D不符合题意。　　　【参考答案】B

【例K52-2】在下列哪些情况下使用作品，可以不经著作权人许可，并且不向其支付报酬？
A. 将已发表的作品以阅读障碍者能够感知的无障碍方式向其提供
B. 免费表演已发表的作品，该表演未向公众收取费用，也未向表演者支付费用，且不以营利为目的
C. 将已发表的少数民族语言文字作品翻译成汉语言文字作品出版
D. 国家机关为执行公务在合理范围内使用已发表的作品

【解题思路】
根据著作权法关于合理使用的规定，选项A所述符合"以阅读障碍者能够感知的无障碍方式向其提供已经发表的作品"的情形，当选。选项B所述属于"免费表演已经发表的作品，该表演未向公众收取费用，也未向表演者支付报酬，且不以营利为目的"的情形，当选。选项C所述没有完全满足"将中国公民、法人或者非法人组织已经发表的以国家通用语言文字创作的作品翻译成少数民族语言文字作品在国内出版发行"的条件，不当选。选项D所述属于"国家机关为执行公务在合理范围内使用已经发表的作品"的情形，当选。　【参考答案】ABD

【例K52-3】根据著作权法及相关规定，为实施九年制义务教育和国家教育规划而编写出版教科书，在满足下列哪些条件的情况下，可以不经著作权人许可，在教科书中汇编其已发表的小说片段？
A. 作者未事先声明不许使用其作品
B. 按照规定支付报酬
C. 指明作者姓名、作品名称
D. 没有侵犯著作权人依照著作权法享有的其他权利

【解题思路】
著作权法中规定，为实施九年制义务教育和国家教育规划而编写出版教科书，可以不经著作权人许可，在教科书中汇编已经发表的作品片段或短小的文字作品、音乐作品或单幅的美术作品、摄影作品、图形作品，但应当按照规定向著作权人支付报酬，指明作者姓名或名称、作品名称，并且不得侵犯著作权人依照著作权法享有的其他权利。因此选项A、B、C、D中指出的条件均应当满足。　　　【参考答案】ABCD

【K53】著作权的保护

1. 本考点的主要考查角度分析

本考点中包含的关键词有：技术措施、故意避开或破坏、装置或部件、技术服务、学校

课堂教学或科学研究、无障碍方式、国家机关、安全性能测试、加密研究、反向工程；删除或改变权利管理信息、故意向公众提供。本考点考查角度如图6-9所示。

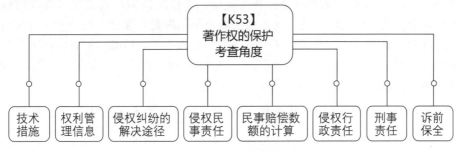

图6-9 "著作权的保护"考查角度

2. 关键词释义

（1）技术措施：①实施故意避开或破坏技术措施的行为；②向他人提供用于实现避开或破坏技术措施的装置或部件（制造、进口、向公众提供）；③故意为他人避开或破坏技术措施提供技术服务。

（2）合理避开技术措施：①为学校课堂教学或科学研究；②非营利目的为阅读障碍者以无障碍方式提供；③国家机关执行公务；④进行安全性能测试；⑤进行加密研究或反向工程。

（3）删除或改变权利管理信息：①实施该行为：作品、版式设计、表演、录音录像制品或广播、电视上的；②故意向公众提供删除或改变权利管理信息后的作品、版式设计、表演、录音录像制品或广播、电视节目。

（4）侵权民事责任：停止侵害、消除影响、赔礼道歉、赔偿损失等。

（5）民事侵权行为：①受害人包括著作权人、表演者、录音录像制作者、出版者；②主观方面是未经受害人许可；③行为方式包括发表、署名、歪曲、篡改、剽窃、使用、不付费、出租、现场直播、录制等。

（6）民事赔偿数额计算：①按照权利人因此受到的实际损失或侵权人的违法所得；②前两种均无法确定，则参照该权利使用费；③前三种均无法确定，则法定赔偿500元至500万元；④均应包括合理开支；⑤故意侵权情节严重的，加惩罚性赔偿（前①②计算数额的1～5倍）。

（7）侵权行政责任：责令停止侵权行为，警告，没收违法所得，没收、无害化销毁处理侵权复制品以及主要用于制作侵权复制品的材料等，行政罚款（1～5倍、25万元以下）。

（8）侵权行为：①侵权行为同时损害社会公共利益。②受害人包括著作权人、出版者、表演者、录音录像制作者、广播电台电视台。③主观方面是未经受害人许可。④行为方式包括：复制、发行、表演、放映、广播、汇编、通过信息网络向公众传播作品；出版他人出版的图书；复制、发行录有表演者表演的录音录像制品，或通过信息网络向公众传播；复制、发行、通过信息网络向公众传播录音录像制作者制作的录音录像制品；播放、复制或通过信息网络向公众传播广播、电视；故意避开或破坏技术措施，故意制造、进口或向他人提供主要用于避开、破坏技术措施的装置或部件，故意为他人避开或破坏技术措施提供技术服务；故意删除或改变权利管理信息，知道或应当知道被删除或改变权利管理信息仍然向公众提供的；制作、出售假冒他人署名的作品。

（9）侵权刑事责任：3年以下、3年以上10年以下有期徒刑，并处或单处罚金。

(10) 刑事责任：①侵犯著作权罪：实施了同时损害社会公共利益的行为且违法所得数额较大或有其他严重情节；②销售侵权复制品罪。

(11) 诉前保全：①诉前财产保全或行为保全：有证据证明他人正在实施或即将实施侵犯其权利、妨碍其实现权利的行为，向人民法院申请采取财产保全、责令作出一定行为或禁止作出一定行为等措施。②诉前证据保全：证据可能灭失或以后难以取得、向人民法院申请保全证据。

3. 典型例题及解析

【例 K53-1】 根据著作权法及相关规定，下列属于需要承担法律责任的破坏、规避技术措施的行为的是？

A. 对附加在作品之上的技术措施进行破坏
B. 销售可以破解技术措施的部件
C. 向公众提供破坏技术措施的有关装置
D. 为他人提供规避技术措施的技术服务

【解题思路】

著作权法中规定，未经权利人许可，任何组织或个人不得故意避开或破坏技术措施，不得以避开或破坏技术措施为目的制造、进口或向公众提供有关装置或部件，不得故意为他人避开或破坏技术措施提供技术服务。但是，法律、行政法规规定可以避开的情形除外。因此选项 A、B、C、D 中的行为均属于需要承担法律责任的情形。

【参考答案】 ABCD

【例 K53-2】 根据著作权法及相关规定，下列属于侵犯著作权应当承担的民事责任的是？

A. 停止侵害　　B. 赔偿损失　　C. 罚款　　D. 赔礼道歉

【解题思路】

著作权法中规定，承担民事责任的方式包括停止侵害、消除影响、赔礼道歉、赔偿损失等。因此选项 A、B、D 所述均为民事责任承担方式，选项 C 中的罚款为行政责任承担方式。

【参考答案】 ABD

【例 K53-3】 甲公司侵犯乙公司的著作权，乙公司因此遭受到的实际损失为 100 万元，甲公司因侵权行为取得违法所得为 150 万元，乙公司为制止侵权行为所支付的合理开支为 10 万元。根据著作权法及相关规定，乙公司可以主张甲公司的赔偿数额是多少？

A. 100 万元　　B. 110 万元　　C. 150 万元　　D. 160 万元

【解题思路】

著作权法中规定，侵犯著作权或与著作权有关的权利的，侵权人应当按照权利人因此受到的实际损失或侵权人的违法所得给予赔偿。赔偿数额还应当包括权利人为制止侵权行为所支付的合理开支。本题中，在乙公司遭受的实际损失和甲公司因侵权获得的利益均能够确定时，二者均可以作为确定赔偿的数额，因此，考虑到乙公司为制止侵权行为所支付的合理开支 10 万元，乙公司既可以主张侵权赔偿额 110 万元（自己损失＋合理开支），也可以主张侵权赔偿额 160 万元（对方获利＋合理开支）。因此选项 B、D 均正确，选项 A、C 均错误。

【参考答案】 BD

【例 K53-4】 根据著作权法的规定，下列哪些侵权行为如果同时损害公共利益的，除应当承担民事责任外，由著作权行政管理部门给予行政处罚？

A. 未经著作权人许可，篡改他人作品的
B. 未经表演者许可，出租录有其表演的录音录像制品的
C. 未经录音录像制作者许可，故意删除其录音录像制品上的权利管理信息的
D. 故意为他人避开技术措施提供技术服务的

【解题思路】

根据著作权法的规定，选项 A 中篡改他人作品的，需承担民事责任。选项 B、C、D 均为需要承担行政责任的情形：未经许可，播放、复制或通过信息网络向公众传播广播、电视的，著作权法另有规定的除外；未经著作权人或与著作权有关的权利人许可，故意避开或破坏技术措施的，故意制造、进口或向他人提供主要用于避开、破坏技术措施的装置或部件的，或故意为他人避开或破坏技术措施提供技术服务的，法律、行政法规另有规定的除外；未经著作权人或与著作权有关的权利人许可，故意删除或改变作品、版式设计、表演、录音录像制品或广播、电视上的权利管理信息的，知道或应当知道作品、版式设计、表演、录音录像制品或广播、电视上的权利管理信息未经许可被删除或改变，仍然向公众提供的，法律、行政法规另有规定的除外。　　**【参考答案】** BCD

【例 K53-5】 关于侵犯著作权罪的规定，下列表述正确的是？
A. 行为人违法所得数额较大的，处 3 年以下有期徒刑，并处或单处罚金
B. 行为人有其他特别严重情节的，处 3 年以上 7 年以下有期徒刑，并处罚金
C. 未经著作权人的许可，行为人故意破坏权利人为其作品采取的保护著作权的技术措施，情节严重的，构成侵犯著作权罪
D. 未经录音录像制作者的许可，故意删除录音录像制品的权利管理信息，情节严重的，构成侵犯著作权罪

【解题思路】

根据刑法及其修正案中的规定，关于侵犯著作权罪，选项 A 错误，行为人违法所得数额较大的，处 3 年以下有期徒刑，并处或单处罚金。"罚款"是行政处罚的一种方式。选项 B 错误，行为人有其他特别严重情节的，处 3 年以上 10 年以下有期徒刑，并处罚金。新的刑法修正案提高了刑期的上限。选项 C 正确，故意避开或破坏技术措施情节严重的构成侵犯著作权罪。选项 D 错误，故意删除权利管理信息的行为不构成侵犯著作权罪。　　**【参考答案】** C

【例 K53-6】 根据著作权法及相关规定，下列哪项行为侵犯了著作权或与著作权有关的权利，仅需要承担民事责任？
A. 李某未经王某许可，发表了王某创作完成的小说
B. 章某出售假冒他人署名的美术作品，获得了巨额利益
C. 甲出版社未经乙出版社的许可，出版乙出版社享有专有出版权的图书
D. 丙电视台未经歌星张某许可，通过信息网络向公众传播其表演

【解题思路】

著作权法中规定，未经著作权人许可，发表其作品的，应当承担民事责任，选项 A 正确。选项 B 中章某出售假冒他人署名的美术作品，获得了巨额利益，构成侵犯著作权罪，不仅要承担民事责任，还应当承担刑事责任。选项 C 中甲出版社的出版行为，选项 D 中丙电视台通过信息网络向公众传播张某表演的，均不仅要承担民事责任，还应当承担行政责任。　　**【参考答案】** A

【例 K53-7】 甲公司有证据证明乙出版社正在非法印刷其享有著作权的图书，如不及

时制止将会使其合法权益受到难以弥补的损害。根据著作权法及相关规定，甲公司可以在起诉前向人民法院申请采取下列哪些措施？

A. 责令乙出版社停止印刷图书的行为
B. 对乙出版社采取财产保全措施
C. 责令乙出版社先行赔付
D. 没收乙出版社印制的图书

【解题思路】

著作权法中规定，著作权人或与著作权有关的权利人有证据证明他人正在实施或即将实施侵犯其权利、妨碍其实现权利的行为，如不及时制止将会使其合法权益受到难以弥补的损害的，可以在起诉前依法向人民法院申请采取财产保全、责令作出一定行为或禁止作出一定行为等措施。因此选项A、B均正确，甲公司既可以申请诉前财产保全，也可以申请诉前行为保全。选项C、D均错误，不符合规定。 【参考答案】AB

【K54】计算机软件著作权

1. 本考点的主要考查角度分析

本考点中包含的关键词有：计算机程序、文档、开发者、独立开发、已固定、不延及、产生、登记、初步证明、发表权、署名权、修改权、复制权、发行权、出租权、信息网络传播权、翻译权、合作、委托、职务开发、首次发表、合法复制权、权利限制。本考点考查角度如图6-10所示。

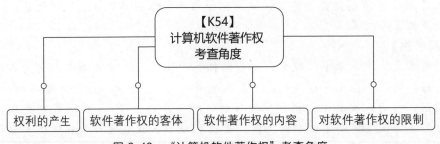

图6-10 "计算机软件著作权"考查角度

2. 关键词释义

（1）保护条件：①计算机程序及其文档；②开发者独立开发完成且已固定在某种有形物体上；③对软件著作权的保护不延及开发软件所用的思想、处理过程、操作方法或数学概念等。

（2）软件著作权：①软件著作权自软件开发完成之日起产生；②软件著作权人可以向国务院著作权行政管理部门认定的软件登记机构办理登记；③软件著作权登记证明文件是登记事项的初步证明。

（3）权利内容：发表权、署名权、修改权、复制权、发行权、出租权、信息网络传播权、翻译权。

（4）软件著作权归属：约定优先，无约定的分为以下几种情形：①合作开发，可分割使用的可分别拥有，不可分割使用的共同享有；②委托开发，受托人享有；③职务开发，所在单位享有。

（5）软件著作权保护期：①权利人为自然人的，终生＋死亡后50年；②权利人为单位的，首次发表后50年。

（6）权利限制：为了学习和研究软件内含的设计思想和原理，通过安装、显示、传输或存储软件等方式使用软件的，可以不经软件著作权人许可，不向其支付报酬。

（7）软件的合法复制品所有人的权利：①根据需要安装软件的权利；②为了防止复制品损坏而制作备份复制品的权利；③对软件进行必要修改的权利。

3. 典型例题及解析

【例 K54-1】根据计算机软件保护条例的规定，受该条例保护的计算机软件应当符合下列哪些条件？

A. 由开发者独立开发　　　　　　　　B. 已被固定在某种有形物体上

C. 已办理计算机软件登记　　　　　　D. 具有创新性

【解题思路】

计算机软件保护条例中规定，受本条例保护的软件必须由开发者独立开发，并已固定在某种有形物体上。软件著作权自软件开发完成之日起产生。软件登记机构发放的登记证明文件是登记事项的初步证明。因此选项 A、B 均属于计算机软件保护的条件，选项 C、D 均与此无关。　　　　　　　　　　　　　　　　　　　　【参考答案】AB

【例 K54-2】根据计算机软件保护条例的规定，关于软件登记，下列说法正确的是？

A. 软件登记机构发放的登记证明文件是登记事项的初步证明

B. 计算机软件著作权自软件登记之日起产生

C. 计算机软件著作权的保护期为自软件登记之日起 50 年

D. 办理软件登记应当缴纳费用

【解题思路】

计算机软件保护条例中规定，软件著作权人可以向国务院著作权行政管理部门认定的软件登记机构办理登记。软件登记机构发放的登记证明文件是登记事项的初步证明。因此选项 A 正确。选项 B 错误，软件著作权自软件开发完成之日起产生，与是否登记无关。选项 C 错误，计算机软件著作权的保护期与软件是否登记无关，自然人的软件著作权保护期截止于死亡后第 50 年的 12 月 31 日；单位权利人的保护期截止于软件首次发表后第 50 年的 12 月 31 日。选项 D 错误，目前已经取消了办理软件登记的费用。

【参考答案】A

【例 K54-3】根据计算机软件保护条例的规定，软件著作权人享有下列哪些权利？

A. 出租权　　　　　　　　　　　　　B. 署名权

C. 复制权　　　　　　　　　　　　　D. 信息网络传播权

【解题思路】

计算机软件保护条例中规定，软件著作权人享有的权利包括署名权、修改权、复制权、出租权、信息网络传播权等，因此选项 A、B、C、D 均正确。　【参考答案】ABCD

【例 K54-4】王某为甲公司的软件开发工程师，在完成本职工作中开发了一套计算机软件。根据计算机软件保护条例的规定，下列说法正确的是？

A. 该软件著作权由甲公司享有

B. 王某有获得奖励的权利

C. 该软件著作权的保护期限截止于王某死亡后第 50 年的 12 月 31 日

D. 该软件著作权的保护期限截止于首次发表后第 50 年的 12 月 31 日

【解题思路】

计算机软件保护条例中规定，自然人在法人或其他组织任职期间针对本职工作中明确指定的开发目标所开发的软件著作权由该法人或其他组织享有,该法人或其他组织可以对开发软件的自然人进行奖励。因此选项 A、B 均正确。单位软件著作权的保护期截止于软件首次发表后第 50 年的 12 月 31 日。因此选项 C 错误,选项 D 正确。

【参考答案】ABD

【例 K54-5】甲学校出资 100 万元委托李某开发网上教学软件,但没有明确约定著作权的归属。后李某以高价将该教学软件的复制件出售给知情的乙学校。甲学校发现后,要求乙学校停止使用并销毁该教学软件。下列表述正确的有?

A. 该教学软件的著作权属于甲学校
B. 该教学软件的著作权属于李某
C. 甲学校无权要求乙学校停止使用该教学软件
D. 李某将该教学软件销售给乙学校的行为构成侵权

【解题思路】

计算机软件保护条例中规定,接受他人委托开发的软件,其著作权的归属由委托人与受托人签订书面合同约定;无书面合同或合同未作明确约定的,其著作权由受托人享有。本题中由于甲学校和李某之间没有约定归属,因此该软件的著作权归李某所有,因此李某将软件高价卖给乙学校的行为不构成对甲学校的侵权,甲学校无权要求乙学校停止使用。选项 A、D 均错误,选项 B、C 均正确。

【参考答案】BC

【K55】信息网络传播权的保护

1. 本考点的主要考查角度分析

本考点中包含的关键词有:作品、表演、录音录像制品、权利人、网络服务提供者、书面通知、删除或断开链接、服务对象、书面说明、不承担赔偿责任。本考点考查角度如图 6-11 所示。

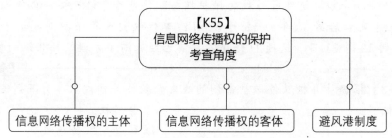

图 6-11 "信息网络传播权的保护"考查角度

2. 关键词释义

(1) 信息网络传播权的客体为作品、表演、录音录像制品,因此对应的权利人为著作权人、表演者、录音录像制作者。

(2) 避风港制度:权利人认为网络平台传播的内容侵犯其权利,要求网络服务提供者删除或断开链接的,应当出具书面通知书,包含构成侵权的初步证明。网络服务提供者收到书面通知应当立即采取删除或断开链接的措施,并将书面通知传递给服务对象。服务对象认为不构成侵权的,应当提交书面说明,包含权利人信息、不构成侵权的初步证明。网络服务提供者收到服务对象的书面说明及要求恢复链接的通知后,应当迅速恢复链接,并将书面说明转交给权利人。权利人认为侵权的,可向人民法院起诉。构成侵权的,事先不知道侵权并采取立刻删除或断开链接措施的网络服务提供者,不承担侵权赔偿责任;网络服务提供者接到书面通知不采取措施造成权利人损失扩大的部分需承担赔偿责任。

3. 典型例题及解析

【例 K55-1】根据信息网络传播权保护条例的规定，下列哪些是受信息网络传播权保护的客体？

A. 美术作品
B. 表演
C. 录音录像制作品
D. 计算机软件

【解题思路】

信息网络传播权保护条例中规定，为除法律、行政法规另有规定的外，任何组织或个人将他人的作品、表演、录音录像制品通过信息网络向公众提供，应当取得权利人许可，并支付报酬。因此选项 A、B、C、D 均属于信息网络传播权保护条例保护的客体。

【参考答案】ABCD

【例 K55-2】张某、李某是同事关系，因工作争执张某对李某不满，遂编造了一篇黑化李某的短文发布在甲网站。李某向甲网站提交了书面通知书要求其删除。对此，下列哪些选项是正确的？

A. 李某的通知书应当包含自己身份、联系方式等基本信息
B. 甲网站接到书面通知后，可在合理时间内删除短文，同时将通知书转送给张某
C. 甲网站收到张某认为自己不侵权，要求恢复被删除作品的，应当予以恢复，并通知李某
D. 李某不得再要求甲网站删除张某的作品

【解题思路】

信息网络传播权保护条例中规定，书面通知网站删除侵权作品的通知书应当包含权利人的姓名（名称）、联系方式和地址等，因此选项 A 正确。选项 B 错误，甲网站收到书面通知后应当立即删除涉嫌侵权作品，而不是"合理时间"。选项 C、D 均正确，李某坚持认为自己的权利被侵害的，可以采取向人民法院起诉等措施。

【参考答案】ACD

【例 K55-3】甲、乙合作创作了小说《冬风炊》，后甲希望出版小说，乙无故拒绝。甲私自委托丙出版社出版了该小说，同时甲把小说上传至自己博客并且只保留了自己的署名。丁未经许可在自己博客中设置链接，用户点击链接可进入甲的博客阅读小说。戊未经许可在自己博客中转载了小说。下列表述正确的是？

A. 甲侵害了乙的发表权和信息网络传播权
B. 丙出版社侵害了乙的复制权和发行权
C. 丁侵害了甲、乙的信息网络传播权
D. 戊侵害了甲、乙的信息网络传播权

【解题思路】

根据著作权法的规定，两人以上合作创作的作品，著作权由合作作者共同享有。对于不可以分割使用的合作作品，转让著作财产权的需经全体共有人同意，许可他人使用作品不受限制。本题中甲单独许可丙出版社出版小说的行为是允许的，单独上传至博客的行为没有侵犯乙的发表权和信息网络传播权，但是侵犯了乙的署名权，因此选项 A、B 均错误。选项 C 错误，丁在自己的博客中设置链接让读者点击链接进入甲的博客阅读小说的行为不侵权。选项 D 正确，戊不经许可的转载行为侵犯了甲、乙的信息网络传播权。

【参考答案】D

三、本章同步训练题目

1. 根据著作权法及相关规定，下列关于著作权产生时间的说法哪种是正确的？
   A. 自作品构思完成之日起产生　　　　B. 自作品创作完成之日起产生
   C. 自作品发表之日起产生　　　　　　D. 自办理著作权登记之日起产生

2. 根据著作权法及相关规定，下列描述正确的是？
   A. 雕塑而成的立体造型作品为模型作品
   B. 产品说明书属于文字作品
   C. 为建造大楼而设计的工程图属于建筑作品
   D. 地方戏属于曲艺作品

3. 下列选项中，对著作权登记的效力描述正确的是？
   A. 为解决著作权纠纷提供初步证据　　B. 不可以被推翻
   C. 著作权转让的生效要件　　　　　　D. 著作权产生的要件

4. 根据著作权法及相关规定，下列属于我国著作权法保护的客体的是？
   A. 章律师为某案件撰写的答辩状　　　B.《著作权法实施条例》
   C. 某记者通过某电视台播报的时事新闻　D. 二十四节气

5. 甲无国籍，经常居住地为乙国，甲创作的英文小说《狂笑》在丙国首次出版。我国公民丁未经甲同意将其翻译成中文并在我国境内某网站传播。如果《狂笑》受我国著作权法保护，则应当具备下列哪一条件？
   A.《狂笑》英文版需在丙国出版后30日内在我国出版
   B. 甲对丁翻译《狂笑》并在我国境内网站传播的行为予以追认
   C. 乙国和丙国均加入了《保护文学和艺术作品伯尔尼公约》
   D. 乙国或丙国加入了《保护文学和艺术作品伯尔尼公约》

6. 甲影视公司未经李某同意在其电影作品中使用了李某的音乐作品作为片尾曲，双方由此产生诉讼纠纷。李某系某著作权集体管理组织的会员，并授权该组织行使其著作权。根据著作权法及相关规定，下列说法正确的是？
   A. 该著作权集体管理组织可以作为原告直接起诉甲公司
   B. 该著作权集体管理组织只能以代理人的身份以李某的名义起诉甲公司
   C. 该著作权集体管理组织在诉讼中无权和甲公司达成和解
   D. 该著作权集体管理组织有权向李某收取费用

7. 根据著作权法及相关规定，下列关于汇编作品的说法正确的是？
   A. 汇编若干作品、作品的片段，不论是否具有独创性，均构成汇编作品
   B. 汇编作品的著作权由汇编人和原作品的著作权人共同享有
   C. 汇编作品不包括对不构成作品的数据或其他材料进行的汇编
   D. 汇编作品的著作权人行使著作权时，不得侵犯原作品的著作权

8. 苏某为撰写毕业论文通过网络查找到了一篇发表在美国刊物上的英文文章，作者为托马斯。随后苏某发现该文章被丁某翻译成中文发表在了甲网络平台。苏某的毕业论证中大量抄袭了该文章内容。根据著作权法及相关规定，下列说法正确的是？
   A. 苏某的行为仅侵犯了丁某的著作权
   B. 苏某的行为侵犯了丁某和甲网络平台的著作权
   C. 苏某的行为侵犯了丁某和托马斯的著作权
   D. 苏某的行为侵犯了丁某、托马斯和甲网络平台的著作权

9.甲创作了一部小说，乙将该小说改编为电影剧本，丙电影公司欲将该剧本拍摄成电影，导演为丁，制片者为戊。下列哪些说法是正确的？

　　A.该电影剧本的著作权由乙享有

　　B.该电影剧本的著作权由甲和乙共同享有

　　C.丙电影公司拍摄的电影著作权人是丁

　　D.丙电影公司拍摄的电影著作权人是戊

10.张工是甲工程建设公司的设计工程师，完成了公司交付的一项设计任务，交付工程设计图一套。工程项目由甲公司承担责任。根据著作权法及相关规定，下列哪些说法是正确的？

　　A.张工享有该工程设计图的署名权

　　B.甲公司享有该工程设计图的署名权

　　C.张工享有该工程设计图的修改权

　　D.甲公司享有该工程设计图的修改权

11.甲超市向社会征集广告用语，承诺如被采用将奖励现金5000元和1年的会员优惠卡。李某设计的广告用语被选中后获得了奖励，甲超市与李某没有约定著作权归属事项。甲超市使用该广告用语1年后，李某要求甲超市停止使用。根据著作权法及相关规定，下列说法正确的是？

　　A.李某享有该广告用语的著作权，甲超市应当根据李某的要求停止使用

　　B.甲超市享有该广告用语的著作权，有权继续使用

　　C.甲超市和李某共同享有该广告用语的著作权，有权继续使用

　　D.李某享有该广告用语的著作权，但超市可以在原使用范围内继续使用

12.著名书法家李教授将其创作的虾嬉图捐赠给了母校甲大学。根据著作权及相关规定，下列哪些说法是正确的？

　　A.甲大学获得该画作原件的所有权

　　B.甲大学获得该画作的著作权

　　C.甲大学获得该画作原件的展览权

　　D.甲大学有权在教学中公开展示该画作供学生临摹

13.董女士请李某执笔以董女士带有传奇色彩的人生经历为素材创作完成一本自传体小说。在小说写作过程中，董女士给李某提供了素材，披露了许多不为人知的故事。在小说完成后，董女士向李某支付了10万元。双方没有约定著作权的归属。根据著作权法及相关规定，下列说法正确的是？

　　A.该小说的著作权应当由董女士享有

　　B.该小说的著作权应当由李某享有

　　C.该小说的著作权应当由董女士和李某共同享有

　　D.该小说的著作权应当由李某享有，董女士可以无偿使用

14.牛丽丽创作完成一部儿童题材小说《蛙声一片》，署名"丽丽"。为营造科幻色彩，作者还特意将小说中的青蛙写成了三条腿。牛丽丽将书稿授权出版社出版。出版社张编辑在核稿和编辑过程中，认为作者有笔误，将署名"丽丽"直接修改为"牛丽丽"，还将青蛙改写成四条腿的动物。出版社将《蛙声一片》批发给甲书店销售。下列哪些说法是正确的？

　　A.出版社侵犯了作者的署名权

　　B.出版社侵犯了作者的修改权

　　C.出版社侵犯了作者的保护作品完整权

D. 甲书店侵犯了作者的发行权

15. 作家刘某于 2015 年 5 月创作完成了一部小说，但未发表，未明确表示不发表。后刘某将该小说的手稿送给好友李某收藏。2019 年 8 月刘某因病去世。根据著作权法及相关规定，下列有关该小说发表权的说法正确的是？

　　A. 如果刘某有继承人，则该小说的发表权应由其继承人行使
　　B. 即使刘某有继承人，该小说的发表权也应由李某行使
　　C. 如果刘某有继承人，则该小说的发表权应由其继承人和李某共同行使
　　D. 如果刘某没有继承人，则该小说的发表权应由李某行使

16. 章某将自己从甲网站下载的著名摄影家柳某的 10 幅摄影作品，制作成小视频上传至乙视频网站，获得了数百万人浏览点赞。视频中每幅摄影作品均署有章某自己的名字。章某获得乙网站支付的稿酬 10 万元。章某的行为侵犯了柳某著作权中的下列哪些权利？

　　A. 署名权　　　　　　　　　　　　B. 发表权
　　C. 复制权　　　　　　　　　　　　D. 信息网络传播权

17. 根据著作权法的规定，下列哪些权利可以转让？

　　A. 改编权　　　B. 出租权　　　C. 修改权　　　D. 署名权

18. 甲、乙合作完成一部剧本，丙影视公司欲将该剧本拍摄成电视剧。甲以丙公司名气太小为由拒绝，乙独自与丙公司签订合同，以 50 万元价格将该剧本摄制权许可给丙公司。对此，下列说法正确的是？

　　A. 该剧本版权由甲、乙共同享有
　　B. 乙与丙公司签订的许可合同无效
　　C. 该剧本版权中的人身权不可转让
　　D. 乙获得的 50 万元报酬应当与甲平均分配

19. 根据著作权法及相关规定，自然人作者的下列哪些权利的保护期不受限制？

　　A. 发表权　　　　　　　　　　　　B. 署名权
　　C. 修改权　　　　　　　　　　　　D. 信息网络传播权

20. 根据著作权法及相关规定，关于著作权的继承，下列哪些说法是正确的？

　　A. 作者死亡后，其署名权由作者的继承人或受遗赠人保护
　　B. 作者死亡后，其著作权无人继承的，其修改权由著作权行政管理部门保护
　　C. 作者生前未发表的作品，如作者未明确表示不发表，且无人继承的，作者死亡后 50 年内，其发表权由作品原件的所有人行使
　　D. 合作作品作者之一死亡又无人继承的，其对合作作品享有的著作财产权由其他合作作者享有

21. 张某和李某于 2015 年合作创作了一部小说，后李某于 2018 年 8 月 5 日去世，李某没有继承人也未设立遗嘱。张某于 2019 年 5 月 10 日去世。根据著作权法及相关规定，下列哪些说法是正确的？

　　A. 李某去世前，该小说的著作权由张某和李某共同享有
　　B. 2018 年 8 月 5 日至 2019 年 5 月 10 日，该小说的改编权由张某享有
　　C. 该小说的著作权中的摄制权保护期截止于 2069 年 5 月 10 日
　　D. 张某去世后，该小说的修改权由其继承人继承

22. 李某将其撰写的一篇评论向某报社投稿，且双方没有任何约定。根据著作权法及相关规定，下列说法正确的是？

　　A. 自稿件发出之日起 15 日内未收到该报社通知决定刊登的，李某可以将该评论向其他

报社投稿

B. 自稿件发出之日起 30 日内未收到该报社通知决定刊登的，李某可以将该评论向其他报社投稿

C. 如果该报社刊登了该评论，且李某未声明不得转载，则其他报社可以不经李某许可转载该论文，无需向其支付报酬

D. 该报社刊登该论文的，可以对该评论的内容作修改，无需经过李某许可

23. 李某将自己编著的一部《大学生创业指导》书籍交给甲出版社出版。根据著作权法及相关规定，下列哪些说法是正确的？

A. 甲出版社应当与李某订立专有出版合同，并支付报酬

B. 经李某许可，甲出版社可以对小说进行修改

C. 甲出版社重印该书籍的，可以不通知李某，但应支付报酬

D. 甲出版社有权禁止其他出版社使用该书籍的版式设计

24. 李某创作完成了一首歌曲，在一次由甲文化公司组织的晚会上，歌星赵某应邀参加并演唱了该歌曲。根据著作权法及相关规定，下列哪些说法是正确的？

A. 赵某应当取得李某的许可，并支付报酬

B. 甲公司应当取得李某的许可，并支付报酬

C. 赵某享有保护其表演形象不受歪曲的权利，保护期不受限制

D. 甲公司享有许可他人录音录像并获得报酬的权利，该权利的保护期截止于本次演出后的第 50 年的 12 月 31 日

25. 李某创作了一首歌曲，歌星赵某在一次演唱会上演唱了该歌曲。甲唱片公司制成录音制品并公开发行。根据著作权法及相关规定，下列哪些表述是正确的？

A. 甲公司将赵某的演唱录制成录像制品的，需与赵某签订合同并支付报酬

B. 乙公司经甲公司许可发行该唱片，无需取得赵某的许可

C. 乙公司购买甲公司发行的该唱片后出租的，无需取得甲公司的许可

D. 乙公司购买甲公司发行的该唱片后在饭店循环播放的，无需取得甲公司的许可

26. 甲电视台获得了歌星赵某演唱会的现场直播权，乙电视台和观众李某均未经许可将甲电视台播放的节目进行了录制，乙电视台将录制的节目上传至其 APP 上供用户观看。李某将录制的节目一份上传至其抖音视频账号，一份拷贝给其儿子观看。根据著作权法及相关规定，下列哪些说法是正确的？

A. 乙电视台侵犯了歌星赵某作为表演者的权利

B. 甲电视台有权禁止乙电视台的录制及传播行为

C. 李某将视频上传的行为侵犯了甲电视台的复制权

D. 李某将视频拷贝给其儿子的行为侵犯了歌星赵某的复制权

27. 根据著作权法及相关规定，下列哪些行为可以不经著作权人许可，不向其支付报酬？

A. 教师李某在教学课件中为了说明某一问题，适当引用了该论文的数段内容

B. 为个人学习而使用他人已经发表的作品

C. 王某为研究某课题，少量复制了已发表的论文仅供课题组人员内部使用

D. 某美术馆为保存版本的需要，将其收藏的白某画作进行复制

28. 小学语文教材拟选用青年画家王某已发表的美术作品《蛙声一片》，根据著作权法及相关规定，下列说法正确的是？

A. 应当经王某许可并支付报酬

B. 可以不经王某许可，也不需要支付报酬：

C. 应当经王某许可，但不需要支付报酬

D. 可以不经王某许可，但应当支付报酬

29. 下列行为不属于规避与破坏技术措施的是？

A. 为科学研究向科研人员提供少量已经发表的、无法通过正常途径获取的作品

B. 以营利为目的，以阅读障碍者能够感知的无障碍方式向其提供已经发表的、无法通过正常途径获取的作品

C. 国家机关依照司法程序执行公务

D. 进行计算机软件反向工程研究

30. 根据著作权法及相关规定，下列关于著作权纠纷解决途径的说法正确的是？

A. 当事人之间可以自行协商

B. 当事人可以根据著作权合同中的仲裁条款向仲裁机构申请仲裁

C. 当事人没有书面仲裁协议，也没有在著作权合同中订立仲裁条款的，可以直接向人民法院起诉

D. 向人民法院起诉的，人民法院只能依法判决

31. 甲公司起诉乙公司侵犯其著作权，并且举证在此之前当地知识产权局出具的处理决定和之前的一份生效判决书均证明乙公司有多次侵权行为。本次诉讼中甲公司举证证明自己因乙公司的再次侵权而造成的实际损失为200万元，甲公司为制止侵权行为所支付的合理开支为10万元。根据著作权法及相关规定，甲公司可以主张的赔偿数额是多少？

A. 1010万元　　　　B. 210万元　　　　C. 410万元　　　　D. 610万元

32. 下列著作权民事侵权行为在损害公共利益的情况下，构成行政违法的是？

A. 未经著作权人许可，发行其作品的

B. 未经出版者许可，使用其出版的图书、期刊的版式设计的

C. 未经著作权人许可，通过信息网络向公众传播其作品的

D. 未经表演者许可，复制、发行录有其表演的录音录像制品的

33. 甲出版他人享有专有出版权的图书，其承担责任的方式可能为？

A. 根据情况，甲需承担停止侵害、消除影响、赔礼道歉、赔偿损失等民事责任

B. 如果甲的行为损害了公共利益，在甲承担民事责任的同时，可以由著作权行政管理部门进行处罚，令其承担行政责任

C. 如果甲的情节严重，著作权行政管理部门可以没收主要用于制作侵权复制品的材料、工具、设备等

D. 如果甲的违法数额巨大，则其应当承担侵犯著作权罪的刑事责任

34. 根据计算机软件保护条例的规定，下列哪些说法是正确的？

A. 受保护的软件必须由开发者独立开发，并已固定在某种有形物体上

B. 对软件著作权的保护仅指计算机程序，不包括有关文档

C. 未经登记的计算机软件不受我国著作权法保护

D. 同一计算机程序的源程序和目标程序为两个不同的作品

35. 根据计算机软件保护条例的规定，计算机软件的合法复制品所有人享有下列哪些权利？

A. 根据使用的需要把该计算机软件装入计算机等具有信息处理能力的装置内

B. 为了防止复制品损坏而制作备份复制品

C. 为了改进计算机软件功能、性能而进行必要的修改

D. 为了把该计算机软件用于实际的计算机应用环境而进行必要的修改

36. 甲公司、乙公司合作开发了某系列产品分类软件，二公司没有明确约定著作权的归属。关于该软件，下列表述正确的是？

A. 该软件著作权由甲公司、乙公司共同享有

B. 该软件可以分割使用的，甲公司、乙公司对各自开发的部分可以单独享有著作权

C. 该软件不能分割使用的，著作权由甲公司、乙公司共同享有

D. 甲公司可以单独将该软件转让给丙公司，所得收益与乙公司合理分配

37. 张某的朋友李某未经张某许可将其刚刚创作完成的一幅摄影作品放到自己的朋友圈供朋友们欣赏，未设置任何防止拷贝的技术措施。据此，李某的行为侵犯了张某的下列哪些权利？

A. 发表权
B. 表演权
C. 广播权
D. 信息网络传播权

第七章

《商标法》

一、本章核心考点

本章包含的核心考点如图 7-1 所示。

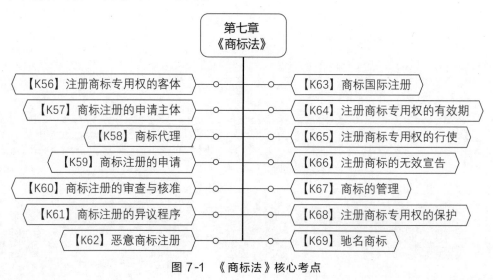

图 7-1 《商标法》核心考点

二、核心考点分析

【K56】注册商标专用权的客体

1. 本考点的主要考查角度分析

本考点中包含的关键词有：相区别的标志、构成要素、商品商标、服务商标、证明商标、集体商标、不得作为商标使用、不得作为注册商标使用、地理标志、伪地理标志。本考点考查角度如图 7-2 所示。

2. 关键词释义

（1）商标是标志，是将自己的商品与他人的商品，将自己的服务与他人的服务相区别的标志。其构成要素包括：文字、图形、字母、数字、三维标志、颜色组合和声音等。

（2）注册商标的类型包括：商品商标、服务商标、证明商标、集体商标。证明商标是注

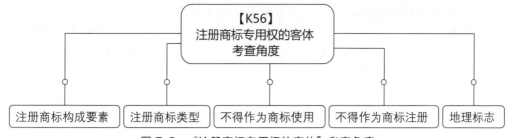

图 7-2 "注册商标专用权的客体"考查角度

册商标专用权人给他人使用，证明该他人的产品或服务符合一定的标准要求。集体商标是注册商标专用权人给自己的成员使用，表明该集体商标所拥有的特点，使用它的成员的商品和服务同样具备。

（3）商标法第十条规定了不得作为商标使用更不可能允许成为注册商标的情形：①同国家名称、国旗、国徽等相同或近似的，以及同国家机关或标志性建筑物的名称、标志、图形等相同的；②同外国的国家名称等相同或近似的，但经同意的除外；③同政府间国际组织的名称等相同或近似的，但经同意的除外；④与官方标志、检验印记相同或近似的，但经授权的除外；⑤同"红十字""红新月"的名称、标志相同或近似的；⑥带有民族歧视性的；⑦带有欺骗性，容易产生误认的；⑧有害于社会主义道德风尚的。

县级以上行政区划的地名或公众知晓的外国地名，不得作为商标。但是地名具有其他含义或作为集体商标、证明商标组成部分的除外；已经注册的继续有效。

（4）商标法第十一条和第十二条规定了不得作为商标注册，可以作为非注册商标使用的情形：①仅有本商品的通用名称、图形、型号的。②仅直接表示商品的质量、主要原料、重量等特点的。③其他缺乏显著特征的。④前述①②③中的标志经过使用取得显著特征并便于识别的，则可以作为商标注册。⑤不得以仅由商品自身的性质产生的形状、为获得技术效果而需有的商品形状或使商品具有实质性价值的形状构成的三维标志申请注册商标。

（5）地理标志可以作为证明商标、集体商标注册。不能要求成为集体商标的成员才能使用集体商标。商标中有商品的地理标志，而实际并非来源于该标志所标示的地区，误导公众的，不予注册并禁止使用；但是已经善意取得注册的继续有效。

3. 典型例题及解析

【例 K56-1】根据商标法及相关规定，下列哪些商标不能在我国获准注册？
A. 单一颜色商标　　B. 气味商标　　C. 位置商标　　D. 声音商标

【解题思路】
商标法中规定，构成注册商标的要素包括文字、图形、字母、数字、三维标志、颜色组合和声音等，上述要素可以单独使用也可以组合使用。要素中的颜色为颜色组合，单一颜色不属于注册商标的构成要素，选项 A 符合题意。选项 B、C 中的气味、位置均不属于注册商标的构成要素，气味商标、位置商标不能在我国获得注册，符合题意。选项 D 中的声音属于注册商标的构成要素，声音商标符合注册商标的条件，不符合题意。

【参考答案】ABC

【例 K56-2】根据商标法及相关规定，我国注册商标包括哪些类型？
A. 服务商标　　B. 商品商标　　C. 集体商标　　D. 证明商标

【解题思路】
商标法中规定，经商标局核准注册的商标为注册商标，包括商品商标、服务商标和集体商标、证明商标；商标注册人享有商标专用权，受法律保护。因此选项A、B、C、D均符合题意。

【参考答案】ABCD

【例K56-3】根据商标法及相关规定，下列哪些标志不得作为商标使用？

A. 同中央国家机关所在地特定地点的名称相同的

B. 同"红新月"的标志近似的

C. 同某外国的国徽近似，但经该国政府同意的

D. 有害于社会主义道德风尚的

【解题思路】

商标法中规定，不得作为商标使用的标志包括：①同中央国家机关的名称、标志、所在地特定地点的名称相同的；②同外国的国家名称、国旗、国徽、军旗等相同或近似的，但经该国政府同意的除外；③同"红十字""红新月"的名称、标志相同或近似的；④有害于社会主义道德风尚或有其他不良影响的等情形。选项A、B、D中的标志均属于不得作为商标使用的情形。选项C中虽然同某外国的国徽近似，但该国政府同意作为商标使用，则允许使用。

【参考答案】ABD

【例K56-4】新疆库尔勒市生产的香梨以脆甜可口而成为地方著名的特色产品。江西九江市民李某欲以"库尔勒"作为其种植的香梨的商标，并向商标局申请注册。根据商标法的规定，下列说法正确的是？

A. 李某可以取得注册商标专用权

B. 李某与新疆库尔勒市的香梨种植户张某可以共同取得注册商标专用权

C. 李某不得将"库尔勒"作为商标使用

D. 如果李某善意取得"库尔勒"注册商标，则应当被宣告无效

【解题思路】

商标法中规定，商标中有商品的地理标志，而该商品并非来源于该标志所标示的地区，误导公众的，不予注册并禁止使用；但是，已经善意取得注册的继续有效。本题中江西九江市民李某欲以"库尔勒"作为其种植的香梨的商标使用并申请注册，如果李某获得注册或与新疆库尔勒市的香梨种植户张某共同注册得到批准，将会误导公众认为李某的香梨是来自库尔勒市的。如果李某已经善意取得"库尔勒"注册商标，则继续有效，因此选项A、B、D均错误，选项C正确。

【参考答案】C

【K57】商标注册的申请主体

1. 本考点的主要考查角度分析

本考点中包含的关键词有：国家知识产权局商标局、国家知识产权局商标评审委员会、一般主体、特殊主体、强制委托、非强制委托、委托手续。本考点考查角度如图7-3所示。

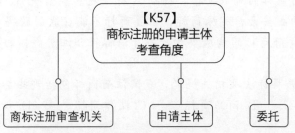

图7-3 "商标注册的申请主体"考查角度

2. 关键词释义

(1) 国家知识产权局商标局负责商标注册的受理、审查、授权、撤销等工作；国家知识产权局商标评审委员会负责受理复审、无效等商标评审工作。

(2) 一般主体包括中国的公民和单位，在中国有固定居所或营业所的外国人或外国企业，该类主体可以委托代理机构办理商标事务，也可以自己办理。特殊主体是指在中国没有固定居所或营业所的外国人或外国企业，这类主体必须委托中国的代理机构办理商标事务。

(3) 委托代理机构办理商标事务的，需提交代理委托书。外国人或外国企业的代理委托书还应当载明委托人的国籍。

3. 典型例题及解析

【例K57-1】根据商标法的规定，下列哪些人可以向国家知识产权局申请商标注册？
A. 在我国境内只设有代表处的美国公司
B. 在英国境内有经常居所的老挝人
C. 营业所设在法国的企业
D. 在我国境内有经常居所的无国籍人

【解题思路】

商标法中规定，自然人、法人或其他组织在生产经营活动中，对其商品或服务需要取得商标专用权的，应当向商标局申请商标注册。外国人或外国企业在中国申请商标注册的，应当按其所属国和中华人民共和国签订的协议或共同参加的国际条约办理，或按对等原则办理。由于美国、英国均与中国共同参加了相关国际条约，因此本题中的美国公司、老挝人、法国企业均有权在中国申请商标注册。因此选项A、B、C均符合题意。选项D中的无国籍人在我国境内有经常居所，为我国的国民，因此有权在我国提出商标注册申请。

【参考答案】ABCD

【例K57-2】根据商标法及相关规定，在中国申请注册商标或办理其他商标事宜的，下列应当委托商标代理机构的是？
A. 在我国境内只设有代表处的美国公司
B. 在英国境内有经常居所的老挝人
C. 营业所设在法国的企业
D. 在我国境内有经常居所的无国籍人

【解题思路】

商标法及其实施条例中规定，申请商标注册或办理其他商标事宜，可以自行办理，也可以委托依法设立的商标代理机构办理。在中国没有经常居所或营业所的外国人或外国企业在中国申请商标注册和办理其他商标事宜的，应当委托依法设立的商标代理机构办理。选项A、B、C中的申请主体在我国境内均没有固定居所或营业所（代表处不是营业所），因此在我国办理商标注册等事宜的，应当依法委托商标代理机构。选项D中的无国籍人，在我国境内有经常居所，为我国的国民，因此办理商标注册等事宜的，可以委托商标代理机构，也可以自行办理。

【参考答案】ABC

【K58】商标代理

1. 本考点的主要考查角度分析

本考点中包含的关键词有：商标事务、商标代理机构、商标代理从业人员、保密义务、告知义务、不得接受委托、申请限制、违法行为、责令限期改正、警告、罚款、停止受理业务、整改约谈。本考点考查角度如图 7-4 所示。

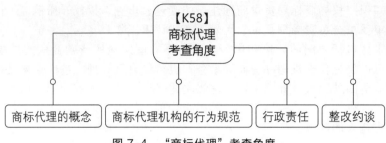

图 7-4 "商标代理"考查角度

2. 关键词释义

（1）商标代理事务包括商标注册申请、无效宣告、复审、纠纷处理、诉讼等事宜。

（2）商标代理机构为营业范围中包括商标代理的知识产权机构、律所。

（3）商标代理从业人员为受商标代理机构委派负责为客户提供代理服务的工作人员，不得私自接受委托。

（4）商标代理机构对客户委托的内容负有保密义务，告知注册风险的义务；对于涉嫌恶意注册、恶意抢注的委托不得接受；除对代理服务申请商标注册外，不得申请注册其他商标。

（5）商标代理机构的违法行为：办理商标事务过程中使用假手续、恶意竞争、恶意注册、不得代理的依然代理，非法注册。

（6）行政处罚：对单位：责令改正、警告、1 万元至 10 万元罚款、记入信用档案、停止受理业务 6 个月至永久；对负责人：警告、5000 元至 5 万元罚款。

（7）整改约谈：不以使用为目的的恶意注册，对负责人进行整改约谈。

3. 典型例题及解析

【例 K58-1】关于商标代理，下列说法正确的有？

A. 商标代理人从事商标代理业务，无须取得行政许可

B. 委托人申请注册的商标可能存在不得注册情形的，商标代理机构应当明确告知委托人

C. 商标代理从业人员可以个人名义自行接受委托

D. 商标代理机构以诋毁手段招徕业务、扰乱商标代理市场秩序的，由商标行政管理部门记入信用档案

【解题思路】

根据商标法及相关规定，商标代理人从事商标代理业务，无须取得行政许可；商标代理从业人员不得以个人名义自行接受委托；委托人申请注册的商标可能存在商标法规定不得注册情形的，商标代理机构应当明确告知委托人；商标代理机构以诋毁其他商标代理机构等手段招徕商标代理业务或以其他不正当手段扰乱商标代理市场秩序的，由商标行政管理部门记入信用档案。因此选项 A、B、D 均正确，选项 C 错误，商标代理从业人员不得以个人名义自行接受委托。

【参考答案】ABD

【例 K58-2】商标代理机构知道或应当知道委托人申请注册的商标属于不以使用为目的的恶意注册而接受其委托的，由市场监督管理部门责令限期改正，给予警告，罚款数额为？

A. 1 万元以上 5 万元以下
B. 1 万元以上 10 万元以下
C. 5 万元以下
D. 10 万元以下

【解题思路】

根据商标法的规定，商标代理机构违反商标法第四条（恶意注册）、第十九条第三款（明知属于禁止代理情形依然代理的）和第四款（除对其代理服务申请商标注册外，申请注册其他商标的）规定的，由市场监督管理部门责令限期改正，给予警告，处1万元以上10万元以下的罚款。因此选项B正确，其他选项均错误。　　**【参考答案】** B

【K59】商标注册的申请

1. 本考点的主要考查角度分析

本考点中包含的关键词有：商品分类表、一标多类、书面方式、数据电文方式、商标注册申请书、商标图样、身份证明文件、申请费、申请日、递交日、收到日、商标注册优先权、展会优先权、6个月、3个月。本考点考查角度如图7-5所示。

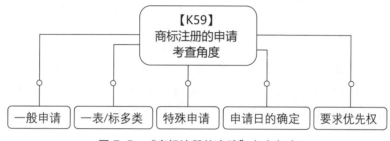

图7-5 "商标注册的申请"考查角度

2. 关键词释义

（1）注册商标需根据商品分类表分类注册，可以一件商标注册在多个种类的商品或服务上。

（2）商标注册可以采用书面方式或数据电文方式提交申请文件：《商标注册申请书》1份、商标图样1份、身份证明文件、特殊申请时根据需要提交三维标志的三面视图、颜色组合的使用方式、声音商标的声音样本、集体商标和证明商标的主体资格证明文件和使用管理规则、外文含义等。

（3）商标注册申请以商标局收到申请文件日为申请日，其他文件递交日期为邮戳日或实际递交日。收到官方文件的日期：邮寄或电子方式为发文日＋15日为推定收到日。

（4）优先权：在先审为商标注册的申请日之日起，或申请注册前在中国政府主办或承认的国际展览会展出的商品上首次使用之日起，6个月内提出申请，该申请可以享有优先权；提交申请后的3个月内提交证明文件。

3. 典型例题及解析

【例 K59-1】 根据商标法及相关规定，下列关于商标注册申请的说法哪些是正确的？
A. 申请商标注册应当提交《商标注册申请书》和商标图样
B. 申请注册的商标为外文或包含外文的，应当说明其含义
C. 商标注册申请可以采用口头方式提出
D. 商标注册申请人应当提交能够证明其身份的有效证件的复印件

【解题思路】

商标法及其实施条例中规定，每一件商标注册申请应当向商标局提交《商标注册申请书》1份、商标图样1份。商标为外文或包含外文的，应当说明含义。申请商标注册

的，申请人应当提交其身份证明文件。因此选项A、B、D均正确。选项C错误，商标注册申请不得采用口头方式提出，只能采用书面方式或数据电文方式。

【参考答案】ABD

【例K59-2】根据商标法及相关规定，下列关于商标注册申请的说法正确的是？
A. 申请人的一份申请可以在一个类别商品或服务上申请注册一件商标
B. 申请人的一份申请可以在多个类别商品或服务上申请注册一件商标
C. 申请人需要就多个类别的商品申请注册同一商标的，只能分别提出申请
D. 商标注册申请按照申请书指定的商品件数缴纳申请费

【解题思路】
商标法中规定，商标注册申请人可以通过一份申请就多个类别的商品申请注册同一商标。因此选项A、B均正确，选项C错误，现行的商标法允许按照"一标多类"的方式申请商标注册。选项D错误，商标注册申请按照申请的类别以及每个类别核定的商品数量缴纳费用。

【参考答案】AB

【例K59-3】商标注册申请人自其在某外国第一次提出商标注册申请之日起6个月内，又在中国就相同商品以同一商标提出注册申请的，依据下列哪些情形可享有优先权？
A. 该外国同中国签订的协议　　　B. 该外国同中国共同参加的国际条约
C. 该外国同中国相互承认优先权　　D. 该外国同中国有外交关系

【解题思路】
商标法中规定，商标注册申请人自其商标在外国第一次提出商标注册申请之日起6个月内，又在中国就相同商品以同一商标提出注册申请的，依照该外国同中国签订的协议或共同参加的国际条约，或按照相互承认优先权的原则，可以享有优先权。因此选项A、B、C均正确。选项D错误，国家之间有无外交关系与相关人员是否享有商标优先权并无直接关系。

【参考答案】ABC

【例K59-4】根据商标法的规定，下列哪些情形下，巴黎公约成员国的商标注册申请人可以在中国享有优先权？
A. 申请人自其商标在巴黎公约成员国第一次提出商标注册申请之日起6个月内，又在中国就类似商品以同一商标提出商标注册申请的
B. 申请人自其商标在巴黎公约成员国第一次获得注册商标授权之日起6个月内，又在中国就相同商品以同一商标提出商标注册申请的
C. 申请人在中国政府主办的国际展览会展出的商品上首次使用的商标，自该商品展出之日起6个月内，在中国就相同商品以同一商标提出商标注册申请的
D. 申请人在中国政府承认的国际展览会展出的商品上首次使用的商标，自该商品展出之日起6个月内，在中国就相同商品以同一商标提出商标注册申请的

【解题思路】
商标法中规定，商标注册申请人自其商标在外国第一次提出商标注册申请之日起6个月内，又在中国就相同商品以同一商标提出注册申请的，依照共同参加的国际条约，可以享有优先权。因此选项A错误，要求相同商品而不是相似商品。选项B错误，要求自第一次提出商标注册申请之日起6个月内，而不是自获得授权之日起。选项C、D均正确，商标在中国政府主办的或承认的国际展览会展出的商品上首次使用的，自该商品展出之日起6个月内，该商标的注册申请人可以享有优先权。

【参考答案】CD

【K60】商标注册的审查与核准

1. 本考点的主要考查角度分析

本考点中包含的关键词有：自愿注册、先申请制、显著性、在先权利、初步审定公告、3个月、明显错误、核准注册、驳回申请不予公告、复审、15日、30日。本考点考查角度如图7-6所示。

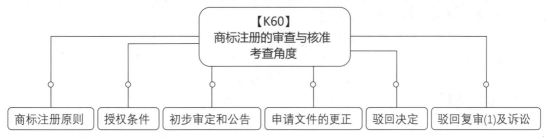

图7-6 "商标注册的审查与核准"考查角度

2. 关键词释义

（1）我国商标注册采用自愿注册为主、强制注册为辅的原则。当前强制注册的仅有烟草制品：不注册不得上市，否则将受到行政处罚。

（2）我国商标注册采用先申请制，①不同申请人在同一种商品或类似商品上以相同或近似的商标申请注册的，初步审定并公告申请在先的商标；②同日申请的，公告使用在先的；同日申请且同日使用或均未使用的，由申请人30日内协商；协商不成则抽签决定谁胜出。

（3）实质性授权条件：①具有显著性；②不与他人的在先权利相冲突。

（4）初步审定公告：申请文件符合条件的，商标局进行初步申请公告。自公告之日起3个月内可以提出异议。期满无异议的，公告核准商标注册，发商标注册证。

（5）驳回：经审查不符合条件的，驳回申请，不予公告。

（6）驳回救济：申请人对驳回决定不服的，可于15日内向商标评审委员会申请复审；对复审决定不服的，可于30日内向人民法院起诉。

（7）更正：申请文件中存在明显错误的，可以申请更正。商标局可依职权更正。

3. 典型例题及解析

【例K60-1】商标法体现的基本原则有？
A. 自愿注册为主、强制注册为辅　　B. 注册保护原则
C. 申请在先原则　　　　　　　　　D. 诚实信用原则

【解题思路】

商标法体现了以下5个基本原则：①自愿注册为主、强制注册为辅的原则；②注册保护原则，即注册商标权利人享有专用保护；③申请在先原则；④诚实信用原则；⑤行政保护与司法保护并举原则。因此选项A、B、C、D均正确。　　【参考答案】ABCD

【例K60-2】2020年11月15日，甲公司与乙公司于同一日申请在家具上注册"蔚蓝"商标。甲公司提供了2020年10月2日在上海市销售"蔚蓝"家具的证据，乙公司提供了2020年9月3日在北京市销售"蔚蓝"家具的证据。如果"蔚蓝"商标符合注册条件的话，该注册商标专用权应当授予哪家公司？
A. 甲公司　　　　　　　　　　　　B. 乙公司
C. 甲公司和乙公司　　　　　　　　D. 甲公司和乙公司抽签决定

【解题思路】

商标法中规定，两个或两个以上的商标注册申请人，同一天申请的，初步审定并公告使用在先的商标，驳回其他人的申请，不予公告。本题中甲公司和乙公司同日申请，但乙公司使用在先，因此公告授权给乙公司，选项B正确，其他选项均错误。

【参考答案】B

【例 K60-3】根据商标法的规定，下列哪些说法是正确的？
A. 申请注册的商标应当有独创性
B. 申请注册的商标应当有显著特征，便于识别
C. 申请注册的商标应当富有美感
D. 申请注册的商标不得与他人在先取得的合法权利相冲突

【解题思路】

商标法中规定，申请注册的商标，应当有显著特征，便于识别，并不得与他人在先取得的合法权利相冲突。因此选项B、D均正确，选项A、C均错误。 【参考答案】BD

【例 K60-4】浙江省平湖市甲食品公司向商标局申请注册"平湖"商标，商标局审查后以"平湖"系县级以上行政区划名称为由驳回申请。对此，下列哪些说法是正确的？
A. 甲公司如果不服商标局的决定，可以自收到通知之日起3个月内向商标评审委员会申请复审
B. 甲公司如果不服商标局的决定，可以自收到通知之日起15日内向商标评审委员会申请复审
C. 甲公司如果不服商标评审委员会的决定，可以自收到通知之日起15日内向人民法院起诉
D. 甲公司如果不服商标评审委员会的决定，可以自收到通知之日起30日内向人民法院起诉

【解题思路】

商标法规定，对驳回申请、不予公告的商标，商标局应当书面通知商标注册申请人。商标注册申请人不服的，可以自收到通知之日起15日内向商标评审委员会申请复审。当事人对商标评审委员会的决定不服的，可以自收到通知之日起30日内向人民法院起诉。因此选项B、D均正确，选项A、C均错误。 【参考答案】BD

【K61】商标注册的异议程序

1. 本考点的主要考查角度分析

本考点中包含的关键词有：异议人、被异议人、3个月、在先权利人、利害关系人、任何人、绝对理由、相对理由、准予注册、不予注册、复审、起诉。本考点考查角度如图7-7所示。

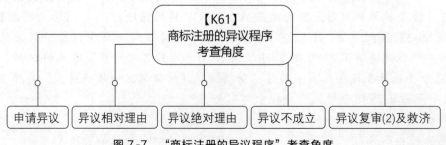

图 7-7 "商标注册的异议程序"考查角度

2. 关键词释义

(1) 自商标局初步审定公告之日起的 3 个月期间为异议期。提出异议的为异议人，商标注册申请人＝被异议人。

(2) 异议人因为异议理由的不同而范围不同：①依据相对理由的，异议人需为在先权利人或利害关系人；②依据绝对理由的，异议人可以是任何人。

(3) 受理异议申请的为商标局。商标局审查异议请求，应当给异议人、被异议人陈述理由的机会。

(4) 异议审查决定：①异议成立，商标申请被驳回，不予注册；②异议不成立，商标申请准予注册，被异议人的身份变成了注册商标专用权人。

(5) 救济：①异议人对授权决定不服的，只能请求已经授权的注册商标无效，而不能申请复审；②被异议人对不予注册决定不服的，可以在 15 日内请求复审，对复审决定不服的，可以在 30 日内提起行政诉讼。

3. 典型例题及解析

【例 K61-1】 根据商标法及相关规定，下列说法正确的是？

A. 对初步审定的商标，自公告之日起 3 个月内任何人均可以提出异议

B. 商标异议书应当有明确的请求和事实依据，并附送有关证据材料

C. 异议应当向商标评审委员会提出

D. 被异议人自收到商标异议书副本之日起 30 日内不答辩的，视为异议成立

【解题思路】

商标法及其实施条例中规定，对初步审定公告的商标，自公告之日起 3 个月内，在先权利人、利害关系人认为违反商标法第十三条第二款和第三款、第十五条、第十六条第一款、第三十条、第三十一条、第三十二条规定的（简称"相对理由"），或任何人认为违反商标法第四条、第十条、第十一条、第十二条、第十九条第四款规定的（简称"绝对理由"），可以向商标局提出异议。商标异议申请书应当有明确的请求和事实依据，并附送有关证据材料。被异议人不答辩的，不影响商标局做出决定。因此选项 A 错误，依据相对理由的，只有在先权利人、利害关系人可以提出异议。选项 B 正确，提出异议的，要提交异议书及证明文件。选项 C 错误，异议应当向商标局提出，而不是商标评审委员会。选项 D 错误，被异议人不答辩的，属于放弃自己的权利，不影响商标局做出决定。

【参考答案】 B

【例 K61-2】 根据商标法及相关规定，下列关于异议程序的说法哪些是正确的？

A. 初步审定的商标中有商品的地理标志，而该商品并非来源于该标志所标示的地区，误导公众的，任何人均可提出商标异议

B. 商标局经裁定异议不成立而核准注册的，商标注册申请人取得商标专用权的时间自异议裁定生效之日起计算

C. 经商标局裁定异议不成立而核准注册的，商标注册申请人取得商标专用权的时间自初审公告 3 个月期满之日起计算

D. 经审查属于恶意异议的给商标注册申请人造成损失的，应当予以赔偿

【解题思路】

商标法及其实施条例中规定了申请异议的绝对理由和相对理由。依据绝对理由申请异议的主体为任何人；依据相对理由的申请异议的主体为在先权利人和利害关系人。选

项 A 正确，伪地理标志申请属于绝对理由，因此任何人均可以提出异议。选项 B 错误，选项 C 正确，经审查异议不成立而准予注册的商标，商标注册申请人取得商标专用权的时间自初步审定公告 3 个月期满之日起计算。选项 D 正确，对于非恶意的异议申请，异议期满至授权之前一段时间异议人在同一商品或类似商品上使用与该商标相同或近似的标志的行为不具有追溯力，但该使用人的恶意给商标注册人造成损失的，应当给予赔偿。

【参考答案】ACD

【例 K61-3】根据商标法及相关规定，被异议人对商标局做出的不予注册决定不服而采取救济措施，下列哪种说法是正确的？

A. 被异议人有权向商标局提出行政复议
B. 被异议人有权向商标评审委员会申请复审
C. 被异议人对商标评审委员会的决定不服的，有权自收到决定之日起 15 日内向人民法院起诉
D. 人民法院受理被异议人的起诉的，应当通知异议人作为证人参加诉讼

【解题思路】

商标法中规定，商标局做出不予注册决定，被异议人不服的，可以自收到通知之日起 15 日内向商标评审委员会申请复审。被异议人对商标评审委员会的决定不服的，可以自收到通知之日起 30 日内向人民法院起诉。人民法院应当通知异议人作为第三人参加诉讼。因此选项 A 错误，选项 B 正确，对不予注册决定不服的，可以申请复审，但不得申请复议。选项 C 错误，被异议人提起行政诉讼的期间为自收到复审决定 30 日内。选项 D 错误，在该行政诉讼中，异议人的身份为第三人，而不是证人。

【参考答案】B

【K62】恶意商标注册

1. 本考点的主要考查角度分析

本考点中包含的关键词有：不以使用为目的、复制、摹仿或翻译驰名商标、注册被代理人或被代表人的商标、恶意抢注、欺骗手段注册商标、不得代理、驳回、异议、无效宣告、警告、罚款、停止受理、整改约谈。本考点考查角度如图 7-8 所示。

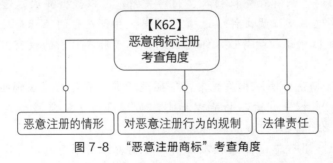

图 7-8 "恶意注册商标"考查角度

2. 关键词释义

（1）恶意注册的情形：①不以使用为目的恶意注册商标；②复制、摹仿或翻译在中国注册或未注册的驰名商标；③因代理代表关系了解被代理人或被代表人的商标而恶意注册；④因合同、业务关系明知他人使用的商标而恶意抢注；⑤明知他人已经使用且有一定影响力的商标而恶意抢注；⑥以欺骗手段注册商标；⑦违反诚信原则、违背公序良俗的注册行为。

（2）规制：①代理机构不得接受恶意注册的委托；②商标局驳回恶意注册的申请；③对公告的恶意注册提出异议；④对授权的恶意注册请求宣告无效。

(3) 处罚：①对恶意注册人处以警告、有违法所得的处 3 倍但不高于 3 万元的罚款；无违法所得的处 1 万元以下罚款。②对代理机构处警告、罚款、停止受理代理业务 6 个月至永久期限；整改约谈。

3. 典型例题及解析

【例 K62-1】根据商标法及相关规定，甲公司提交的下列哪些商标注册申请将会被驳回？
A. 谷爱凌　　　　　　　　　　B. 羽生结弦
C. 武大靖　　　　　　　　　　D. 黄潇洒

【解题思路】
商标法中规定，不以使用为目的的恶意商标注册申请，应当予以驳回。选项 A、B、C 均为以奥运冠军的名字恶意申请商标注册，损害公共利益，对社会造成不良影响，因此甲公司的申请均将被驳回。选项 D 中的名字不具有特别含义，不会被驳回。

【参考答案】ABC

【例 K62-2】根据商标法及相关规定，下列哪些说法是正确的？
A. 甲公司对未在中国注册的某驰名商标进行摹仿后向商标局提出注册申请，商标局应当驳回并禁止使用
B. 甲公司对未在中国注册的某驰名商标进行摹仿后向商标局提出注册申请，在初步审定公告的 3 个月异议期内，任何人可以提出异议
C. 甲公司对未在中国注册的某驰名商标进行摹仿后向商标局提出注册申请获得授权后，在先权利人有权请求宣告其无效
D. 甲公司对未在中国注册的某驰名商标进行摹仿后委托乙代理机构代理商标注册申请事宜，乙代理机构知道或应当知道的，不得接受委托

【解题思路】
根据商标法的规定，选项 A、B、C、D 中甲公司的行为属于恶意注册，因此商标局应当予以驳回并禁止使用，选项 A 正确；如果商标局进行了初步审定公告，则在先权利人可以向商标局提出异议，选项 B 错误；如果甲公司的申请获得授权，则在先权利人有权请求宣告该注册商标无效，选项 C 正确。在乙代理机构知情的情况下，不得接受委托，选项 D 正确。

【参考答案】ACD

【K63】商标国际注册

1. 本考点的主要考查角度分析

本考点中包含的关键词有：《马德里协定》、《马德里议定书》、原属国、原属局、国际局、基础注册、基础申请、国际注册证、中心打击、优先权、公民或国民、英语或法语、形式审查、主管局、核准保护、驳回、12 个月、18 个月、后期指定、转让、删减、放弃、注销。本考点考查角度如图 7-9 所示。

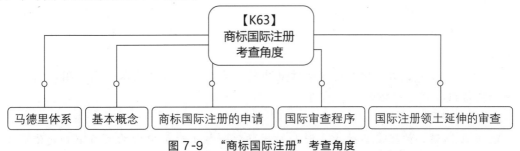

图 7-9　"商标国际注册"考查角度

2. 关键词释义

（1）马德里体系是根据《马德里协定》与《马德里议定书》建立的马德里联盟缔约方间的商标注册体系。

（2）只有中国的公民或国民才有权在中国提交国际商标注册申请。对于提交国家商标注册申请的中国公民或国民来说，中国为原属国，国家知识产权局为原属局。

（3）中国受理的申请语言为英语或法语；在原属国提交的国际注册申请为基础申请；在原属国获得授权的注册商标为基础注册。

（4）国际局只进行形式审查，合格的即在国际注册簿上进行登记并颁发国际注册证。原属国以外的其他目标国家为领土延伸国，其商标局为主管局。在领土延伸国获得授权的将通知国际局。依照《马德里协定》缔约方主管局行使驳回权利的期限为 12 个月；依照《马德里议定书》的期限是 18 个月。

（5）中心打击是指自国际注册之日起 5 年内，若某国际注册的基础注册被注销或宣布无效，或其基础申请被驳回，那么该国际注册在所有被指定缔约方都不再予以保护。如果商标申请人在向其原属局提交商标申请的 6 个月之内提交了国际注册申请，该国际专利申请即享有优先权。

（6）后期指定是指商标获得国际注册后，商标注册人就该国际注册向其他缔约方申请给予保护。国际注册商标可以全部转让，也可以部分转让。国际注册商标可以删减、放弃、注册。

3. 典型例题及解析

【例 K63-1】下列选项中的申请人有资格通过国家知识产权局提交商标国际注册申请的是？

A. 申请人是在中国有营业所的外国企业

B. 申请人具有中国国籍，但没有工商营业场所

C. 申请人是在中国没有固定住所的外国人

D. 申请人是中国的一家私有企业

【解题思路】

申请人通过国家知识产权局提交商标国际注册申请的，应当符合《马德里协定》和《马德里议定书》关于申请人资格的规定，即申请人在中国设有真实有效的工商营业场所，或申请人在中国设有住所，或申请人具有中国国籍。因此选项 A、B、D 中的申请人均有资格在中国提出国际商标注册申请。选项 C 中的外国人不具有申请资格。

【参考答案】ABD

【例 K63-2】关于马德里商标国际注册，下列说法正确的是？

A. 商标保护的实质性审查适用统一标准

B. 后期指定的商品和服务不得超出后期指定所依据的国际注册的范围

C. 申请人向中国主管局提交的申请可使用英语、法语、西班牙语提供国际注册申请书

D. 国际注册证表明申请人的国际注册申请符合实质要件的要求，已由国际局登记在案并转发给被指定缔约方进一步审查

【解题思路】

选项 A 错误，被指定缔约方主管局对国际注册领土延伸申请的实质审查是依照本国

法进行的，因此不适用统一标准。选项 B 正确，后期指定是以基础申请为依据的，因此其商品和服务不得超出原属国商标国际注册的范围。选项 C 错误，根据《马德里协定》和《马德里议定书》的要求，商标国际注册的工作语言为法语、英语和西班牙语，但是目前我国只接受法语和英语两种语言的申请。选项 D 错误，国际局仅对商标国际注册申请进行形式审查，不进行实质审查。

【参考答案】B

【例 K63-3】关于马德里商标国际注册，下列说法正确的是？
A. 国际注册商标的有效期为 10 年
B. 国际注册商标可以全部转让，也可以部分转让
C. 删减的商品或服务可以通过后期指定的形式重新指定
D. 注销的商品或服务可以通过后期指定的形式重新指定

【解题思路】

选项 A 正确，国际注册商标的有效期为 10 年，可申请续展。选项 B 正确，国际注册商标可以全部转让，也可以部分转让。选项 C 正确，删减和放弃的商品或服务可以通过后期指定的形式重新指定。选项 D 错误，在部分商品或服务被注销之后，将不能再就此部分商品或服务进行后期指定。

【参考答案】ABC

【K64】注册商标专用权的有效期

1. 本考点的主要考查角度分析

本考点中包含的关键词有：10 年、核准注册之日、12 个月、6 个月、1 年。本考点考查角度如图 7-10 所示。

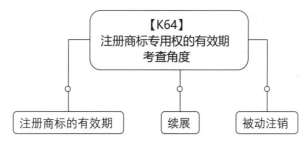

图 7-10　"注册商标专用权的有效期"考查角度

2. 关键词释义

（1）注册商标专用权的有效期为 10 年，自核准注册之日起算。异议后核准注册的，自初步审定公告 3 个月期满之日起计算。

（2）续展：续展期为期满前 12 个月内，期满后 6 个月内为宽展期。每次续展注册的有效期为 10 年，自该商标上一届有效期满次日起计算。

（3）期满未办理续展手续的，注销其注册商标。自注销之日起 1 年内，商标局对与该商标相同或近似的商标注册申请，不予核准。

3. 典型例题及解析

【例 K64-1】甲于 2019 年 12 月 11 日向商标局申请注册某商标，经商标局初步审定于 2020 年 3 月 5 日进行了公告。乙在异议期间对该商标提出异议。商标局于 2021 年 2 月 1 日裁定乙的异议不成立并予以核准注册。据此，甲从何时起取得该商标的专用权？

A. 2019 年 12 月 11 日　　　　　　　B. 2020 年 3 月 5 日
C. 2020 年 6 月 5 日　　　　　　　　D. 2021 年 2 月 1 日

【解题思路】

商标法中规定，经审查异议不成立而准予注册的商标，商标注册申请人取得商标专用权的时间自初步审定公告 3 个月期满之日起计算。本题中商标局初步审定公告的时间为 2020 年 3 月 5 日，初步审定公告期满日为 2020 年 6 月 5 日，因此甲取得商标专用权的时间应当为 2020 年 6 月 5 日。选项 C 正确，其他选项均错误。　　　　【参考答案】C

【例 K64-2】关于注册商标的续展注册，下列哪些说法是正确的？
A. 注册商标的续展期为期满前 12 个月内，宽展期为期满后 6 个月内
B. 办理注册商标续展不需要缴费
C. 每次续展注册的有效期为 10 年，自该商标上一届有效期满当日起计算
D. 每次续展注册的有效期为 10 年，自该商标上一届有效期满次日起计算

【解题思路】

商标法中规定，注册商标有效期满，需要继续使用的，商标注册人应当在期满前 12 个月内按照规定办理续展手续；在此期间未能办理的，可以给予 6 个月的宽展期。每次续展注册的有效期为 10 年，自该商标上一届有效期满次日起计算。期满未办理续展手续的，注销其注册商标。申请商标注册和办理其他商标事宜的，应当缴纳费用。选项 A 中关于续展期及宽展期的表述均正确。选项 B 错误，办理注册商标的续展需要缴纳费用；在宽展期办理的，还需要缴纳宽展费。选项 C 错误，选项 D 正确，商标上一届有效期满当日还处于有效期内，应当自商标上一届有效期满次日起算。　　【参考答案】AD

【K65】注册商标专用权的行使

1. 本考点的主要考查角度分析

本考点中包含的关键词有：标记、一并转让、登记、许可、备案、出质。本考点考查角度如图 7-11 所示。

图 7-11 "注册商标专用权的行使"考查角度

2. 关键词释义

（1）商标注册人享有标记权："注册商标"、®、注。

（2）转让：①商标注册人对其在同一种商品上注册的近似的商标，或在类似商品上注册的相同或近似的商标，应当一并转让。②对容易导致混淆或有其他不良影响的转让，商标局不予核准。③转让注册商标经商标局核准后予以公告；受让人自公告之日起享有商标专用权。④受让人应当保证使用该注册商标的商品质量。

（3）许可：①应当向商标局备案，未经备案不得对抗善意第三人。②许可人应当监督被

许可人使用其注册商标的商品质量。③被许可人应当保证使用该注册商标的商品质量；被许可人必须在使用该注册商标的商品上标明被许可人的名称和商品产地。

（4）质押：出质人与质权人应当签订书面质权合同，并共同向商标局提出质权登记申请，由商标局公告，质权自公告之日起设立。

3. 典型例题及解析

【例K65-1】 根据商标法及相关规定，商标注册人使用注册商标，有权标明注册标记，以下哪些标记表示其商标已经注册？

A. "注册商标"　　　B. ™　　　C. ®　　　D. 注

【解题思路】

商标法中规定，商标注册人有权标明"注册商标"或注册标记。我国表示已经是注册商标的标记有选项A、C、D中的三种形式，选项B中的™，是TradeMark的缩写，通常表示该商标正在申请中，尚未授权。

【参考答案】 ACD

【例K65-2】 根据商标法及相关规定，下列关于转让注册商标的说法哪些是正确的？

A. 转让人和受让人应当签订转让合同

B. 受让人自转让合同签订之日起享有注册商标专用权

C. 受让人自转让核准公告之日起享有注册商标专用权

D. 商标注册人对其在同一种商品上注册的近似的商标，应当一并转让；其在类似商品上注册的相同或近似的商标，不必一并转让

【解题思路】

商标法中规定，转让注册商标的，转让人和受让人应当签订转让协议，并共同向商标局提出申请，因此选项A正确。选项B错误，选项C正确，转让注册商标经核准后，予以公告，受让人自公告之日起享有商标专用权，而不是合同签订之日。选项D错误，商标注册人对其在同一种商品上注册的近似的商标，对其在类似商品上注册的相同或近似的商标，也应当一并转让。

【参考答案】 AC

【例K65-3】 根据商标法及相关规定，下列关于商标使用许可的说法哪些是正确的？

A. 注册商标使用许可合同应当报商标局备案

B. 被许可人应当保证使用许可商标的商品质量

C. 经许可使用他人注册商标的，可以不标明被许可人的名称和商品产地

D. 非注册商标不得许可他人使用

【解题思路】

商标法中规定，许可他人使用其注册商标的，许可人应当将其商标使用许可报商标局备案，由商标局公告。因此选项A正确。选项B正确，选项C错误，被许可人应当保证使用该注册商标的商品质量。经许可使用他人注册商标的，必须在使用该注册商标的商品上标明被许可人的名称和商品产地。选项D错误，未经注册的商标权利人同样有权许可他人使用其商标。

【参考答案】 AB

【K66】注册商标的无效宣告

1. 本考点的主要考查角度分析

本考点中包含的关键词有：注册商标、商标局、任何人、在先权利人、利害关系人、5年、复审、第三人、自始即不存在、追溯力。本考点考查角度如图7-12所示。

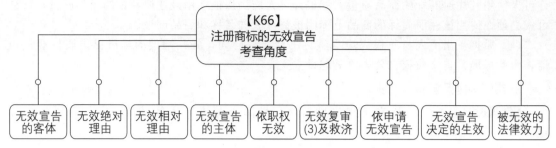

图 7-12 "注册商标的无效宣告"考查角度

2. 关键词释义

（1）无效宣告的客体为已经注册的商标。

（2）绝对理由：①商标法第四条（不以使用为目的的申请）；②商标法第十条（不得作为商标使用）；③商标法第十一条（不得作为商标注册）；④商标法第十二条（不得作为商标注册的三维标志）；⑤商标法第十九条第四款（代理机构申请其他商标）；⑥以欺骗手段或其他不正当手段取得注册的。

（3）无效相对理由：①商标法第十三条第二款（对未在中国注册的驰名商标的保护）；②商标法第十三条第三款（对已经在中国注册的驰名商标的保护）；③商标法第十五条（利用职务、业务便利，恶意注册）；④商标法第十六条第一款（伪地理标志）；⑤商标法第三十条（属于应当驳回的情形）；⑥商标法第三十一条（先申请制原则）；⑦商标法第三十二条（损害在先权利、恶意抢注）。

（4）无效宣告的主体包括：①商标局（绝对理由）；②任何人（绝对理由）；③在先权利人和利害关系人（相对理由）。

（5）商标局依职权无效宣告：①商标局宣告注册商标无效，权利人不服的，可以在15日内向商标评审委员会申请复审。②当事人对复审决定不服的，可以在30日内向人民法院起诉。

（6）商标评审委员会依申请无效宣告：①任何人以绝对理由请求宣告注册商标无效的，不受时间限制。②在先权利人和利害关系人以相对理由请求宣告无效的，应当自商标注册之日起5年内提出，驰名商标不受5年限制。③当事人对无效宣告决定不服的，可以在30日内向人民法院起诉。人民法院应当追加另一方当事人作为第三人参加诉讼。

（7）注册商标被宣告无效的，视为自始即不存在。对于无效前已经执行的生效法律文书、转让、许可合同，不具有追溯力，权利人恶意的除外。

3. 典型例题及解析

【例 K66-1】根据商标法及相关规定，下列哪些情形下商标局可以宣告注册商标无效？

A. 注册商标是以欺骗手段取得注册的

B. 其标志与我国国旗相同的

C. 商标注册人自行改变注册商标的

D. 注册商标损害他人现有的在先权利的

【解题思路】

根据商标法的规定，存在绝对理由的，商标局可以依职权宣告注册商标无效。绝对理由包括：①商标法第四条（不以使用为目的的申请）；②商标法第十条（不得作为商标使用）；③商标法第十一条（不得作为商标注册）；④商标法第十二条（不得作为商标注册的三维标志）；⑤商标法第十九条第四款（代理机构申请其他商标）；⑥以欺骗手段或其他不正当手段取得注册的。因此选项A、B均属于绝对理由，符合题意。选项C是违法行为，不属于无效宣告理由，不符合题意。选项D属于相对理由，不符合题意。

【参考答案】AB

【例K66-2】请求宣告注册商标无效的事由，包括违反相对理由。违反相对理由，即损害他人的在先权利或合法利益，下列表述属于相对理由的是？

　　A. 侵害他人驰名商标
　　B. 违反了先申请制原则
　　C. 代理人抢注被代理人商标
　　D. 与他人在先申请的商标相同或近似

【解题思路】

根据商标法的规定，存在相对理由的，在先权利人和利害关系人可以向商标评审委员会请求宣告注册商标无效。相对理由包括：①商标法第十三条第二款（对未在中国注册的驰名商标的保护）；②商标法第十三条第三款（对已经在中国注册的驰名商标的保护）；③商标法第十五条（利用职务、业务便利，恶意注册）；④商标法第十六条第一款（伪地理标志）；⑤商标法第三十条（属于应当驳回的情形）；⑥商标法第三十一条（先申请制原则）；⑦商标法第三十二条（损害在先权利、恶意抢注）。因此选项A、B、C、D均属于相对理由，均符合题意。

【参考答案】ABCD

【例K66-3】根据商标法及相关规定，下列关于注册商标无效宣告的说法哪些是正确的？

　　A. 已经注册的商标是不以使用为目的注册的，由商标局宣告该注册商标无效
　　B. 已经注册的商标是不以使用为目的注册的，商标局以外的其他单位或个人无权请求宣告该注册商标无效
　　C. 商标局做出宣告注册商标无效的决定，应当书面通知当事人
　　D. 宣告该注册商标无效的裁定，一经送达即告生效

【解题思路】

商标法中规定，不以使用为目的注册的商标，商标局可以依职权宣告该商标无效，任何单位或个人可以向商标评审委员会请求宣告其无效。因此选项A正确，选项B错误。选项C正确，商标局宣告注册商标无效的，应当书面通知当事人。选项D错误，对商标评审委员会宣告该注册商标无效的裁定不服的，当事人可以向人民法院提起诉讼。

【参考答案】AC

【例K66-4】根据商标法及相关规定，关于宣告注册商标无效的决定或裁定，下列说法正确的是？

　　A. 注册商标权利人对商标局宣告其商标无效的决定不服的，可以向人民法院起诉
　　B. 注册商标被生效的法律文书宣告无效的，视为该注册商标自始即无效
　　C. 注册商标被生效的法律文书宣告无效的，对宣告无效前人民法院做出并执行的商标侵权案件的判决不具有追溯力
　　D. 注册商标被生效的法律文书宣告无效的，商标注册人的恶意给他人造成损失的，应当给予赔偿

【解题思路】

商标法中规定，当事人对商标局的决定不服的，可以自收到通知之日起 15 日内向商标评审委员会申请复审。因此选项 A 错误，对商标局做出的无效宣告决定不服的，可以申请复审，但不能直接起诉。选项 B 正确，宣告无效的注册商标，该注册商标专用权视为自始即不存在。选项 C、D 均正确，宣告注册商标无效的决定或裁定，对宣告无效前人民法院做出并已执行的商标侵权案件的判决、裁定、调解书不具有追溯力。但是因商标注册人的恶意而给他人造成损失的，应当给予赔偿。 【参考答案】BCD

【K67】商标的管理

1. 本考点的主要考查角度分析

本考点中包含的关键词有：商业活动、识别商品来源、自行改变、通用名称、连续 3 年不使用、未注册商标、撤销、复审、自公告之日起终止。本考点考查角度如图 7-13 所示。

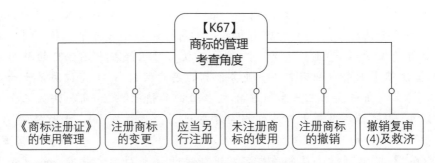

图 7-13 "商标的管理"考查角度

2. 关键词释义

（1）商标的存在，主要目的是用于区别商品的来源，因此应当用于商业活动中，包括将商标用于商品、商品包装或容器、商品交易文书上或用于广告宣传、展览等活动中。

（2）变更：申请人变更其名义、地址、代理人、文件接收人或删减指定的商品的，应当向商标局办理变更手续。

（3）新申请：①注册商标需要在核定使用范围之外的商品上取得商标专用权的，应当另行提出注册申请。②注册商标需要改变其标志的，应当重新提出注册申请。

（4）依职权撤销：商标注册人在使用注册商标的过程中，不得自行改变注册商标、注册人名义、地址、联系人、代理人，不得删减原注册范围包含的商品等，否则由地方商标行政管理部门责令限期改正；期满不改正的，由商标局撤销其注册商标。

（5）依申请撤销：①理由：注册商标成为其核定使用的商品的通用名称、没有正当理由连续 3 年不使用；②申请人：任何单位或个人；③受理机关：商标局；④审查结果：撤销或不撤销被申请的注册商标；⑤救济：当事人对决定不服的，可以自收到通知之日起 15 日内向商标评审委员会申请复审；⑥再救济：当事人对商标评审委员会的决定不服的，可以自收到通知之日起 30 日内向人民法院起诉。

3. 典型例题及解析

【例 K67-1】根据商标法及相关规定，下列哪些情形属于商标的使用？

A.将商标用于商品包装上　　　　　　B.将商标用于展览活动中
C.将商标用于商品交易文书上　　　　D.将商标用于广告宣传中

【解题思路】

商标法中规定，本法所称商标的使用，是指将商标用于商品、商品包装或容器以及商品交易文书上，或将商标用于广告宣传、展览以及其他商业活动中，用于识别商品来源的行为。因此选项A、B、C、D均属于商标使用的情形。　　　【参考答案】ABCD

【例K67-2】根据商标法及相关规定，下列哪些说法是正确的？

A. 注册商标需要改变其标志的，应当重新提出注册申请

B. 注册商标需要在同一类的其他商品上使用的，应当提出变更申请

C. 注册商标需要删减核定使用范围中的部分商品的，应当提出变更申请

D. 注册商标需要变更文件接收人的，应当提出变更申请

【解题思路】

商标法中规定，注册商标需要改变其标志的，应当重新提出注册申请。因此选项A正确。选项B错误，注册商标只允许在核定的范围内使用，权利人需要在同一类的其他商品上使用的，则超出了核定范围，应当另行提出注册申请。选项C、D均正确，注册商标需要删减核定使用范围中的部分商品的、需要变更文件接收人的，应当提出变更申请。

【参考答案】ACD

【例K67-3】根据商标法及相关规定，下列说法正确的是？

A. 注册商标没有正当理由连续3年不使用的，商标局应当撤销该注册商标

B. 注册商标成为其核定使用的商品的通用名称的，任何单位或个人可以请求商标局撤销该注册商标

C. 注册商标成为其核定使用的商品的通用名称的，任何单位或个人可以请求商标评审委员会撤销该注册商标

D. 商标注册人在使用过程中自行改变注册商标的，商标局可以直接撤销该注册商标

【解题思路】

商标法中规定，注册商标成为其核定使用的商品的通用名称或没有正当理由连续3年不使用的，任何单位或个人可以向商标局申请撤销该注册商标。因此选项A、C均错误，选项B正确。注册商标被撤销的理由可以是"成为了商品的通用名称"，可以是"连续3年不使用"，但需要申请人向商标局提出撤销请求，商标局不得依职权撤销，受理机关也不是商标评审委员会。选项D错误，商标注册人在使用注册商标的过程中，自行改变注册商标的，首先由地方市场监督管理部门责令限期改正；期满不改正的，再由商标局撤销其注册商标。

【参考答案】B

【例K67-4】关于商标评审案件，下列说法正确的有？

A. 商标注册申请人对商标局驳回其申请不予公告的决定不服的，有权向商标评审委员会申请复审

B. 商标注册申请人对商标局做出的异议成立不予注册的决定不服的，有权向人民法院起诉

C. 商标注册人对商标局依职权宣告其注册商标无效的决定不服的，有权向商标评审委员会申请复审

D. 商标注册人对商标局做出的撤销注册商标决定不服的，有权向人民法院提起诉讼

【解题思路】

商标法中规定，商标注册申请人对驳回申请、不予公告的商标的决定不服的，可以自收到通知之日起15日内向商标评审委员会申请复审。因此选项A正确。商标局做出

不予注册决定,被异议人不服的,可以自收到通知之日起 15 日内向商标评审委员会申请复审。因此选项 B 错误,作为被异议人的商标注册申请人对异议成立不予注册的决定不服的,只能提出复审,不能直接起诉。选项 C 正确,当事人对商标局的无效宣告决定不服的,可以自收到通知之日起 15 日内向商标评审委员会申请复审。选项 D 错误,对商标局撤销或不予撤销注册商标的决定,当事人不服的,可以自收到通知之日起 15 日内向商标评审委员会申请复审,而不是向人民法院起诉。

【参考答案】AC

【例 K67-5】根据商标法及相关规定,下列有关注册商标撤销和无效的说法哪些是正确的?

A. 被撤销的注册商标,其专用权自公告之日起终止
B. 被撤销的注册商标,其专用权视为自始即不存在
C. 被宣告无效的注册商标,其专用权自公告之日起终止
D. 被宣告无效的注册商标,其专用权视为自始即不存在

【解题思路】

商标法中规定,被撤销的注册商标,由商标局予以公告,该注册商标专用权自公告之日起终止。注册商标被宣告无效的,视为自始即不存在。故选项 A、D 均正确,选项 B、C 均错误。

【参考答案】AD

【K68】注册商标专用权的保护

1. 本考点的主要考查角度分析

本考点中包含的关键词有:注册商标专用权、相同、近似、侵权商品、侵权标识、反向假冒、帮助侵权、混淆侵权、描述性使用、先用权、连续 3 年未使用抗辩、善意侵权、协商、调解、处理、诉讼、行政查处、没收、罚款、停止侵权、赔偿损失、假冒注册商标罪、销售假冒注册商标的商品罪、伪造/擅自制造/销售注册商标标识罪。本考点考查角度如图 7-14 所示。

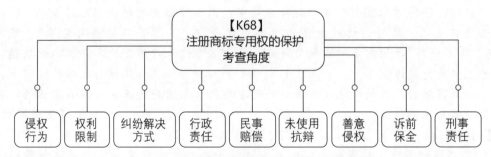

图 7-14 "注册商标专用权的保护"考查角度

2. 关键词释义

(1) 注册商标专用权的体现:①获得授权的商标注册人;②核准的注册商标;③核定的可以使用注册商标的商品。

(2) 侵权主体与主观方面:商标注册人之外的其他人;未经商标注册人的许可或同意。

(3) 侵权行为:①假冒侵权:商标相同商品相同。②仿冒侵权:商标近似商品相同;商标相同商品类似;商标近似商品类似,容易导致混淆。③侵权销售行为:销售假冒侵权商品;销售仿冒侵权商品。④标识侵权:伪造、擅自制造注册商标标识;销售侵权标识。⑤反向假冒:买进来真商品带真标识,卖出去真商品带假标识。⑥帮助侵权:故意为侵权行为人

提供仓储、运输、经营场所等便利条件。⑦蹭热度：把他人的商标作为自己企业的字号；把他人的商标用作自己的商品名称或商品装潢，误导公众。

（4）权利限制：①描述性使用不侵权：注册商标中含有通用名称、主要原料、地名等，三维标志中含有商品自身性质产生的形状等，商标注册人无权禁止他人使用。②先用权：未注册人先于商标注册人使用该商标并有一定的影响力，商标注册人无权禁止其使用，但可以要求其附加适当区别标识。

（5）纠纷解决方式：协商、起诉、行政处理、赔偿调解。

（6）行政责任：责令停止侵权，没收、销毁侵权商品及侵权工具；对5年内实施两次以上商标侵权行为或有其他严重情节的，从重处罚；涉嫌犯罪的移送司法机关。

（7）行政查处：询问人、调查事；查阅、复制合同、发票、账簿等材料；现场检查；检查、查封、扣押侵权物品。

（8）侵权赔偿数额的确定：①按照权利人因被侵权所受到的实际损失；②前者无法确定的，按照侵权人因侵权所获得的利益；③前二者均无法确定的，参照该商标许可使用费的倍数合理确定；④前三者均无法确定的，适用法定赔偿500万元以下。情节严重的，加惩罚性赔偿为前者计算所得数额的1至5倍确定；均应包含合理开支。

（9）假冒商品及侵权材料、工具的处置：责令销毁，禁止进入商业渠道，且不予补偿；假冒注册商标的商品不得在仅去除假冒注册商标后进入商业渠道。

（10）未使用抗辩：涉嫌侵权人以商标注册人连续3年未使用的，商标注册人对自己是否使用负有举证责任。

（11）善意侵权：销售不知道是侵权的商品，能证明合法取得并说明提供者的，免于赔偿，但需停止销售。

（12）诉前保全：①类型：行为保全、财产保全、证据保全。②申请人：商标注册人或利害关系人。③条件：有证据证明正在实施或即将实施侵权行为会造成难以弥补的损害；证据可能灭失或以后难以取得。④受理机关：人民法院。⑤保全措施：责令停止有关行为、保全财产、保全证据。

（13）刑事责任：①犯罪类型：假冒注册商标罪；销售假冒注册商标的商品罪；伪造、擅自制造他人注册商标标识或销售伪造、擅自制造的注册商标标识罪。②量刑：情节严重或数额较大的，3年以下有期徒刑，并处或单处罚金；情节特别严重或数额巨大的，3年以上10年以下有期徒刑，并处罚金。

3. 典型例题及解析

【例K68-1】 根据商标法及其实施条例的规定，下列哪些行为属于侵犯注册商标专用权的行为？

A. 擅自制造他人注册商标标识　　B. 制造假冒商品行为

C. 销售仿冒商品行为　　D. 故意为他人提供假冒商品营业场所

【解题思路】

根据商标法的相关规定，侵犯注册商标专用权的行为包括：假冒行为、仿冒行为、侵权销售行为、标识侵权行为、反向假冒行为、帮助侵权行为及侵权混淆行为。选项A、B、C、D中的行为均属于侵犯注册商标专用权的行为。　　**【参考答案】** ABCD

【例K68-2】 根据商标法及相关规定，下列关于注册商标专用权的说法正确的是？

A. 赵某的注册商标含有的直接表示商品质量的，赵某无权禁止他人正当使用

B. 钱某的商标获得注册之前，刘某在类似商品上先予使用并有一定影响的，钱某依然有权禁止刘某继续使用

C. 孙某的注册商标中含有本商品的通用名称，孙某无权禁止他人正当使用

D. 李某的三维标志注册商标中含有使商品具有实质性价值的形状，李某无权禁止他人正当使用

【解题思路】

商标法中规定，注册商标中含有的本商品的通用名称等，或直接表示商品的质量、主要原料及其他特点，或含有的地名，注册商标专用权人无权禁止他人正当使用。三维标志注册商标中含有的商品自身的性质产生的形状、为获得技术效果而需有的商品形状或使商品具有实质性价值的形状，注册商标专用权人无权禁止他人正当使用。选项A、C、D均正确，他人对注册商标的使用属于描述性使用的，商标注册人无权禁止。选项B错误，刘某拥有先用权，钱某无权禁止其继续使用，但可以要求刘某附加适当区别标识。

【参考答案】ACD

【例K68-3】甲公司认为乙公司侵犯了其注册商标专用权。根据商标法及相关规定，下列关于两者之间侵权纠纷解决途径的说法哪些是正确的？

A. 甲、乙两公司可以协商解决

B. 无论乙公司是否愿意协商，甲公司都可以直接向人民法院起诉

C. 甲公司可以请求市场监督管理部门对乙公司进行罚款

D. 甲公司可以直接请求人民法院没收乙公司制造的假冒其注册商标的商品

【解题思路】

商标法中规定，侵犯注册商标专用权的行为引起纠纷的，由当事人协商解决；不愿协商或协商不成的，商标注册人或利害关系人可以向人民法院起诉，也可以请求商标行政管理部门处理。因此选项A、B均正确，选项C、D均错误，在行政部门或人民法院尚未经过审理确定乙公司是否构成侵权行为时，是不能直接采取行政处罚措施或没收涉嫌侵权商品的。

【参考答案】AB

【例K68-4】根据商标法及相关规定，商标行政管理部门处理侵犯注册商标专用权纠纷，认定商标侵权行为成立的，可以做出下列哪些决定？

A. 责令立即停止侵权行为

B. 没收、销毁侵权商品和专门用于制造侵权商品、伪造注册商标标识的工具

C. 根据侵权行为情节，判定侵权赔偿数额

D. 处以罚款

【解题思路】

商标法中规定，商标行政管理部门认定侵权行为成立的，责令立即停止侵权行为，没收、销毁侵权商品和主要用于制造侵权商品、伪造注册商标标识的工具，违法经营额5万元以上的，可以处违法经营额5倍以下的罚款，没有违法经营额或违法经营额不足5万元的，可以处25万元以下的罚款。因此选项A、B、D均属于行政处罚措施，符合题意。选项C错误，关于侵权赔偿数额，行政机关可以根据当事人的请求进行调解，调解不成的，向人民法院起诉，而不会直接判定侵权赔偿数额。

【参考答案】ABD

【例K68-5】根据商标法及相关规定，关于侵犯注册商标专用权的赔偿数额，下列哪些说法是正确的？

A. 按照权利人因被侵权所受到的实际损失确定

B. 权利人的实际损失难以确定的，可以按照侵权人因侵权所获得的利益确定

C. 权利人的损失或侵权人获得的利益难以确定的，参照该商标许可使用费的倍数合理确定

D. 对3年内实施两次以上商标侵权行为的，应当从重处罚

【解题思路】

根据商标法的规定，侵权赔偿数额的确定规则为：①按照权利人因被侵权所受到的实际损失；②前者无法确定的，按照侵权人因侵权所获得的利益；③前二者均无法确定的，参照该商标许可使用费的倍数合理确定；④前三者均无法确定的，适用法定赔偿500万元以下。情节严重的，加惩罚性赔偿为前者计算所得数额的1至5倍确定；均应包含合理开支。因此选项A、B、C均正确，选项D错误，对5年内实施两次以上商标侵权行为或有其他严重情节的，应当从重处罚。

【参考答案】ABC

【例K68-6】根据商标法及相关规定，在符合下列哪些条件的情况下，销售侵犯注册商标专用权的商品的行为人才可以不承担赔偿责任？

A. 不知道所销售商品为侵犯注册商标专用权的商品

B. 不应当知道所销售商品为侵犯注册商标专用权的商品

C. 能证明所销售商品是自己合法取得并说明所销售商品的提供者

D. 市场监督管理部门已经做出了责令其停止销售的决定

【解题思路】

商标法中规定，销售不知道是侵犯注册商标专用权的商品，能证明该商品是自己合法取得并说明提供者的，不承担赔偿责任，由商标行政管理部门责令停止销售。因此选项A、C均是善意侵权不赔偿的前提，符合题意。选项B、D均不属于不赔偿的前提，不符合题意。

【参考答案】AC

【例K68-7】商标注册人甲认为乙侵犯了其注册商标专用权，遂向人民法院提起诉讼，乙在诉讼中以下列哪项为理由可以免于承担赔偿责任？

A. 甲自己一直未使用其注册商标，但一直在独占许可丙公司使用

B. 甲使用的商标与其注册商标有区别

C. 甲在此之前已经3年从未使用过

D. 甲使用其注册商标的商品社会评价很低

【解题思路】

商标法中规定，注册商标专用权人请求赔偿，被控侵权人以注册商标专用权人未使用注册商标提出抗辩的，注册商标专用权人不能证明此前3年内实际使用过该注册商标，也不能证明因侵权行为受到其他损失的，被控侵权人不承担赔偿责任。因此满足前述条件的，乙才能免于承担赔偿责任。选项A不符合题意，甲许可他人一直在使用的视为甲在使用，不符合乙免于赔偿的条件。选项B、D均不符合题意，甲使用注册商标行为违法，或其商品质量存在问题，均不属于乙不承担赔偿责任的理由。选项C符合题意，甲在此之前已经3年从未使用过，因此乙的使用没有给甲造成损失，乙可以免于承担赔偿责任。

【参考答案】C

【例K68-8】根据商标法及相关规定，下列对于保全的说法哪些是正确的？

A. 为制止侵权行为，在证据可能灭失的情况下，商标注册人可以依法在起诉前向市场监督管理部门申请证据保全

B. 为制止侵权行为，在证据以后难以取得的情况下，商标注册人可以依法在起诉前

向人民法院申请证据保全

C.有证据证明他人正在实施侵犯其注册商标专用权的行为，如不及时制止将会使其合法权益受到难以弥补的损害的，利害关系人可以向人民法院申请诉前行为保全

D.有证据证明他人即将实施侵犯其注册商标专用权的行为，如不及时制止将会使其合法权益受到难以弥补的损害的，商标注册人可以向市场监督管理部门申请诉前财产保全

【解题思路】

商标法中规定，为制止侵权行为，在证据可能灭失或以后难以取得的情况下，商标注册人或利害关系人可以依法在起诉前向人民法院申请保全证据。因此选项A错误，选项B正确，诉前证据保全只能向人民法院提出。选项C正确，选项D错误，诉前行为保全、诉前财产保全都需要向人民法院提出，行政机关无此权限。【参考答案】BC

【K69】驰名商标

1. 本考点的主要考查角度分析

本考点中包含的关键词有：被动认定、个案认定、认定机构、应考虑的因素、未在我国注册的驰名商标、在中国注册是驰名商标、"驰名商标"字样。本考点考查角度如图7-15所示。

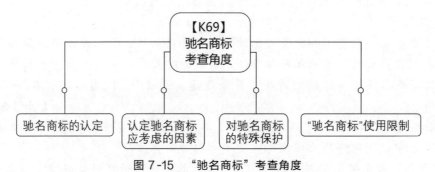

图7-15 "驰名商标"考查角度

2. 关键词释义

（1）我国驰名商标采用被动认定、个案认定规则，只有在基于纠纷案件处理需要时，才由受理案件的人民法院、商标局、商标评审委员会依法予以认定。在涉及驰名商标保护的民事纠纷案件中，人民法院对于商标驰名的认定，仅作为案件事实和判决理由，不写入判决主文；以调解方式审结的，在调解书中对商标驰名的事实不予认定。

（2）认定驰名商标应考虑的因素：①相关公众对该商标的知晓程度；②该商标使用的持续时间；③该商标的任何宣传工作的持续时间、程度和地理范围；④该商标作为驰名商标受保护的记录等因素。

（3）特殊保护：①未在中国注册的驰名商标：就相同或类似商品申请注册的商标是复制、摹仿或翻译他人未在中国注册的驰名商标，容易导致混淆的，不予注册并禁止使用。②在中国注册的驰名商标：就不相同或不相类似商品申请注册的商标是复制、摹仿或翻译他人已经在中国注册的驰名商标，误导公众，致使该驰名商标注册人的利益可能受到损害的，不予注册并禁止使用。

（4）生产、经营者不得将"驰名商标"字样用于商品、商品包装或容器上，或用于广告宣传、展览以及其他商业活动中。违反上述规定的，由地方商标行政管理部门责令改正，处10万元罚款。

3. 典型例题及解析

【例 K69-1】根据商标法及相关规定，关于驰名商标的认定，下列哪些说法是正确的？

A. 人民法院在审理商标纠纷案件中，根据当事人的请求和案件的具体情况，可以对涉及的注册商标是否驰名依法作出认定

B. 在商标注册过程中产生争议时，有关当事人认为其商标构成驰名商标的，可以向商标局请求认定驰名商标

C. 在商标评审过程中产生争议时，有关当事人认为其商标构成驰名商标的，可以向商标评审委员会请求认定驰名商标

D. 在涉及驰名商标保护的民事纠纷案件中，人民法院对商标驰名的认定，仅作为案件事实和判决理由，不写入判决主文

【解题思路】

商标法中规定，在商标民事、行政案件审理过程中，在商标注册审查、商标行政管理部门查处商标违法案件过程中，在商标争议处理过程中，当事人依法主张权利的，最高人民法院指定的人民法院根据审理案件的需要，商标局根据审查、处理案件的需要，商标评审委员会根据处理案件的需要，可以对商标驰名情况作出认定。因此选项 A、B、C 的说法均是正确的。最高人民法院司法解释中规定，在涉及驰名商标保护的民事纠纷案件中，人民法院对商标驰名的认定，仅作为案件事实和判决理由，不写入判决主文，因此选项 D 是正确的。

【参考答案】ABCD

【例 K69-2】根据商标法的规定，认定驰名商标应当考虑下列哪些因素？

A. 全体社会公众对该商标的知晓程度

B. 该商标使用的持续时间

C. 使用该商标的商品的质量

D. 该商标作为驰名商标受保护的记录

【解题思路】

商标法中规定，认定驰名商标应当考虑的因素包括：①相关公众对该商标的知晓程度；②该商标使用的持续时间；③该商标的任何宣传工作的持续时间、程度和地理范围；④该商标作为驰名商标受保护的记录；⑤该商标驰名的其他因素。因此选项 A 错误，应当是相关公众对该商标的知晓程度。选项 B、D 均是认定驰名商标应当考虑的因素，均符合题意。选项 C 中的商品质量虽然对于消费者来说非常重要，但并不属于驰名商标要考虑的因素，不符合题意。

【参考答案】BD

【例 K69-3】根据商标法及相关规定，下列关于驰名商标的说法正确的是？

A. 对未在中国注册的驰名商标，在相同或类似商品上予以保护

B. 对已在中国注册的驰名商标，在不相同或不相类似商品上予以跨类保护

C. 驰名商标所有人基于相对理由对恶意注册的商标请求宣告无效的，应当自商标注册之日起 5 年内提出申请

D. 经营者不得将"驰名商标"字样用于广告宣传中，但可以将其用在产品包装上

【解题思路】

商标法中规定，就相同或类似商品申请注册的商标是复制、摹仿或翻译他人未在中国注册的驰名商标，容易导致混淆的，不予注册并禁止使用。就不相同或不相类似商品

申请注册的商标是复制、摹仿或翻译他人已经在中国注册的驰名商标,误导公众,致使该驰名商标注册人的利益可能受到损害的,不予注册并禁止使用。因此选项A、B均正确。选项C错误,驰名商标所有人基于相对理由对恶意注册的商标请求宣告无效的,其申请不受5年的时间限制。选项D错误,经营者不得将"驰名商标"字样用于商品、商品包装或容器上,或用于广告宣传、展览以及其他商业活动中。 【参考答案】AB

三、本章同步训练题目

1. 根据商标法及相关规定,下列可以作为商标申请注册的是?
   A. 三维标志　　　　　　　　　　B. 图形与字母的组合
   C. 数字组合　　　　　　　　　　D. 颜色组合

2. 根据商标法及相关规定,下列关于证明商标的说法哪些是正确的?
   A. 以团体、协会或其他组织名义注册,供该组织成员在商事活动中使用,以表明使用者在该组织中的成员资格
   B. 由对某种商品或服务具有监督能力的组织所控制
   C. 由对某种商品或服务具有监督能力的组织成员内的单位或个人使用于其商品或服务
   D. 用以证明该商品或服务的原产地、原料、制造方法、质量或其他特定品质

3. 根据商标法及相关规定,下列哪些标志不得作为商标使用?
   A. "橘子牌"用在柑橘产品上　　　　B. 中华人民共和国外交部的标志
   C. "苏州牌"用在园林工艺产品上　　D. 与中国"绿色食品"标志相同的

4. 根据商标法及相关规定,下列属于不得作为商标注册的三维标志的是?
   A. 使商品具有实质性价值的形状
   B. 仅由商品自身的性质产生的形状
   C. 为获得技术效果而需有的商品形状
   D. 缺乏显著特征,也未能经过使用取得显著特征的三维标志

5. 根据商标法及相关规定,下列哪些主体可以在我国申请商标注册?
   A. 澳门居民甲
   B. 个体工商户乙
   C. 巴黎公约某成员国的国民丙
   D. 在中国有营业所的外国企业丁公司,其总部所在的国家不是巴黎公约成员国

6. 根据商标法及相关规定,下列关于商标代理机构的说法哪些是正确的?
   A. 申请商标注册或办理其他商标事宜,应当委托商标代理机构办理
   B. 商标代理机构应当知道委托人申请注册的商标属于恶意代理情形的,不得接受其委托
   C. 商标代理机构除对其代理服务申请商标注册外,不得申请注册其他商标
   D. 商标代理机构对在代理过程中知悉的被代理人的商业秘密,负有保密义务

7. 关于商标代理,下列说法正确的是?
   A. 商标代理机构承办商标代理业务,应当与委托人签订委托合同,写明委托事项和委托权限
   B. 办理商标事宜过程中,伪造、变造法律文件、印章、签名的,由商标局进行行政处罚
   C. 商标代理机构从事商标评审代理业务的,应当向省级市场监督管理部门备案

D. 对恶意提起商标诉讼的，由人民法院依法给予处罚

8. 风华传媒公司准备申请"风华"商标，公司法定代表人指定本公司商标专员李某办理。申请商标注册时，应提交的申请文件包括？

A. 商标注册申请书　　　　　　　　　B. 风华传媒公司法定代表人身份证明书
C. 李某的身份证件复印件　　　　　　D. "风华"商标图样

9. 根据商标法及相关规定，申请商标注册的，应当在申请书中予以声明，还应当提交下列哪些文件？

A. 申请注册集体商标、证明商标的，应当提交主体资格证明文件和使用管理规则
B. 以三维标志申请商标注册的，提交的商标图样应当至少包含三面视图
C. 以颜色组合申请商标注册的，应当说明商标的使用方式
D. 以声音标志申请商标注册的，提交符合要求的声音样本即可

10. 美国公民艾瑞克首次将某商标向其所在国提出申请，此后欲就该商标向中国提出商标注册申请并要求优先权。根据商标法及相关规定，下列哪些说法是正确的？

A. 艾瑞克应当自该商标在美国第一次提出商标注册申请之日起12个月内向中国提出申请
B. 艾瑞克应当自该商标在美国第一次获得商标注册之日起6个月内向中国提出申请
C. 为享有优先权，艾瑞克应当在提出商标注册申请的时候提出要求优先权的书面声明
D. 为享有优先权，艾瑞克应当自提出申请之日起3个月内提交在先申请文件的副本

11. 根据商标法及相关规定，下列哪种说法是正确的？

A. 商标未经注册的，不得在所销售的商品上使用
B. 商标不需要经过注册即可在所销售的商品上自由使用
C. 商标注册损害他人在先权利的，不能获得注册
D. 两个以上的自然人、法人或其他组织不得共同申请注册同一商标

12. 甲公司和乙公司均在同一种商品上向商标局申请注册"冰葫芦"商标。根据商标法及相关规定，下列哪些说法是正确的？

A. 如果甲公司先于乙公司一天提出注册申请，即使乙公司使用在先，商标局也应初步审定并公告甲公司申请注册的商标
B. 如果甲公司和乙公司同一天提出注册申请，但乙公司使用在先，则商标局应初步审定并公告乙公司申请注册的商标
C. 如果甲公司和乙公司同一天提出注册申请，且均未使用，则应通过二公司抽签确定申请人
D. 如果甲公司和乙公司同一天提出注册申请，且均未使用，则应由二公司协商确定申请人

13. 根据商标法及相关规定，下列哪些说法是正确的？

A. 申请注册的商标应当具有新颖性
B. 申请注册的商标应当富有美感
C. 申请注册的商标应当具有显著特征，便于识别
D. 申请注册的商标不得与他人在先取得的合法权利相冲突

14. 根据商标法及相关规定，下列关于商标注册申请的说法正确的是？

A. 商标注册申请人发现商标申请文件有明显错误的，可以申请更正
B. 商标注册权利人发现商标注册文件有明显错误的，可以申请更正
C. 更正商标申请文件的错误在一定条件下可以涉及实质性内容

D. 商标局可以依职权对明显错误进行更正，无需通知当事人

15. 关于申请商标注册过程中的期限，下列哪些说法是正确的？

A. 对于构成同日申请且同日使用的商标注册申请人，可以自收到商标局通知之日起 30 日内自行协商

B. 商标注册申请人要求其在中国政府承认的展览会上首次展出的商品上使用其商标而享有优先权的，应当在申请之日起 3 个月内提交展会证明文件

C. 商标注册申请人不服商标局驳回申请、不予公告的决定，可以在收到通知之日起 30 日内向商标评审委员会申请复审

D. 商标注册申请人对商标评审委员会的决定不服的，可以自收到通知之日起 3 个月内向人民法院起诉

16. 根据商标法及相关规定，关于商标异议，下列说法正确的是？

A. 初步审定的商标属于不以使用为目的的恶意商标注册申请的，任何人均可以提出商标异议

B. 初步审定的商标属于公众知晓的外国地名的，仅居住于该地的居民可以提出商标异议

C. 初步审定的商标侵犯在先外观设计专利权的，专利权人有权提出商标异议

D. 商标代理机构除对其代理服务申请商标注册外，申请注册其他商标的，任何人均可提出商标异议

17. 关于商标异议案件的审理，下列说法正确的是？

A. 对初步审定公告的商标提出异议的，商标局应当听取异议人和被异议人陈述事实和理由

B. 商标局做出准予注册决定，异议人不服的，可以向商标局申请复审

C. 商标局做出准予注册决定，异议人不服的，可以向商标评审委员会请求宣告该注册商标无效

D. 商标局做出不予注册决定，被异议人不服的，可以自收到通知之日起 15 日内向商标评审委员会申请复审

18. 根据商标法及相关规定，下列行为属于恶意申请商标注册行为的是？

A. 广州市个体工商户张某将"雷神山"作为商标申请注册

B. 李某在与甲公司的业务往来中知悉甲公司正准备申请一项注册商标，李某私下委托知情的乙代理机构将该商标设计图样提前提交了注册申请

C. 广西巴马镇一家小吃店取名"巴马香"，其传统的烤香猪肉质鲜嫩，味道独特，远近闻名。韦某到巴马镇旅游，得知"巴马香"不是注册商标，遂向商标局提出了商标注册申请

D. 上海某专利商标事务所针对其公司的注册商标向商标局提出一份新的商标注册申请，要求用于教育培训类别

19. 关于马德里商标国际注册，下列说法正确的是？

A. 在中国有真实有效的工商营业场所的中国企业，可通过中国的国家知识产权局提交国际注册申请

B. 商标国际注册申请人可以选择自行办理国际注册事宜

C. 国家知识产权局对国内企业提交的国际注册申请进行形式审查和实质审查后，将申请递交国际局

D. 国际局对形式审查合格的国际注册申请，在国际注册簿上进行登记并颁发国际注册证

20. 关于马德里国际注册，下列说法正确的是？

　　A. 国际局对形式审查合格的国际注册申请，在国际注册簿上进行登记并颁发国际注册证

　　B. 商标申请人在向其原属局提交商标申请的 12 个月之内提交了国际注册申请的，该国际专利申请即享有优先权

　　C. 自国际注册之日起 3 年内，国际注册与其基础申请或基础注册之间存在依附关系

　　D. 被指定缔约方主管局对国际注册领土延伸申请的实质审查，不受时间限制

21. 甲公司就某商标于 2019 年 8 月 6 日向商标局提出注册申请，商标局于 2020 年 9 月 10 日初步审定并予以公告，并于 2020 年 12 月 22 日予以核准注册。根据商标法及相关规定，关于注册商标的有效期限，下列说法正确的是？

　　A. 该注册商标的有效期为 10 年，自 2019 年 8 月 6 日起计算

　　B. 该注册商标的有效期为 10 年，自 2020 年 9 月 10 日起计算

　　C. 该注册商标的有效期为 10 年，自 2020 年 12 月 10 日起计算

　　D. 该注册商标的有效期为 10 年，自 2020 年 12 月 22 日起计算

22. 2008 年 5 月 2 日，甲公司获得"蒙眬"商标的核准注册，核定使用在装饰壁灯商品上。乙公司于 2015 年 6 月 3 日开始在装饰壁灯商品上使用"蒙眬"商标。甲公司欲续展其"蒙眬"商标。根据商标法及相关规定，下列说法正确的是？

　　A. 甲公司应当在 2017 年 11 月 2 日至 2018 年 11 月 2 日提出续展注册申请

　　B. 如果甲公司的续展申请获得核准，则该商标的有效期自 2018 年 5 月 2 日起计算

　　C. 如果甲公司未获得商标续展，则乙公司 2018 年 6 月对其装饰壁灯商品提出"蒙眬"商标的注册申请，商标局应不予核准注册

　　D. 在甲公司提出续展申请后获得核准前，甲公司以乙公司侵犯其注册商标专用权提起诉讼的，人民法院可以不予受理

23. 根据商标法及相关规定，下列关于注册商标转让的说法哪些是正确的？

　　A. 转让人和受让人应当签订转让合同，并共同向商标局提出申请

　　B. 注册商标专用权转让合同在商标局核准转让之前已经成立，但未生效

　　C. 对可能产生混淆的转让，商标局不予核准，书面通知申请人并说明理由

　　D. 受让人应当保证使用该注册商标的商品质量

24. 根据商标法及相关规定，订立商标使用许可合同后应当到商标局办理下列哪项手续？

　　A. 注册　　　　　　B. 登记　　　　　　C. 备案　　　　　　D. 核准

25. 甲公司通过签订商标排他许可使用合同许可乙公司使用其注册商标"小精灵"，核定使用的商品为儿童玩具。合同约定发现侵权行为后乙公司有权以其名义起诉。后乙公司发现丙公司销售假冒"小精灵"商标的儿童玩具，丙公司不能举证证明该批玩具的合法来源。下列说法正确的是？

　　A. 乙公司必须在其生产的"小精灵"儿童玩具上标明乙公司的名称和商品产地

　　B. 甲、乙公司签订的商标使用许可合同自备案后生效

　　C. 乙公司只有在甲公司不起诉的情况下，才可以单独起诉

　　D. 丙公司应当承担停止销售和赔偿损失的法律责任

26. 根据商标法及相关规定，已经注册的商标有下列哪些情形的，任何单位或个人可以请求商标评审委员会宣告该注册商标无效？

　　A. 商标标志缺乏显著特征

B. 商标标志带有民族歧视性
C. 商标注册人在使用注册商标的过程中，自行改变注册商标
D. 商标注册是不以使用为目的的

27. 甲准备申请注册的商标系恶意抢注乙公司正在使用的商标，甲委托丙代理机构向商标局提出了商标注册申请并获核准注册。根据商标法及相关规定，自该商标注册之日起5年内，乙公司可以采取下列哪种措施维护自身合法权益？
   A. 请求商标局撤销该注册商标
   B. 请求商标局宣告该注册商标无效
   C. 请求商标评审委员会宣告该注册商标无效
   D. 请求商标评审委员会撤销该注册商标

28. 李某认为王某的注册商标系恶意注册其在先的驰名商标而得，根据商标法及相关规定，下列说法正确的是？
   A. 自商标注册之日起5年内，商标局可以直接宣告该注册商标无效
   B. 自商标注册之日起5年内，商标评审委员会可以直接宣告该注册商标无效
   C. 商标核准注册的第6年内，李某可以请求商标局撤销该注册商标
   D. 商标核准注册的第7年内，李某可以请求商标评审委员会宣告该注册商标无效

29. 根据商标法及相关规定，下列哪些说法是正确的？
   A. 被宣告无效的注册商标，其商标专用权视为自始不存在
   B. 宣告注册商标无效的决定或裁定，对宣告无效前人民法院做出并已执行的商标侵权案件的调解书不具有追溯力
   C. 宣告注册商标无效的决定或裁定，对宣告无效前商标行政管理部门做出并已执行的商标侵权案件的处理决定不具有追溯力
   D. 宣告注册商标无效的决定或裁定，对宣告无效前已经履行的商标转让合同具有追溯力

30. 关于商标法所称的"商品商标的使用"，以下说法正确的是？
   A. 商品上不贴附注册商标，则不受注册商标专用权的保护
   B. 商标不能脱离商品而使用
   C. 商标可以使用在非商业活动中
   D. 商标的使用是指商标能够识别商品来源的行为

31. 根据商标法及相关规定，下列哪些说法是正确的？
   A. 注册商标需要在同一类的其他商品上使用的，应当另行提出注册申请
   B. 注册商标需要改变其标志的，应当提出变更申请
   C. 注册商标需要变更注册人名义的，应当提出变更申请
   D. 注册商标需要在核定使用范围之外的商品上使用的，应当提出变更申请

32. 根据商标法及相关规定，下列说法正确的是？
   A. 甲公司在一件商标注册申请中，可以要求在不同类别的商品上注册同一商标
   B. 乙公司可以将其已经核准注册的商标，用于与核定使用的商品相类似的商品上
   C. 丙公司将其核准注册的商标图样进行修改的，应当向商标局提出变更申请
   D. 丁公司在其商标被核准注册后，分立成了戊公司和己公司的，应当向商标局提出变更申请

33. 根据商标法及相关规定，下列哪些说法是正确的？
   A. 未注册商标不得在市场销售的商品上使用

B. 使用未注册商标不得冒充注册商标

C. 国家规定必须使用注册商标的商品，未经核准注册的，不得在市场销售

D. 国家规定必须使用注册商标的商品，未经核准注册的，可以在市场销售，但不享有商标专用权

34. 根据商标法及相关规定，下列哪些案件由商标评审委员会受理？

A. 商标注册申请人对商标局驳回申请的决定不服，申请复审的

B. 当事人对商标局做出的异议决定不服，申请复审的

C. 当事人对商标局撤销注册商标的决定不服，申请复审的

D. 以他人注册商标成为其核定使用的商品的通用名称为由，申请撤销该注册商标的

35. 根据商标法及相关规定，下列哪些行为属于侵犯注册商标专用权的行为？

A. 未经商标注册人同意，更换其商品上的注册商标并将该更换商标的商品又投入市场的

B. 未经商标注册人的许可，在类似商品上使用与其注册商标近似的商标，容易导致混淆的

C. 将与他人注册商标相同的文字作为企业的字号在相类似商品上突出使用，容易使相关公众产生误认的

D. 在类似商品上，将与他人注册商标近似的标志作为商品装潢使用，误导公众的

36. 德拉公司在其制造和出售的笔记本电脑和键盘产品上注册了"德拉"商标。下列未经德拉公司许可的行为侵犯了"德拉"注册商标专用权的是？

A. 甲在店铺招牌中标有"德拉笔记本专营"字样，只销售德拉公司制造的笔记本电脑

B. 乙制造并销售与德拉笔记本配套使用的游戏键盘，该键盘上印有乙的名称和其注册商标"金顿"，但标有"本产品可与德拉笔记本配套使用"

C. 丙公司把从德拉公司购买的"德拉"键盘与丙公司自己生产的台式电脑一起销售，该台式机上印有丙公司的名称和其注册商标"旋风"

D. 丁购买"德拉"键盘，把"德拉"标记去除，换上自己的注册商标"德啦"后进行销售

37. 根据商标法及相关规定，下列哪些行为属于市场监督管理部门对涉嫌商标侵权行为进行查处时可以行使的职权？

A. 调查与侵犯他人注册商标专用权有关的情况

B. 对当事人涉嫌从事侵犯他人注册商标专用权活动的场所实施现场检查

C. 检查与侵权活动有关的物品

D. 对涉嫌侵权人予以行政拘留

38. 在某案审理中，人民法院确认了以下事实：甲公司侵犯乙公司的注册商标专用权，乙公司因此遭受到的实际损失为200万元，甲公司因侵权行为取得违法所得为300万元，乙公司为制止侵权行为所支付的合理开支为10万元。根据商标法及相关规定，乙公司可以主张的赔偿数额是多少？

A. 200万元　　　　B. 210万元　　　　C. 300万元　　　　D. 310万元

39. 甲公司许可乙公司排他使用其注册商标，在合同履行期间，市场上出现大量侵犯该注册商标专用权的商品。对此，下列关于侵权诉讼的说法哪些是正确的？

A. 甲公司可以自行提起诉讼

B. 乙公司可以自行提起诉讼

C. 甲和乙应当共同起诉

D. 在甲不起诉的情况下，乙才可以自行提起诉讼

40. 根据刑法的规定，对下列哪些行为可以处 3 年以上 10 年以下有期徒刑，并处罚金？

A. 未经注册商标所有人许可，在同一种商品上使用与其注册商标相同的商标，情节严重的

B. 未经注册商标所有人许可，在同一种商品上使用与其注册商标相同的商标，情节特别严重的

C. 未经注册商标所有人许可，在类似商品上使用与其注册商标相同的商标，情节特别严重的

D. 销售明知是假冒注册商标的商品，销售金额数额巨大的

41. 根据商标法及相关规定，下列有关驰名商标的说法正确的是？

A. 驰名商标应当根据当事人的请求，作为处理涉及商标案件需要认定的事实进行认定

B. 驰名商标应当根据当事人的请求，在名牌企业评选活动中由相关部门给予认定

C. 在商标评议案件处理过程中，商标评审委员会可以根据处理案件的需要主动认定评议商标为"驰名商标"

D. 以调解方式审结侵权纠纷案件，在调解书中可以对商标驰名的事实予以认定

42. 甲公司生产"安然"牌菊花药枕，"安然"为注册商标，菊花为该药枕的主要原料之一。其产品广告和包装上均突出宣传"菊花"，致使"菊花"药枕被消费者熟知，其他厂商也推出"菊花"药枕。在一次案件审理中"菊花"被法院认定为驰名商标。下列哪些表述是正确的？

A. 甲公司可以在一种商品上同时使用两件商标

B. 甲公司对"安然"享有商标专用权，对"菊花"不享有商标专用权

C. 法院对驰名商标的认定可写入判决主文

D. "菊花"叙述了该商品的主要原料，不能申请注册

第八章

《反不正当竞争法》

一、本章核心考点

本章包含的核心考点如图 8-1 所示。

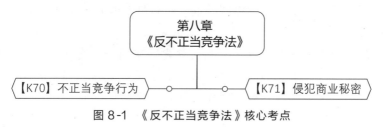

图 8-1 《反不正当竞争法》核心考点

二、核心考点分析

【K70】不正当竞争行为

1. 本考点的主要考查角度分析

本考点中包含的关键词有：经营者、商品名称、包装、装潢、企业名称、域名、网站名称、网页、商业贿赂、折扣、佣金、用户评价、曾获荣誉、抽奖、5万元、虚假信息、误导性信息、插入链接、强制进行目标跳转、强迫用户修改/关闭/卸载、不兼容。本考点考查角度如图 8-2 所示。

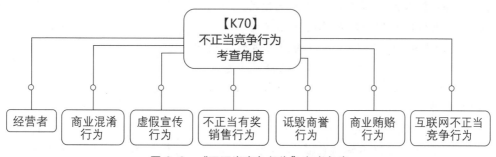

图 8-2 "不正当竞争行为"考查角度

2. 关键词释义

（1）经营者：是指从事商品生产、经营或提供服务的自然人、法人和非法人组织。经营者应当遵循自愿、平等、公平、诚信的原则，遵守法律和商业道德。

（2）商业混淆行为：①擅自使用与他人有一定影响的商品名称、包装、装潢等相同或近似的标识；②擅自使用他人有一定影响的企业名称、姓名；③擅自使用他人有一定影响的域名主体部分、网站名称、网页等。

（3）商业贿赂行为：①通过贿赂以谋取交易机会或竞争优势。②以明示方式向交易相对方支付折扣，或向中间人支付佣金，并如实入账的除外。

（4）虚假宣传行为：①对商品作虚假或引人误解的商业宣传，欺骗、误导消费者；②通过组织虚假交易等方式，帮助进行虚假或引人误解的商业宣传。

（5）不正当有奖销售行为：①有奖销售信息不明确，影响兑奖；②采用欺骗方式进行有奖销售；③抽奖式的有奖销售，最高奖的金额超过5万元。

（6）商业诋毁行为：编造、传播虚假信息或误导性信息，损害竞争对手的商业信誉、商品声誉。

（7）互联网不正当竞争行为：①未经其他经营者同意，在其合法提供的网络产品或服务中，插入链接、强制进行目标跳转；②误导、欺骗、强迫用户修改、关闭、卸载其他经营者合法提供的网络产品或服务；③恶意对其他经营者合法提供的网络产品或服务实施不兼容；④其他妨碍、破坏其他经营者合法提供的网络产品或服务正常运行的行为。

3. 典型例题及解析

【例K70-1】根据反不正当竞争法及相关规定，下列哪些行为属于不正当竞争行为？
A. 擅自使用与他人有一定影响的商品名称、包装、装潢相同的标识
B. 经营者销售商品，以明示方式给对方折扣，并如实入账
C. 进行抽奖式的有奖销售，最高奖的金额为3万元
D. 通过组织虚假交易的方式，帮助其他经营者进行虚假的商业宣传

【解题思路】
反不正当竞争中规定，经营者不得擅自使用与他人有一定影响的商品名称、包装、装潢等相同或近似的标识，引人误认为是他人商品或与他人存在特定联系。因此选项A属于商业混淆行为，当选。经营者向交易相对方支付折扣、向中间人支付佣金的，应当如实入账。因此选项B不属于商业贿赂行为，不当选。经营者进行有奖销售的，最高奖的金额不得超过5万元。因此选项C不属于不正当有奖销售行为，不当选。经营者不得通过组织虚假交易等方式，帮助其他经营者进行虚假或引人误解的商业宣传。因此选项D属于虚假宣传行为，当选。

【参考答案】AD

【例K70-2】根据反不正当竞争法及相关规定，下列哪些行为属于不正当竞争行为？
A. 擅自使用他人有一定影响的网站名称
B. 对其商品的用户评价作虚假的商业宣传，误导消费者
C. 传播虚假信息，损害竞争对手的商品声誉
D. 进行抽奖式的有奖销售，故意让内定人员中奖

【解题思路】
反不正当竞争法中规定，经营者不得擅自使用他人有一定影响的企业名称（包括简称、字号等）、社会组织名称（包括简称等）、姓名（包括笔名、艺名、译名等），引人误认为是他人商品或与他人存在特定联系。因此选项A属于商业混淆行为，当选。经营者不得对其商品的性能、功能、质量、销售状况、用户评价、曾获荣誉等作虚假或引人误解的商业宣传，欺骗、误导消费者。因此选项B属于虚假宣传行为，当选。经营者不

得编造、传播虚假信息或误导性信息，损害竞争对手的商业信誉、商品声誉。因此选项C属于商业诋毁行为，当选。经营者不得采用谎称有奖或故意让内定人员中奖的欺骗方式进行有奖销售。因此选项D属于不正当有奖销售行为，当选。 【参考答案】ABCD

【例K70-3】根据反不正当竞争法的规定，下列哪些行为属于互联网不正当竞争行为？

A. 经营者未经其他经营者同意，利用技术手段在其合法提供的网络产品中插入链接
B. 网络经营者利用技术手段强迫用户卸载其他经营者合法提供的网络服务
C. 经营者利用技术手段恶意对其他经营者合法提供的网络产品实施不兼容
D. 经营者未经其他经营者同意，利用技术手段在其合法提供的网络服务中强制进行目标跳转

【解题思路】

反不正当竞争法中规定，经营者利用技术手段，实施互联网不正当竞争的行为包括：①未经其他经营者同意，在其合法提供的网络产品或服务中，插入链接、强制进行目标跳转；②误导、欺骗、强迫用户修改、关闭、卸载其他经营者合法提供的网络产品或服务；③恶意对其他经营者合法提供的网络产品或服务实施不兼容；④其他妨碍、破坏其他经营者合法提供的网络产品或服务正常运行的行为。因此选项A、B、C、D均属于互联网不正当竞争行为。 【参考答案】ABCD

【K71】侵犯商业秘密

1. 本考点的主要考查角度分析

本考点中包含的关键词有：不为公众所知悉、具有商业价值、保密措施、技术信息、经营信息、盗窃、贿赂、欺诈、胁迫、电子侵入、披露、使用、允许他人使用、教唆、引诱、帮助、经营者以外的其他人或单位、第三人明知或应知、责令停止违法、没收违法所得、10万元至100万元罚款、50万元至500万元罚款、500万元以下赔偿、处3年以下有期徒刑并处或单处罚金、处3年以上10年以下有期徒刑并处罚金、为境外窃取、刺探、收买、非法提供商业秘密罪。本考点考查角度如图8-3所示。

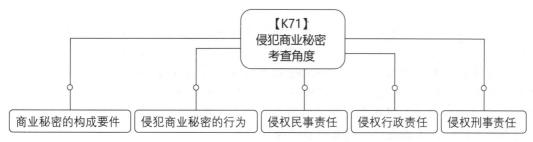

图8-3 "侵犯商业秘密"考查角度

2. 关键词释义

（1）商业秘密构成3要件：①不为公众所知悉；②具有商业价值；③采取了保密措施。
（2）商业秘密两对象：①技术信息；②经营信息。
（3）侵犯商业秘密的行为：①非法手段获取商业秘密。②披露、使用或允许他人使用以非法手段获取的权利人的商业秘密。③违反保密义务披露、使用或允许他人使用其所掌握的商业秘密。④教唆、引诱、帮助他人违反保密义务。⑤经营者以外的其他自然人、法人和非法人组织实施非法获取、非法使用、教唆侵犯商业秘密的，视为侵犯商业秘密。第三人明知

或应知商业秘密权利人的员工、前员工或其他单位、个人实施非法获取商业秘密的违法行为，仍获取、披露、使用或允许他人使用该商业秘密的，视为侵犯商业秘密。

(4) 民事赔偿责任：①按照其因被侵权所受到的实际损失确定；②实际损失难以计算的，按照侵权人因侵权所获得的利益确定；③权利人因被侵权所受到的实际损失、侵权人因侵权所获得的利益难以确定的，由人民法院根据侵权行为的情节判决给予权利人500万元以下的赔偿；④赔偿数额还应当包括经营者为制止侵权行为所支付的合理开支；⑤经营者恶意实施侵犯商业秘密行为，情节严重的，可以在确定数额的1倍以上5倍以下确定赔偿数额。

(5) 行政责任：由监督检查部门责令停止违法行为，没收违法所得，处10万元以上100万元以下的罚款；情节严重的，处50万元以上500万元以下的罚款。

(6) 刑事责任：①侵犯商业秘密罪：情节严重的，处3年以下有期徒刑，并处或单处罚金；情节特别严重，处3年以上10年以下有期徒刑，并处罚金。②为境外窃取、刺探、收买、非法提供商业秘密罪：为境外的机构、组织、人员窃取、刺探、收买、非法提供商业秘密的，处5年以下有期徒刑，并处或单处罚金；情节严重的，处5年以上有期徒刑，并处罚金。

3. 典型例题及解析

【例K71-1】技术信息或经营信息必须具备下列哪些要件，才能构成反不正当竞争法所称的商业秘密？

A. 不为公众所知悉　　　　　　B. 具有实用性
C. 权利人对其采取了保密措施　　D. 能为权利人带来经济利益

【解题思路】

反不正当竞争法中规定，本法所称的商业秘密，是指不为公众所知悉、具有商业价值并经权利人采取相应保密措施的技术信息和经营信息等商业信息。因此选项A、C、D属于构成商业秘密的要件，当选。选项B中具有实用性不属于商业秘密应当具备的条件，不当选。

【参考答案】ACD

【例K71-2】根据反不正当竞争法及相关规定，下列关于侵犯商业秘密抗辩事由的说法正确的是？

A. 通过反向工程的方式获得与他人商业秘密相同的技术信息的，不属于侵犯商业秘密的行为

B. 商业秘密被转让后，受让人取得了该商业秘密的合法使用权，不属于侵犯商业秘密的行为

C. 食品安全监督管理部门为了应对食品安全突发事件的需要，对企业的产品配方、生产工艺等商业秘密予以使用，不属于侵犯商业秘密的行为

D. 因权利人自身原因而导致商业秘密的内容被公开，他人通过合法途径知悉并使用该商业秘密的，仍然构成对该商业秘密的侵犯行为

【解题思路】

根据反不正当竞争法及相关规定，侵犯商业秘密的抗辩事由主要包括自主研发、反向工程、其他事由，包括从合法途径取得使用权、因权利人自身原因而获悉后使用、因公共利益限制而有权使用等。因此选项A、B、C均正确，选项D错误，因权利人自身原因而导致商业秘密的内容被公开的，就不再属于商业秘密，因此也不存在侵犯商业秘密的可能性。

【参考答案】ABC

【例K71-3】下列采取了保密措施的信息中属于商业秘密的是？

A. 某公司将用户在互联网上公开的个人信息收集后形成的数据集合

B. 某公司将自己多年经营的VIP客户名单整理后形成的信息集合

C. 某知名国际连锁快餐企业制作快餐食物的配方

D. 某公司策划推出一部新的游戏作品，在未向社会披露之前所涉及的游戏的具体设计、情节、装备、规则、人物等信息

【解题思路】

商业秘密包括技术信息和经营信息等。商业秘密中的技术信息，也被称作技术秘密，是指以设计图纸、技术资料、试验数据、工业配方、工艺流程、制作方法、技术情报等形式体现的制造某种产品或应用某项工艺的信息。商业秘密中的经营信息，也被称作经营秘密，是指以管理诀窍、客户名单、货源情报、产销策略、招投标中的标底及标书内容等形式体现的与采购、经营、销售、投资、分配、人事、财务等相关的非技术类秘密。选项A中的个人信息属于公开信息，因此不属于商业秘密。选项B中的属于公司的管理信息，选项C中的属于技术信息，选项D中的属于技术信息，均构成商业秘密，当选。

【参考答案】BCD

【例K71-4】根据反不正当竞争法的规定，对侵犯商业秘密的行为，监督检查部门应当如何处理？

A. 责令停止违法行为

B. 没收违法所得

C. 吊销营业执照

D. 根据情节处以10万元以上500万元以下罚款

【解题思路】

反不正当竞争法中规定，经营者以及其他自然人、法人和非法人组织违反本法第九条规定侵犯商业秘密的，由监督检查部门责令停止违法行为，没收违法所得，处10万元以上100万元以下的罚款；情节严重的，处50万元以上500万元以下的罚款。因此选项A、B、D均属于监督检查部门可以采取的行政处罚措施，当选。选项C中吊销营业执照不属于法律赋予监督检查部门的权力，不当选。

【参考答案】ABD

【例K71-5】甲公司与工程师李某签订了保密协议。李某在劳动合同终止后应聘至乙公司不久，乙公司生产出与甲公司相同技术的发电机。甲公司认为乙公司和李某共同侵犯其商业秘密。关于此案，下列哪些选项是正确的？

A. 如果乙公司生产的发电机是自主研制的，李某并未参与，则不构成侵权

B. 如果李某违反保密协议的要求，向乙公司披露甲公司的保密技术，则构成侵犯商业秘密

C. 如果乙公司明知李某是其竞争对手甲公司的前员工，仍使用李某在原工作中掌握的甲公司的商业秘密，视为侵犯商业秘密

D. 如果乙公司能证明其未利诱李某披露甲公司的保密技术，则不构成侵犯商业秘密

【解题思路】

反不正当竞争法中规定，经营者不得违反保密义务或违反权利人有关保守商业秘密的要求，披露、使用或允许他人使用其所掌握的商业秘密。第三人明知或应知商业秘密权利人的员工、前员工或其他单位、个人实施反不正当竞争法第九条第一款所列违法行为，仍获取、披露、使用或允许他人使用该商业秘密的，视为侵犯商业秘密。因此选项B、C均正确，选项D错误。本题中乙公司即使未以利诱、胁迫等不正当手段获取商业秘密，只要其明知或应知李某披露甲公司商业秘密，仍为侵犯商业秘密行为。选项A正

确，如果乙公司生产的发电机是自主研制的，李某并未参与，则与甲公司的商业秘密无关，因此不构成侵权。

【参考答案】ABC

三、本章同步训练题目

1. 根据反不正当竞争法及相关规定，下列哪些行为属于不正当竞争行为？
A. 擅自使用他人有一定影响的企业名称
B. 经营者购买商品，以明示方式向中间人支付佣金，没有如实入账
C. 进行抽奖式的有奖销售，最高奖的金额为5万元
D. 编造误导性信息，损害竞争对手的商业信誉

2. 根据反不正当竞争法及相关规定，下列哪些行为属于不正当竞争行为？
A. 擅自使用他人有一定影响的域名主体部分
B. 为谋取竞争优势，向可以利用影响力影响交易的人进行财物贿赂
C. 进行抽奖式的有奖销售，兑奖条件不明确，影响兑奖
D. 经营者利用技术手段，误导用户关闭其他经营者合法提供的网络产品

3. 甲酒厂为扩大销量，精心摹仿乙酒厂知名白酒的包装、装潢。关于甲酒厂的摹仿行为，下列判断错误的是？
A. 如果乙酒厂的包装、装潢未获得外观设计专利，则甲酒厂摹仿行为合法
B. 如果甲酒厂在包装、装潢上标明了自己的厂名、厂址、商标，则不构成混淆行为
C. 如果甲酒厂白酒的包装、装潢不足以使消费者误认为是乙酒厂白酒，则不构成混淆行为
D. 如果乙酒厂白酒的长期消费者留意之下能够辨别出二者差异，则不构成混淆行为

4. 下列选项中，应认定甲侵犯了乙的商业秘密的情形是？
A. 甲公司通过自行研究开发出与乙公司技术秘密相同的技术
B. 甲在一次闲聊时无意中听到了乙公司工程师讲述的乙公司的商业秘密，但未使用
C. 甲通过贿赂手段获得了乙公司的商业秘密
D. 乙公司技术人员李某跳槽到甲公司后将乙公司的商业秘密带到甲公司使用，但甲公司不知情

5. 甲公司与乙公司就通信设备购销协议进行洽谈，其间，乙公司的商业秘密被甲公司获悉。甲公司将该商业秘密泄露给乙公司的竞争对手丙公司，获利100万元，导致乙公司的市场份额锐减。据此，下列哪些说法是正确的？
A. 甲公司的行为属于正常的商业行为
B. 甲公司的行为侵犯了乙公司的商业秘密
C. 甲公司应当承担损害赔偿责任
D. 甲公司的违法所得应予以没收

第九章

《植物新品种保护条例》

一、本章核心考点

本章包含的核心考点如图 9-1 所示。

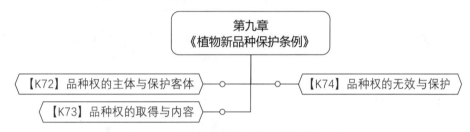

图 9-1 《植物新品种保护条例》核心考点

二、核心考点分析

【K72】品种权的主体与保护客体

1. 本考点的主要考查角度分析

本考点中包含的关键词有：执行本单位的任务、利用本单位的物质技术条件、合作、委托、人工培育或对野生植物加以开发、国家植物品种保护名录、新颖性、特异性、一致性、稳定性、适当的名称。本考点考查角度如图 9-2 所示。

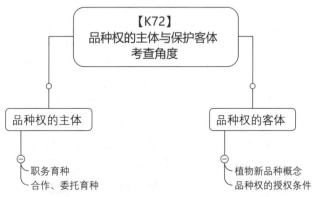

图 9-2 "品种权的主体与保护客体"考查角度

2. 关键词释义

（1）职务育种：执行本单位的任务或主要是利用本单位的物质条件所完成的职务育种，植物新品种的申请权属于该单位。

（2）合作、委托育种，品种权的归属由当事人在合同中约定；没有合同约定的，品种权属于共同完成或受委托完成育种的单位或个人。

（3）植物新品种，是指经过人工培育的或对发现的野生植物加以开发，具备新颖性、特异性、一致性和稳定性并有适当命名的植物品种。

（4）国家植物品种保护名录：申请品种权的植物新品种应当属于国家植物品种保护名录中列举的植物的属或种。

（5）新颖性，在申请日前：该品种繁殖材料未被销售，或经育种者许可在中国境内销售该品种繁殖材料未超过1年；在中国境外销售藤本植物、林木、果树和观赏树木品种繁殖材料未超过6年，销售其他植物品种繁殖材料未超过4年。

（6）特异性，应当明显区别于在递交申请以前已知的植物品种。

（7）一致性，经过繁殖，除可以预见的变异外，其相关的特征或特性一致。

（8）稳定性，经过反复繁殖后或在特定繁殖周期结束时，其相关的特征或特性保持不变。

（9）适当的名称，与已知品种的名称相区别。不得用于品种名称的情形：①仅以数字组成的；②违反社会公德的；③对植物新品种的特征、特性或育种者的身份等容易引起误解的。

3. 典型例题及解析

【例 K72-1】 根据植物新品种保护条例及相关规定，下列说法正确的是？

A. 执行本单位的任务所完成的职务育种，植物新品种的申请权属于该单位

B. 主要是利用本单位的物质条件所完成的职务育种，植物新品种的申请权属于完成育种的个人

C. 合作育种，植物新品种的申请权属于共同完成育种的单位和个人，不得自行约定归属

D. 委托育种，植物新品种的申请权属于委托人

【解题思路】

植物新品种保护条例中规定，执行本单位的任务或主要是利用本单位的物质条件所完成的职务育种，植物新品种的申请权属于该单位。因此选项A正确，选项B错误，对于职务育种，申请品种权的权利归单位，不属于完成育种的个人。选项C错误，对于合作育种，没有约定的申请品种权的权利归合作各方共有，有约定的依照约定。选项D错误，在没有约定的情况下，委托育种，植物新品种的申请权属于受托人。**【参考答案】** A

【例 K72-2】 根据植物新品种保护条例及相关规定，下列哪些说法是正确的？

A. 申请植物新品种权的植物新品种应当属于国家植物品种保护名录中列举的植物的属或种

B. 授予植物新品种权的植物新品种的名称可以仅以数字组成

C. 授予植物新品种权的植物新品种应当具备的特异性，是指申请植物新品种权的植物新品种应当明显区别于在递交申请以前已知的植物品种

D. 授予植物新品种权的植物新品种应当具备的一致性，是指申请植物新品种权的植

物新品种经过反复繁殖后或在特定繁殖周期结束时，其相关的特征或特性保持不变

【解题思路】

植物新品种保护条例中规定，申请品种权的植物新品种应当属于国家植物品种保护名录中列举的植物的属或种，因此选项 A 正确。选项 B 错误，授予品种权的植物新品种应当具备适当的名称，但名称不得仅以数字组成。选项 C 正确，植物新品种的特异性是指与已知品种要具有明显区别。选项 D 错误，植物新品种的一致性是指经过繁殖，除可以预见的变异外，其相关的特征或特性一致。

【参考答案】AC

【K73】品种权的取得与内容

1. 本考点的主要考查角度分析

本考点中包含的关键词有：先申请、先完成育种、请求书、说明书、品种的照片、初步审查、实质审查、驳回、3个月、复审、15日、起诉、保护期限、终止。本考点考查角度如图 9-3 所示。

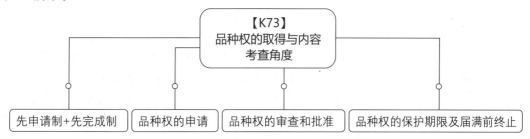

图 9-3 "品种权的取得与内容"考查角度

2. 关键词释义

（1）品种权制度采用的是先申请制＋先完成制，即同样的申请，权利授予先申请的人；同日申请的，授予先完成的人。

（2）品种权申请需要提交请求书、说明书和品种的照片。

（3）品种权初步审查的内容主要有：是否属于植物品种保护名录列举的植物属或种的范围；申请人是否有资格在我国申请品种权保护；是否符合新颖性的规定；植物新品种的命名是否适当。

（4）实质审查的内容：特异性、一致性、稳定性。

（5）复审：申请被驳回的，可以在收到通知之日起 3 个月内申请复审；对复审决定不服的，可以在 15 日内向人民法院起诉。

（6）保护期限：品种权的保护期限，自授权之日起，藤本植物、林木、果树和观赏树木为 20 年，其他植物为 15 年。

（7）品种权在其保护期限届满前终止的情形：①品种权人以书面声明放弃品种权的；②品种权人未按照规定缴纳年费的；③品种权人未按照审批机关的要求提供检测所需的该授权品种的繁殖材料的；④经检测该授权品种不再符合被授予品种权时的特征和特性的。

3. 典型例题及解析

【例 K73-1】甲于 2019 年 11 月 10 日独立完成了某植物新品种的育种，乙于 2020 年 2 月 14 日也独立完成了该植物新品种的育种。后甲和乙均于 2020 年 6 月 8 日分别就该植物新品种申请品种权。如果甲和乙就该植物新品种提交的品种权申请均符合授予品种权的其他条件，则品种权应当授予何人？

A. 甲
B. 乙
C. 由甲和乙协商确定，协商不成的，由审批机关以抽签的方式确定
D. 由甲和乙协商确定，协商不成的，驳回甲和乙的申请

【解题思路】

植物新品种保护条例中规定，两个以上的申请人分别就同一个植物新品种申请品种权的，品种权授予最先申请的人；同时申请的，品种权授予最先完成该植物新品种育种的人。本题中甲、乙同日提出植物新品种申请，则品种权授予最先完成的人。由于甲的完成日期是2019年11月10日，早于乙的完成日期2020年2月14日，因此该品种权应当授予甲。选项A正确，其他选项均错误。

【参考答案】 A

【例 K73-2】 根据植物新品种保护条例的规定，申请品种权的，应当向审批机关提交下列哪些文件或资料？

A. 请求书　　　　　　　　B. 权利要求书
C. 说明书　　　　　　　　D. 该品种的照片

【解题思路】

植物新品种保护条例中规定，申请品种权的，应当向审批机关提交符合规定格式要求的请求书、说明书和该品种的照片。因此选项A、C、D均为申请文件，当选。选项B不是品种权申请需要提交的文件，不当选。

【参考答案】 ACD

【例 K73-3】 李某不服审批机关驳回其品种权申请的决定。根据植物新品种保护条例及相关规定，下列说法正确的是？

A. 李某应当自收到通知之日起60日内申请复议
B. 李某应当自收到通知之日起60日内请求复审
C. 李某对复议决定不服的，可以在收到复议决定之日起15日内向人民法院起诉
D. 李某对复审决定不服的，可以在收到复议决定之日起15日内向人民法院起诉

【解题思路】

植物新品种保护条例中规定，对审批机关驳回品种权申请的决定不服的，申请人可以自收到通知之日起3个月内，向植物新品种复审委员会请求复审。申请人对植物新品种复审委员会的决定不服的，可以自接到通知之日起15日内向人民法院提起诉讼。本题中李某对驳回决定不服的，可以在3个月内提出复审请求。因此选项A、B均错误。李某对复审决定不服的，可以在15日内向人民法院起诉。因此选项C错误，选项D正确。

【参考答案】 D

【例 K73-4】 根据植物新品种保护条例及相关规定，下列关于品种权的保护期限的说法哪些是正确的？

A. 果树的品种权保护期限为20年，自申请之日起算
B. 果树的品种权保护期限为20年，自授权之日起算
C. 花草的品种权保护期限为15年，自申请之日起算
D. 花草的品种权保护期限为15年，自授权之日起算

【解题思路】

植物新品种保护条例中规定，品种权的保护期限，自授权之日起，藤本植物、林木、果树和观赏树木为20年，其他植物为15年。因此选项A、C均错误，选项B、D均正确。

【参考答案】 BD

【K74】品种权的无效与保护

1. 本考点的主要考查角度分析

本考点中包含的关键词有：植物新品种复审委员会、依职权、依申请、视为自始不存在、新颖性、特异性、一致性、稳定性、3个月、独占权、商业目的、生产、销售、重复使用、繁殖材料、育种、科研活动、农民自繁自用、国家利益、公共利益、强制许可。本考点考查角度如图9-4所示。

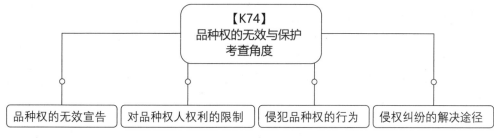

图9-4 "品种权的无效与保护"考查角度

2. 关键词释义

（1）植物新品种复审委员会可以依职权也可以依申请宣告已经授权的品种权无效。被宣告无效的品种权视为自始不存在。

（2）无效宣告的理由：已经授权的品种权缺乏新颖性、特异性、一致性或稳定性。命名不当的可以要求权利人更名。

（3）品种权人对其授权品种，享有排他的独占权。任何单位或个人未经品种权人的许可，不得为商业目的生产或销售该授权品种的繁殖材料，不得为商业目的将该授权品种的繁殖材料重复使用于生产另一品种的繁殖材料；但是植物新品种保护条例另有规定的（限制、强制许可）除外。

（4）限制：可以不经品种权人许可，不向其支付使用费的情形：①利用授权品种进行育种及其他科研活动；②农民自繁自用授权品种的繁殖材料。

（5）强制许可：①为了国家利益或公共利益；②取得实施强制许可的单位或个人应当付给品种权人合理的使用费。

3. 典型例题及解析

【例K74-1】根据植物新品种保护条例及相关规定，关于植物新品种权的无效，下列说法正确的是？

A. 对于不具备新颖性的植物新品种，植物新品种复审委员会可以依据职权宣告植物新品种权无效

B. 对于不具备稳定性的植物新品种，植物新品种复审委员会可以依据任何单位或个人的书面请求宣告植物新品种权无效

C. 被宣告无效的植物新品种权自公告无效之日起无效

D. 宣告植物新品种权无效的决定，对在宣告前人民法院作出并已执行的植物新品种侵权的判决、裁定具有追溯力

【解题思路】

植物新品种保护条例中规定，自审批机关公告授予植物新品种权之日起，植物新品

种复审委员会可以依据职权或依据任何单位或个人的书面请求，对不具备新颖性、特异性、一致性或稳定性的品种权宣告其无效，因此选项A、B均正确。选项C错误，被宣告无效的植物新品种权视为自始不存在。选项D错误，宣告植物新品种权无效的决定，对在宣告前已执行的判决、裁定，对已执行的侵权处理决定，以及已经履行的实施许可合同和转让合同，不具有追溯力。

【参考答案】AB

【例K74-2】根据植物新品种保护条例及相关规定，下列选项中可以不经植物新品种权人许可使用授权品种，并不向其支付使用费的行为是？

A. 利用授权品种进行育种
B. 利用授权品种进行其他科研活动
C. 农民自繁自用授权品种的繁殖材料
D. 为商业目的对授权品种的繁殖材料进行销售的行为

【解题思路】

植物新品种保护条例中规定，利用授权品种进行育种及其他科研活动的，农民自繁自用授权品种的繁殖材料的，可以不经植物新品种权人许可，不向其支付使用费，因此选项A、B、C均属于合理使用的情形，当选。选项D中的行为属于侵权行为，不当选。

【参考答案】ABC

【例K74-3】根据植物新品种保护条例及相关规定，在下列哪些情形下审批机关可以作出实施植物新品种强制许可的决定？

A. 某农学院教授利用授权品种进行育种活动
B. 为了国家利益
C. 农民要自繁自用授权品种的繁殖材料
D. 为了公共利益

【解题思路】

植物新品种保护条例中规定，为了国家利益或公共利益，审批机关可以作出实施植物新品种强制许可的决定，并予以登记和公告。因此选项B、D均属于强制许可的情形，当选。选项A、C均属于合理使用的情形，不当选。

【参考答案】BD

三、本章同步训练题目

1. 根据植物新品种保护条例的规定，下列哪些申请品种权的藤本植物新品种具备新颖性？

A. 在申请日前其繁殖材料未被销售过
B. 在申请日前，经育种者许可，其繁殖材料在中国境内销售未超过1年，在境外未销售过
C. 在申请日前，经育种者许可，其繁殖材料在中国境内未销售过，在中国境外销售未超过6年
D. 在申请日前，经育种者许可，其繁殖材料在中国境内销售超过1年，但在中国境外销售未超过4年的

2. 根据植物新品种保护条例及相关规定，下列哪些说法是正确的？

A. 申请品种权的植物新品种仅指经过人工培育的植物品种，不包括对发现的野生植物加以开发的植物品种

B. 授予品种权的植物新品种应当同时具备新颖性、特异性、一致性和实用性

C. 授予品种权的植物新品种应当具备适当的名称，并与相同或相近的植物属或种中已知品种的名称相区别

D. 违反社会公德的名称不得用于授权品种的命名

3. 根据植物新品种保护条例及相关规定，下列哪些说法是正确的？

A. 申请品种权的名称仅用数字组成命名是允许的

B. 授予品种权的植物新品种应当具备新颖性、创造性、一致性、稳定性

C. 申请品种权的应当向审批机关提交符合规定格式要求的请求书、说明书和该品种的照片

D. 申请人可以在品种权授予前修改或撤回品种权申请

4. 根据植物新品种保护条例及相关规定，对于植物新品种申请需要初步审查哪些内容？

A. 是否属于植物新品种保护名录列举的植物属或种的范围

B. 是否符合新颖性的规定

C. 植物新品种的命名是否适当

D. 植物新品种是否具有特异性

5. 甲公司于 2019 年 5 月 6 日在外国就某果树新品种提出品种权申请并被受理，并于 2019 年 10 月 20 日就同一品种在中国提出品种权申请，要求享有优先权并及时提交了相关文件。我国审批机关于 2020 年 10 月 30 日授予其品种权。根据植物新品种保护条例及相关规定，下列关于该品种权保护期限的说法哪些是正确的？

A. 保护期限从 2019 年 5 月 6 日起计算

B. 保护期限从 2019 年 10 月 20 日起计算

C. 保护期限从 2020 年 10 月 30 日起计算

D. 该品种权的保护期限是 20 年

6. 根据植物新品种保护条例的规定，有下列哪些情形的，品种权在其保护期限届满前终止？

A. 品种权人以书面声明放弃品种权的

B. 品种权人未按照规定缴纳年费的

C. 品种权人未按照审批机关的要求提供检测所需的该授权品种的繁殖材料的

D. 经检测该授权品种不再符合被授予品种权时的特征和特性的

7. 根据植物新品种保护条例的规定，关于植物新品种权的无效，下列哪些说法是正确的？

A. 请求宣告品种权无效的期限为自公告授予品种权之日起 2 年内

B. 对于不具备特异性的植物新品种，植物新品种复审委员会可以依据职权宣告品种权无效

C. 对于不具备一致性的植物新品种，植物新品种复审委员会可以依据任何单位或个人的书面请求宣告品种权无效

D. 品种权人对于宣告其品种权无效的决定不服的，可以请求复审

8. 根据植物新品种保护条例及相关规定，下列哪些行为可以不经品种权人许可，不向其支付使用费？

A. 利用授权品种进行育种及其他科研活动

B. 农民自繁自用授权品种的繁殖材料

C. 为商业目的销售不知道是侵权品种的繁殖材料，但能够证明其合法来源
D. 为商业目的重复使用授权品种的繁殖材料生产另一品种的繁殖材料
9. 根据植物新品种保护条例及相关规定，下列说法正确的是？
A. 为了公共利益，可以对品种权人的品种权实施强制许可
B. 为了国家利益，可以对品种权人的品种权实施强制许可
C. 强制许可无须品种权人许可，但应当向其支付使用费
D. 强制许可无须品种权所有人许可，也不向其支付使用费

第十章

《集成电路布图设计保护条例》

一、本章核心考点

本章包含的核心考点如图 10-1 所示。

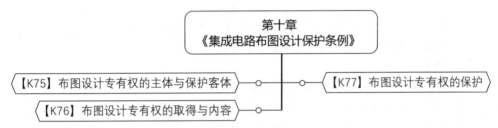

图 10-1 《集成电路布图设计保护条例》核心考点

二、核心考点分析

【K75】布图设计专有权的主体与保护客体

1. 本考点的主要考查角度分析

本考点中包含的关键词有：布图设计、集成电路、物品、独创性、非常规设计、思想、处理过程、操作方法、数学概念、职务布图设计、合作、委托。本考点考查角度如图 10-2 所示。

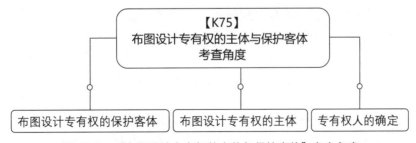

图 10-2 "布图设计专有权的主体与保护客体"考查角度

2. 关键词释义

（1）集成电路布图设计保护的客体包括：布图设计、含有该布图设计的集成电路及含有该集成电路的物品。

(2) 授权条件：受保护的布图设计应当具有独创性，是创作者自己的智力劳动成果，并且不是公认的常规设计。对布图设计的保护，不延及思想、处理过程、操作方法或数学概念等。

(3) 由法人或其他组织主持，依据法人或其他组织的意志而创作，并由法人或其他组织承担责任的布图设计，该法人或其他组织是创作者。

(4) 合作创作的布图设计，其专有权的归属由合作者约定；未作约定或约定不明的，其专有权由合作者共同享有。

(5) 受委托创作的布图设计，其专有权的归属有约定依约定；未作约定或约定不明的，其专有权由受托人享有。

3. 典型例题及解析

【例 K75-1】根据集成电路布图设计保护条例及相关规定，下列说法正确的是？
A. 集成电路不以能执行某种电子功能为必需
B. 如果集成电路布图设计是由常规设计组成，即使其组合作为整体具有独创性，也不应受保护
C. 集成电路布图设计专有权保护的客体可以延及集成电路的设计思想、概念等
D. 受保护的集成电路布图设计应当具有独创性

【解题思路】

集成电路布图设计保护条例中规定，集成电路，是指半导体集成电路，即以半导体材料为基片，将至少有一个是有源元件的两个以上元件和部分或全部互连线路集成在基片之中或基片之上，以执行某种电子功能的中间产品或最终产品。集成电路布图设计应具备独创性，如果受保护的是由常规设计组成的集成电路布图设计，其组合作为整体也应当具有独创性。集成电路布图设计专有权保护的客体不延及集成电路的设计思想、数学概念等。因此选项 A、B、C 均错误，选项 D 正确。【参考答案】D

【例 K75-2】根据集成电路布图设计保护条例及相关规定，下列说法正确的是？
A. 除集成电路布图设计保护条例另有规定外，布图设计专有权属于布图设计创作者
B. 由甲公司主持，依据甲公司的意志而创作，并由甲公司承担责任的布图设计，甲公司是创作者
C. 受委托创作的布图设计，委托人和受托人对专有权的归属未作约定或约定不明的，其专有权由委托人享有
D. 两个以上自然人、法人或其他组织合作创作的布图设计，合作者对专有权的归属未作约定或约定不明的，其专有权由合作者共同享有

【解题思路】

集成电路布图设计保护条例中规定，布图设计专有权属于布图设计创作者，本条例另有规定的除外，因此选项 A 正确。选项 B 正确，由法人或其他组织主持，依据法人或其他组织的意志而创作，并由法人或其他组织承担责任的布图设计，该法人或其他组织是创作者。选项 C 错误，受委托创作的布图设计，其专有权的归属未作约定或约定不明的，其专有权由受托人享有，而不是委托人。选项 D 正确，两个以上自然人、法人或其他组织合作创作的布图设计，其专有权的归属未作约定或约定不明的，其专有权由合作者共同享有。【参考答案】ABD

【K76】布图设计专有权的取得与内容

1. 本考点的主要考查角度分析

本考点中包含的关键词有：国务院知识产权行政部门、布图设计专有权、布图设计登记申请表、布图设计的复制件或图样、集成电路样品、首次商业利用 2 年内、初步审查、驳回、复审、复制、投入商业利用、撤销。本考点考查角度如图 10-3 所示。

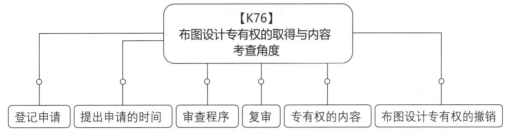

图 10-3 "布图设计专有权的取得与内容"考查角度

2. 关键词释义

（1）国务院知识产权行政部门负责布图设计的受理、审查、授权、复审等工作。

（2）布图设计专有权经登记产生。未经登记的不受集成电路布图设计保护条例的保护。

（3）申请文件包括：①布图设计登记申请表；②布图设计的复制件或图样；③布图设计已投入商业利用的，提交含有该布图设计的集成电路样品等。

（4）布图设计自其在世界任何地方首次商业利用之日起 2 年内，均可申请登记；未提出登记申请的，不再予以登记。

（5）经初步审查未发现驳回理由的，予以登记，发给登记证明文件并公告。

（6）申请人对驳回其登记申请的决定不服的，可以自收到通知之日起 3 个月内，请求复审；对复审决定不服的，可以自收到通知之日起 3 个月内提起诉讼。

（7）布图设计专有权的内容：布图设计权利人享有对受保护的布图设计的全部或其中任何具有独创性的部分进行复制的专有权利；享有将受保护的布图设计、含有该布图设计的集成电路或含有该集成电路的物品投入商业利用的专有权利。

（8）依职权撤销：布图设计获准登记后，国务院知识产权行政部门发现该登记不符合规定的，应当予以撤销。布图设计权利人对撤销决定不服的，可以自收到通知之日起 3 个月内向人民法院起诉。

3. 典型例题及解析

【例 K76-1】根据集成电路布图设计保护条例及相关规定，申请人以书面形式申请集成电路布图设计登记的，应当提交下列哪些文件或物品？

A. 集成电路布图设计登记申请表
B. 集成电路布图设计的说明书
C. 集成电路布图设计的复制件或图样
D. 集成电路布图设计已投入商业利用的，提交含有该布图设计的集成电路样品

【解题思路】

集成电路布图设计保护条例中规定，申请布图设计登记，应当提交：①布图设计登记申请表；②布图设计的复制件或图样；③布图设计已投入商业利用的，提交含有该布图设计的集成电路样品等。因此选项 A、C、D 所述均为布图设计登记需要提交的文件

或物品，当选。选项 B 中的说明书不是布图设计的申请文件，不当选。

【参考答案】ACD

【例 K76-2】根据集成电路布图设计保护条例及相关规定，下列说法正确的是？

A. 布图设计首次商业利用之日起 2 年内，未提出登记申请的，国家知识产权局不予登记

B. 国家知识产权局应当对布图设计登记申请进行初步审查

C. 国家知识产权局应当对布图设计登记申请进行实质审查

D. 布图设计经审查没有发现驳回理由的，予以登记，发给登记证明文件并公告

【解题思路】

集成电路布图设计保护条例中规定，布图设计自其在世界任何地方首次商业利用之日起 2 年内，未向国务院知识产权行政部门提出登记申请的，不再予以登记。因此选项 A 正确，选项 B 正确，选项 C 错误，我国对布图设计专有权的授予采用的是初步审查制，不进行实质审查。选项 D 正确，布图设计经审查没有发现驳回理由的，即进行授权登记和公告。

【参考答案】ABD

【例 K76-3】根据集成电路布图设计保护条例及相关规定，布图设计登记申请人对国家知识产权局驳回其登记申请的决定不服的，可以选择下列哪种救济途径？

A. 自收到通知之日起 3 个月内向国家知识产权局申请行政复议

B. 自收到通知之日起 3 个月内向国家知识产权局请求复审

C. 自收到通知之日起 3 个月内向国家知识产权局申诉

D. 自收到通知之日起 3 个月内向人民法院提起行政诉讼

【解题思路】

集成电路布图设计保护条例中规定，布图设计登记申请人对国务院知识产权行政部门驳回其登记申请的决定不服的，可以自收到通知之日起 3 个月内，向国务院知识产权行政部门请求复审。因此对于驳回决定的唯一救济方式是请求复审，选项 B 正确，其他选项均错误。

【参考答案】B

【例 K76-4】根据集成电路布图设计保护条例及相关规定，集成电路布图设计权利人享有下列哪些专有权？

A. 享有对受保护的布图设计的全部进行复制

B. 享有对受保护的布图设计中的任何具有独创性的部分进行复制

C. 享有将受保护的布图设计投入商业利用

D. 享有将含有受保护的布图设计的集成电路投入商业利用

【解题思路】

集成电路布图设计保护条例中规定，布图设计权利人享有对受保护的布图设计的全部或其中任何具有独创性的部分进行复制的专有权利；享有将受保护的布图设计、含有该布图设计的集成电路或含有该集成电路的物品投入商业利用的专有权利。因此选项 A、B、C、D 均正确，当选。

【参考答案】ABCD

【例 K76-5】关于集成电路布图设计的撤销，下列表述正确的是？

A. 王某申请布图设计获准登记后，国务院知识产权行政部门发现该登记不符合《集成电路布图设计保护条例》规定的定义的，可以予以撤销

B. 王某申请布图设计获准登记后，刘某认为其登记不符合《集成电路布图设计保护条例》规定的定义的，可以请求国务院知识产权行政部门予以撤销

C. 李某申请布图设计获准登记后，国务院知识产权行政部门发现该布图设计属于常规设计，可以予以撤销

D. 李某申请布图设计获准登记后，张某发现该布图设计属于常规设计，可以请求国务院知识产权行政部门予以撤销

【解题思路】

集成电路布图设计保护条例中规定，布图设计获准登记后，国务院知识产权行政部门发现该登记不符合本条例规定的，应当予以撤销。由此可见，布图设计专有权的撤销只有国务院知识产权行政部门依职权撤销一种情形，因此选项A、C均正确，选项B、D均错误。

【参考答案】AC

【K77】布图设计专有权的保护

1. 本考点的主要考查角度分析

本考点中包含的关键词有：10年、15年、个人目的、单纯研究等目的、再次创作、自己独创、再次商业利用、非自愿许可、侵权、善意不侵权。本考点考查角度如图10-4所示。

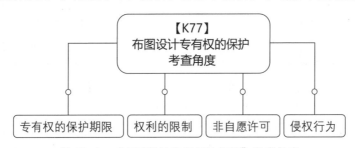

图10-4 "布图设计专有权的保护"考查角度

2. 关键词释义

（1）布图设计专有权的保护期为10年，自登记申请之日或首次投入商业利用之日起计算，以较前日期为准。布图设计自创作完成之日起15年后，不再受保护。

（2）合理使用，即可以不经布图设计权利人许可，不向其支付报酬的情形：①为个人目的或单纯为评价、分析、研究、教学等目的而复制受保护的布图设计的；②在依据前项评价、分析受保护的布图设计的基础上，创作出具有独创性的布图设计的；③对自己独立创作的与他人相同的布图设计进行复制或将其投入商业利用的。

（3）权利用尽：布图设计权利人或经其许可将含有受保护的布图设计及产品投放市场后，他人再次进行商业利用，不侵权。

（4）非自愿许可：①事由：国家出现紧急状态或非常情况时，或为了公共利益的目的，或已经依法认定布图设计权利人有不正当竞争行为而需要给予补救。②被许可人：不享有独占的使用权，且无权允许他人使用，并向权利人支付合理的报酬。

（5）侵权行为：①未经许可，复制受保护的布图设计的全部或其中任何具有独创性的部分的；②未经许可，为商业目的的进口、销售或以其他方式提供受保护的布图设计、含有该布图设计的集成电路或含有该集成电路的物品的。

（6）善意不侵权：①行为人不知道也没有合理理由应当知道其购买的物品中含有非法复制的布图设计，而将其投入商业利用的，不视为侵权；②行为人得到其购买的物品中含有非法复制的布图设计的明确通知后，可以继续将现有的存货或此前的订货投入商业利用，但应当向布图设计权利人支付合理的报酬。

3. 典型例题及解析

【例 K77-1】根据集成电路布图设计保护条例及相关规定，下列哪些说法是正确的？

A. 布图设计专有权自创作完成之日起自动产生

B. 布图设计专有权的保护期为 15 年

C. 布图设计专有权的保护期自登记申请之日或在世界任何地方首次投入商业利用之日起计算，以较前日期为准

D. 无论是否登记或投入商业利用，布图设计自创作完成之日起 15 年后，不再受到集成电路布图设计保护条例的保护

【解题思路】

集成电路布图设计保护条例中规定，布图设计专有权经国务院知识产权行政部门登记产生，因此选项 A 错误。布图设计专有权的保护期为 10 年，自布图设计登记申请之日或在世界任何地方首次投入商业利用之日起计算，以较前日期为准。但是，无论是否登记或投入商业利用，布图设计自创作完成之日起 15 年后，不再受集成电路布图设计保护条例的保护。因此选项 B 错误，选项 C、D 均正确。 【参考答案】CD

【例 K77-2】关于集成电路布图设计专有权的非自愿许可，下列说法正确的是？

A. 在国家出现紧急状态时，国务院知识产权行政部门可以对布图设计权利人的布图设计专有权实施非自愿许可

B. 取得实施非自愿许可的单位或个人不享有独占的实施权

C. 取得实施非自愿许可的单位或个人无权允许他人实施

D. 取得实施非自愿许可的单位或个人不需要向布图设计权利人支付报酬

【解题思路】

集成电路布图设计保护条例中规定，在国家出现紧急状态或非常情况时，国务院知识产权行政部门可以给予使用其布图设计的非自愿许可，因此选项 A 正确。取得实施非自愿许可的被许可人不享有独占的使用权，且无权允许他人使用，并且应当向权利人支付合理的报酬。因此选项 B、C 均正确，选项 D 错误。 【参考答案】ABC

【例 K77-3】根据集成电路布图设计保护条例的规定，下列哪些行为可以不经布图设计专有权人的许可并且可以不向其支付报酬？

A. 单纯为评价、分析目的而复制受保护的布图设计

B. 在对受保护的布图设计进行评价、分析的基础上，创作出具有独创性的布图设计

C. 将布图设计专有权人投放市场的含有受保护布图设计的集成电路再次进行商业利用

D. 将自己独立创作的与受保护的布图设计相同的布图设计投入商业利用

【解题思路】

集成电路布图设计保护条例中规定，为个人目的或单纯为评价、分析、研究、教学等目的而复制受保护的布图设计的，在依据前项评价、分析受保护的布图设计的基础上，创作出具有独创性的布图设计的，对自己独立创作的与他人相同的布图设计进行复制或将其投入商业利用的，可以不经布图设计权利人许可，不向其支付报酬，因此选项 A、B、D 均符合题意，当选。布图设计权利人或经其许可将含有受保护的布图设计及产品投放市场后，他人再次进行商业利用，属于权利用尽，不侵犯布图设计权利人的权利，因此选项 C 符合题意，当选。 【参考答案】ABCD

【例 K77-4】下列行为属于侵犯集成电路布图设计专有权的是?
A. 小王未经许可对小刘受保护的集成电路布图设计进行了全部内容的复制
B. 小张未经许可对小李受保护的集成电路布图设计中不具有独创性的部分进行了复制
C. 小赵未经许可为商业目的进口了包含有小邓受保护的布图设计的集成电路
D. 小周未经许可为个人目的对小徐受保护的布图设计进行了全部复制

【解题思路】
集成电路布图设计保护条例中规定,侵犯布图设计专有权的行为包括:①未经许可,复制受保护的布图设计的全部或其中任何具有独创性的部分的;②未经许可,为商业目的进口、销售或以其他方式提供受保护的布图设计、含有该布图设计的集成电路或含有该集成电路的物品的。因此选项 A 中小王的复制行为、选项 C 中小赵的进口行为均侵犯了布图设计权利人的专有权,符合题意。选项 B 中小张复制的是不具有独创性的部分,选项 D 中小周复制布图设计是为了个人目的,属于合理使用,因此小张、小周的行为均不侵权,不符合题意。　　　　　　　　　　　　　　【参考答案】AC

【例 K77-5】根据刑法及相关规定,下列哪些行为构成侵犯知识产权罪?
A. 为境外的机构窃取在国内某公司非法获取的商业秘密的
B. 以营利为目的,出版他人享有专有出版权的图书,违法所得数额巨大的
C. 未经集成电路布图设计权利人许可,为商业目的销售受保护的布图设计,情节严重的
D. 未经植物新品种权人许可,以商业目的销售授权品种的繁殖材料,违法所得数额较大的

【解题思路】
刑法中规定了关于注册商标、专利权、著作权、商业秘密的刑事犯罪,没有关于侵犯布图设计专有权、植物新品种权的刑事犯罪,因此选项 C、D 不符合题意,不当选。刑法中规定,为境外的机构、组织、人员窃取、刺探、收买、非法提供商业秘密的,处 5 年以下有期徒刑,并处或单处罚金;情节严重的,处 5 年以上有期徒刑,并处罚金。因此选项 A 构成知识产权犯罪。以营利为目的,出版他人享有专有出版权的图书,违法所得数额巨大或有其他特别严重情节的,处 3 年以上 10 年以下有期徒刑,并处罚金。因此选项 A、B 中的情形均构成侵犯知识产权罪,符合题意,当选。　　【参考答案】AB

三、本章同步训练题目

1. 下列选项中属于受保护的集成电路布图设计专有权的保护条件的是?
A. 应具备一定思想
B. 应包含一定操作方法
C. 应具备独创性
D. 应符合《集成电路布图设计保护条例》中的定义

2. 根据集成电路布图设计保护条例的规定,下列哪些说法是正确的?
A. 受保护的集成电路布图设计应当具有独创性
B. 受保护的集成电路布图设计应当具有美感
C. 对集成电路布图设计的保护不延及思想、处理过程、操作方法或数学概念
D. 受保护的集成电路布图设计应当属于非常规设计

3. 根据集成电路布图设计保护条例及相关规定，下列哪种文件是申请布图设计登记应当提交的？
   A. 权利要求书 B. 说明书
   C. 布图设计登记申请表 D. 布图设计的复制件或图样

4. 根据集成电路布图设计保护条例的规定，下列哪些说法是正确的？
   A. 布图设计专有权经国务院知识产权行政部门登记产生
   B. 未经登记的布图设计不受集成电路布图设计保护条例的保护
   C. 无论是否登记或投入商业利用，布图设计自创作完成之日起 10 年后，不再受集成电路布图设计保护条例的保护
   D. 布图设计自首次商业利用之日起 1 年内提出登记申请的，应当予以登记

5. 根据集成电路布图设计保护条例的规定，布图设计登记申请人对国家知识产权局驳回其登记申请的决定不服的，可以如何处理？
   A. 自收到通知之日起 60 日内，向国家知识产权局申请行政复议
   B. 自收到通知之日起 60 日内，向国家知识产权局申诉
   C. 自收到通知之日起 3 个月内，向国家知识产权局请求复审
   D. 自收到通知之日起 3 个月内，向人民法院起诉

6. 根据集成电路布图设计保护条例及相关规定，集成电路布图设计权利人享有下列哪些专有权？
   A. 对受保护的布图设计的常规设计部分进行复制
   B. 将受保护的布图设计投入商业利用
   C. 将含有受保护的布图设计的集成电路投入商业利用
   D. 将含有受保护的布图设计的集成电路的物品投入商业利用

7. 关于集成电路布图设计的申请、撤销程序，下列表述正确的是？
   A. 布图设计获准登记后，登记部门发现该登记不符合规定的，应当予以撤销
   B. 布图设计获准登记后，任何单位或个人发现该登记不符合规定的，可以请求予以撤销
   C. 布图设计权利人对撤销其布图设计登记的决定不服的，可以自收到通知之日起 3 个月内请求复审
   D. 布图设计权利人对撤销其布图设计登记的决定不服的，可以自收到通知之日起 3 个月内向人民法院起诉

8. 甲公司 2019 年 11 月 11 日完成某项布图设计，2020 年 2 月 1 日首次投入商业利用，2020 年 4 月 1 日向国家知识产权局申请登记，2020 年 12 月 1 日获准登记。根据集成电路布图设计保护条例的规定，该布图设计保护期应自何日起算？
   A. 2019 年 11 月 11 日 B. 2020 年 2 月 1 日
   C. 2020 年 4 月 1 日 D. 2020 年 12 月 1 日

9. 根据集成电路布图设计保护条例的规定，下列表述正确的是？
   A. 在国家出现紧急状态时，国务院知识产权行政部门可以对布图设计专有权实施非自愿许可
   B. 为了公共利益的目的，国务院知识产权行政部门可以对布图设计专有权实施非自愿许可
   C. 相关部门已经依法认定布图设计权利人有不正当竞争行为而需要给予补救的，国务院知识产权行政部门可以对布图设计专有权实施非自愿许可

D. 布图设计权利人对国务院知识产权行政部门作出的非自愿许可决定不服的，可以自收到通知之日起3个月内向人民法院起诉

10. 根据集成电路布图设计保护条例及相关规定，集成电路布图设计权利人甲公司可以要求行为人停止下列哪些未经其许可的行为？

　　A. 某研究所赵工为研究目的而复制甲公司受保护的布图设计
　　B. 乙公司将自己独立创作的与甲公司受保护的布图设计相同的布图设计投入商业利用
　　C. 丁公司为商业目的复制甲公司受保护的布图设计中具有独创性的部分
　　D. 丙公司为商业目的销售含有甲公司受保护的布图设计的集成电路的产品

11. 甲公司购进1000片集成电路用于销售，但不知道也没有合理理由应当知道该集成电路含有受保护的布图设计。甲公司销售了300片后，收到布图设计权利人乙的明确通知，告知其销售的集成电路中含有非法复制的布图设计。对此，下列哪些说法是正确的？

　　A. 甲公司的行为构成侵权
　　B. 甲公司的行为不构成侵权
　　C. 如果甲公司能说明合法来源，则可以免于赔偿，但需要停止销售
　　D. 甲公司可以继续销售剩下的700片存货，但应当向乙支付合理的报酬

12. 根据集成电路布图设计保护条例的规定，侵犯布图设计专有权引起纠纷的，布图设计权利人或利害关系人可以请求下列哪个部门处理？

　　A. 国务院市场监督管理部门　　　　B. 国务院著作权行政管理部门
　　C. 国务院知识产权行政部门　　　　D. 地方各级管理专利工作的部门

第十一章

《保护工业产权巴黎公约》

一、本章核心考点

本章包含的核心考点如图 11-1 所示。

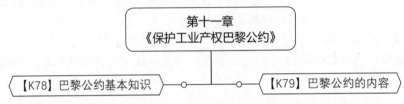

图 11-1 《保护工业产权巴黎公约》核心考点

二、核心考点分析

【K78】巴黎公约基本知识

1. 本考点的主要考查角度分析

本考点中包含的关键词有：专利、实用新型、工业品外观设计、商标、服务标记、厂商名称、货源标记或原产地名称、制止不正当竞争、设有住所或有真实和有效的工商业营业所、12 个月、6 个月、国际展览会。本考点考查角度如图 11-2 所示。

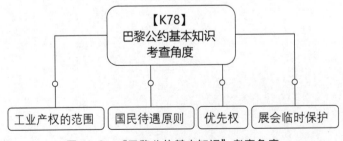

图 11-2 "巴黎公约基本知识"考查角度

2. 关键词释义

（1）《保护工业产权巴黎公约》中的工业产权包括：A 专利、B 实用新型、C 工业品外观设计、D 商标、E 服务标记、F 厂商名称、G 货源标记或 H 原产地名称和 I 制止不正当竞争。

（2）国民待遇原则：本联盟以外各国的国民，在本联盟国家之一的领土内设有住所或有真实和有效的工商业营业所的，应当享有与本联盟国家国民同样的待遇。

（3）可要求优先权的知识产权类型：专利、实用新型注册、工业品外观设计、商标注册。

（4）优先权的期限：①专利和实用新型：12个月；②外观设计和商标：6个月。

（5）前后专利类型：①外观设计要求享有在先的实用新型优先权的，优先权期限以6个月计算。②实用新型可以以专利作为优先权基础，反之亦然。

（6）展会临时保护：成员国举办的官方的或经官方承认的国际展览会中展出的商品中，可以取得专利、实用新型、工业品外观设计和商标，给予临时保护。

3. 典型例题及解析

【例K78-1】《保护工业产权巴黎公约》中规定，本联盟任何国家的国民，在保护工业产权方面，在本联盟所有其他国家内应享有各该国法律现在授予或今后可能授予国民的各种利益；一切都不应损害本公约特别规定的权利。因此，他们应和国民享有同样的保护，对侵犯他们的权利享有同样的法律上的救济手段，但是他们以遵守对国民规定的条件和手续为限。上述规定可以概括为什么原则？

A. 对等原则　　　　　　　　B. 差别待遇原则
C. 最惠国待遇原则　　　　　D. 国民待遇原则

【解题思路】

根据保护工业产权巴黎公约中的规定，本题中所述可以简单概括为"外国人等同于本国人"，即国民待遇原则。因此选项D正确，其他选项均错误。　　【参考答案】D

【例K78-2】下列哪些是《保护工业产权巴黎公约》规定的工业产权？

A. 专利权　　　　　　　　　B. 商标权
C. 版权　　　　　　　　　　D. 植物新品种权

【解题思路】

保护工业产权巴黎公约中规定的工业产权包括：专利、实用新型、工业品外观设计、商标、服务标记、厂商名称、货源标记或原产地名称和制止不正当竞争。因此选项A、B均符合题意，当选。选项C、D均不符合题意，不当选。　　【参考答案】AB

【例K78-3】根据《保护工业产权巴黎公约》的规定，下列哪些申请可以享有优先权？

A. 专利　　　　　　　　　　B. 实用新型
C. 工业品外观设计　　　　　D. 商标

【解题思路】

保护工业产权巴黎公约中规定，可要求优先权的知识产权类型为：专利、实用新型注册、工业品外观设计、商标注册。因此选项A、B、C、D均正确。

【参考答案】ABCD

【例K78-4】根据《保护工业产权巴黎公约》的规定，下列关于优先权期间的说法哪些是正确的？

A. 专利申请的优先权期间是12个月
B. 实用新型申请的优先权期间是6个月
C. 外观设计申请的优先权期间是6个月
D. 商标申请的优先权期间是12个月

【解题思路】

保护工业产权巴黎公约中规定，要求优先权的期限为：专利和实用新型专利申请自在先申请提出之日起 12 个月内提出；②外观设计和商标申请自在先申请提出之日起 6 个月内提出。因此选项 A、C 均正确，选项 B、D 均错误。　　　　　　　【参考答案】AC

【例 K78-5】根据《保护工业产权巴黎公约》的规定，下列关于优先权的说法哪些是正确的？

A. 作为产生优先权的基础的首次申请可以是与正规的国家申请相当的任何申请

B. 要求优先权的，应当在各成员国规定的期限内提出要求优先权的声明

C. 根据实用新型申请的优先权而在另一成员国提出外观设计申请的，优先权的期间应当为 12 个月

D. 成员国可以准许根据专利申请的优先权提出实用新型申请，反之亦然

【解题思路】

保护工业产权巴黎公约中规定，任何申请，凡是根据本联盟任何国家的本国立法或根据本联盟各国之间缔结的双边或多边条约，与国家的正规申请等同的，应当承认为产生优先权。因此选项 A 正确。任何人希望利用一项在先申请的优先权的，应当作出声明，说明提出该申请的日期和受理该申请的国家。每一国家应当确定作出该项声明的最后日期。因此选项 B 正确。依靠以实用新型申请为基础的优先权而在一个国家提出工业品外观设计申请的，优先权的期间应当与对工业品外观设计规定的优先权期间相同，即 6 个月，因此选项 C 错误。依靠以专利申请的提交为基础的优先权而在一个国家提出实用新型的申请是许可的，反之也一样，因此选项 D 正确。　【参考答案】ABD

【例 K78-6】根据《保护工业产权巴黎公约》的规定，对在巴黎联盟任何国家领土内由官方举办的国际展览会上展出的商品中的下列哪些工业产权，该联盟的成员国应按其本国法律给予临时保护？

A. 商标　　　　　　　　　　B. 实用新型

C. 可以取得专利的发明　　　　D. 外观设计

【解题思路】

保护工业产权巴黎公约中规定，本联盟各国应当按照其本国法律，对在本联盟任何国家领土内由官方举办的或经官方承认的国际展览会中展出的商品中，可以取得专利的发明、实用新型、工业品外观设计和商标，给予临时保护。因此选项 A、B、C、D 均正确，均可以要求临时保护。　　　　　　　　　　　　【参考答案】ABCD

【K79】巴黎公约的内容

1. 本考点的主要考查角度分析

本考点中包含的关键词有：独立性、标注权、不实施、不充分实施、4 年、3 年、一并转让、取消注册商标、复制、仿制、翻译、5 年。本考点考查角度如图 11-3 所示。

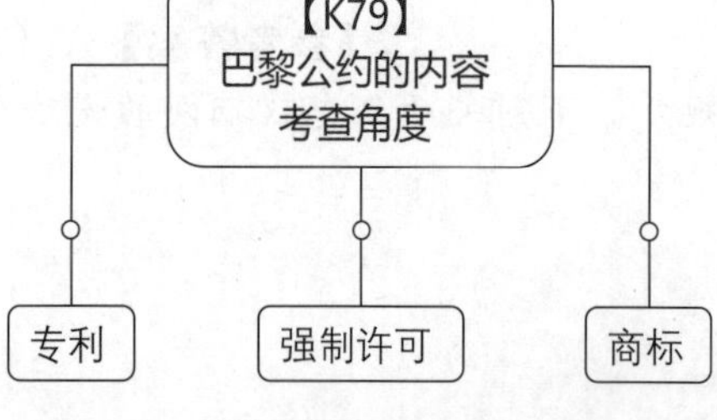

图 11-3 "巴黎公约的内容"考查角度

2. 关键词释义

（1）专利审查独立性：一件专利申请在一个成员国的命运如何，对在其他成员国中的命运不产生任何影响。在 A 国获得授权不意味着在 B 国能授

权；在 A 国被宣告无效，不影响在 B 国的有效性。

（2）专利保护期限：要求优先权和不要求优先权的保护期限是一样的，均自申请日起算。

（3）保护主题：不应当以专利产品销售违法而拒绝授予专利权，例如枪支。

（4）标注权利：标注是权利不是义务，不能把必须标注作为是否授权的条件。

（5）强制许可：①强制许可适用于专利和实用新型；不适用于工业品外观设计和商标。②强制许可制度是为了限制权利人滥用权利，如有专利但不实施。③对被强制许可的专利的特别保护：实施强制许可 2 年内不得提起使专利丧失或撤销专利的诉讼。④自申请日起满 4 年以前，或自授权之日起满 3 年以前（以后届满的时间为准），不得以专利不实施或不充分实施为理由申请强制许可。⑤强制许可不具有排他性，不得分许可，且不得单独转让实施权，除非与企业一并转让。

（6）注册商标：如果要求注册商标所有人必须以使用为目的才能注册，则只有在权利人不能证明自己不使用是有正当理由的情况下，才可以取消其注册商标。

（7）驰名商标：①本联盟各国承诺，对于 A 成员国的一件驰名商标，B 成员国的申请人申请注册的商标的全部或主要部分，是对该驰名商标的复制、仿制或翻译得到的，容易产生混淆，B 成员国依职权（B 国法律允许的话）或依申请，拒绝或取消注册，并禁止使用。②如果复制、仿制或翻译驰名商标的商标在 B 成员国获得了注册，则应当允许驰名商标权利人自该商标注册之日起至少为 5 年时间申请取消它。如果属于恶意注册，则应当不受 5 年的限制。

3. 典型例题及解析

【例 K79-1】根据《保护工业产权巴黎公约》的规定，下列哪些说法是正确的？

A. 就同一发明向不同成员国申请并取得的专利，在某一成员国被无效的，在其他成员国亦被当然无效

B. 成员国的国民在某一成员国取得的专利，与在其他成员国或非成员国就同一发明取得的专利各不相关

C. 在同一成员国因享有优先权而取得的专利与不享有优先权而取得的专利的有效期间相同

D. 成员国不得以专利产品的销售受到国内法的限制为由而使专利无效

【解题思路】

保护工业产权巴黎公约中规定，专利具有独立性，本联盟国家的国民在本联盟各国申请的专利，与在其他国家（不论是否本联盟的成员）就同一发明所取得的专利是相互独立的。在本联盟各国，因享有优先权利益而获得专利的期间，与没有优先权的利益而申请或授予的专利的期间相同。因此选项 A 错误，选项 B、C 均正确。在法律限制销售情况下的可享专利性，不应当以专利产品的销售或依专利方法获得的产品的销售受到本国法律的限制或限定为理由，而拒绝授予专利或宣告专利无效。因此选项 D 正确。

【参考答案】BCD

【例 K79-2】根据《保护工业产权巴黎公约》的规定，关于专利的强制许可，下列哪些说法是正确的？

A. 成员国不得以不实施专利为由颁发强制许可

B. 针对专利权授予的强制许可应是非独占性的

C. 强制许可不可以转让

D. 强制许可的被许可人应当向专利权人支付使用费

【解题思路】

《保护工业产权巴黎公约》中规定，本联盟的每一国家有权采取立法措施规定授予强制许可，以防止由于专利赋予的排他权而可能产生的滥用，例如，不实施。因此选项A错误，成员国可以以不实施为由给予强制许可，以防止权利滥用。选项B正确，实施强制许可是为了使专利权得到充分实施，因此针对专利权授予的强制许可应是非独占性的，可以许可更多单位或个人实施该专利。选项C错误，允许强制许可与企业一并转让。选项D正确，被许可人应当支付许可费。　　　　　　　　　　**【参考答案】** BD

【例K79-3】 根据《保护工业产权巴黎公约》的规定，下列关于强制许可的说法哪些是正确的？

A.除强制许可的授予不足以防止由于行使专利所赋予的专有权而可能产生的滥用外，不应规定专利的取消

B.自授予第一个强制许可之日起2年届满前不得提起取消或撤销专利的诉讼

C.自提出专利申请之日起4年届满以前，或自授予专利之日起3年届满以前，以后届满的期间为准，不得以不实施或不充分实施为理由申请强制许可

D.关于专利实施的强制许可的各项规定准用于实用新型和工业品外观设计

【解题思路】

《保护工业产权巴黎公约》中规定，除强制许可的授予不足以防止滥用的情况以外，不应当规定专利的丧失。自授予第一个强制许可之日起2年届满以前，不得提起使专利丧失或撤销专利的诉讼。自提交专利申请之日起4年期间届满以前，或自授予专利之日起3年期间届满以前，以届满在后的期间为准，不得以专利不实施或不充分实施为理由申请强制许可。因此选项A、B、C均正确。选项D错误，关于专利实施的强制许可的各项规定准用于实用新型，但不适用于工业品外观设计。　　**【参考答案】** ABC

【例K79-4】 根据《保护工业产权巴黎公约》的规定，下列哪些说法是正确的？

A.使用商标的商品的性质在任何情况下不应妨碍该商标的注册

B.在任何国家，如果注册商标的使用是强制的，则只有在一定期间内有关人员无法证明其不使用是有正当理由的情况下才可以取消注册

C.如果申请注册的商标构成对另一成员国驰名商标的复制、仿制或翻译，并且用于相同或类似的商品上，容易产生混淆，应有关当事人的请求，应当拒绝注册，并禁止使用

D.驰名商标所有人对恶意注册的商标注销的申请期间，自该商标注册之日起5年内提出

【解题思路】

《保护工业产权巴黎公约》中规定，使用商标的商品性质决不应当成为该商标注册的障碍。因此选项A正确。在任何国家，如果注册商标的使用是强制的，则只有经过适当的期间，而且只有有关人员并未证明其不使用有正当理由，才可以取消注册。因此选项B正确。本联盟各国承诺，如果申请注册的商标构成对另一商标的复制、仿制或翻译，容易产生混淆，而注册国或使用国主管机关认为该另一商标在该国已经驰名，是有权享受本公约利益的人的商标，并且用于相同或类似的商品，该国将依职权（如果本国法律允许），或应有关当事人的请求，拒绝或取消注册，并禁止使用。因此选项C正确。对于依恶意取得注册或使用的商标提出取消注册或禁止使用的请求，不应规定时间限制。因此选项D错误，驰名商标所有人对恶意注册的商标注销的申请期间，不受时间限制。　　　　　　　　　　　　　　　　　　　　**【参考答案】** ABC

三、本章同步训练题目

1. 下列关于《保护工业产权巴黎公约》的说法中正确的是？
   A. 确立了优先权原则
   B. 规定了最惠国待遇
   C. 规定了工业产权的保护范围
   D. 规定了国民待遇原则

2. 甲国、乙国为《保护工业产权巴黎公约》的成员国，丙国为非成员国。根据该公约的规定，下列哪些说法是正确的？
   A. 在甲国有住所的丙国公民，在乙国可以享有国民待遇
   B. 在乙国没有住所的甲国公民，在乙国可以享有国民待遇
   C. 在丙国有住所的乙国公民，在甲国可以享有国民待遇
   D. 在丙国有住所的甲国公民，在乙国可以享有国民待遇

3. 根据《保护工业产权巴黎公约》的规定，下列哪项不属于工业产权的保护对象？
   A. 专利
   B. 厂商名称
   C. 货源标记
   D. 文字作品

4. 根据《保护工业产权巴黎公约》的规定，下列哪些说法是正确的？
   A. 要求优先权的，应当在各成员国规定的期限内提出要求优先权的声明
   B. 成员国可以要求作出优先权声明的任何人提交以前提出的申请的副本
   C. 作为产生优先权的基础的首次申请可以是与正规的国家申请相当的任何申请
   D. 国家的正规申请不能是已经终止的申请

5. 李某在中国提出了一件实用新型专利申请，并在自申请日起的第7个月时就相同主题在巴黎公约的其他几个成员国分别提出了专利、实用新型和外观设计申请。根据《保护工业产权巴黎公约》的规定，下列哪些说法是正确的？
   A. 李某在其他成员国提出的专利申请，能够以在中国提出的实用新型专利申请为基础享有优先权
   B. 李某在其他成员国提出的实用新型申请，能够以在中国提出的实用新型专利申请为基础享有优先权
   C. 李某在其他成员国提出的外观设计申请，能够以在中国提出的实用新型专利申请为基础享有优先权
   D. 如果李某在中国的实用新型专利申请被视为撤回，则其在其他成员国的申请均不能以该实用新型专利申请为基础享有优先权

6. 根据《保护工业产权巴黎公约》的规定，对在巴黎联盟任何成员国领土内举办的官方国际展览会展出商品中的下列哪些工业产权保护对象，其他成员国应按其本国法律给予临时保护？
   A. 实用新型
   B. 集成电路布图设计
   C. 商标
   D. 植物新品种

7. 根据《保护工业产权巴黎公约》的规定，下列哪些说法是正确的？
   A. 不得以专利产品的销售受到本国法律的禁止或限制为理由，而拒绝授予专利
   B. 发明人有在专利中被记载为发明人的权利
   C. 在巴黎公约联盟各国，因享有优先权的利益而取得的专利的期限，与没有优先权的利益而申请或授予的专利的期限相同
   D. 巴黎公约联盟国家的国民向联盟各国申请的专利，与在其他国家就同一发明所取得的专利相互独立

8. 李某就同一项发明先后在中国和欧洲提出了专利申请，其欧洲申请以在中国的申请为基础要求了优先权，根据《保护工业产权巴黎公约》的规定，下列说法正确的是？

　　A. 如果李某在中国的专利申请被授予专利权，则其在欧洲的专利申请同样应当被授予专利权

　　B. 如果李某在中国的专利申请被授权后又被宣告无效，则其在欧洲的专利申请同样应当被宣告无效

　　C. 对于李某在欧洲的专利申请，应当按照欧洲的法律规定来确定能否授予专利权

　　D. 对于李某在欧洲的专利申请，应当按照与中国相同的审查标准来确定能否授予专利权

9. 根据《保护工业产权巴黎公约》的规定，下列哪些说法是正确的？

　　A. 成员国可以以不实施为由授予专利实施的强制许可，防止专利权滥用

　　B. 强制许可授予以后，专利权人不得再许可他人实施其专利

　　C. 强制许可授予以后，该强制许可的被许可人不得再授予分许可

　　D. 除强制许可的授予不足以防止专利权的滥用外，不应规定专利的取消

10. 根据《保护工业产权巴黎公约》的规定，下列哪些说法是正确的？

　　A. 在商品上标志或载明商标注册，不应当作为承认取得商标权利的一个条件

　　B. 商标适用强制许可制度

　　C. 成员国可以把使用作为商标注册的条件

　　D. 在一定时间内，权利人无法证明自己不使用商标是有正当理由的，则允许取消其注册商标

第十二章

《与贸易有关的知识产权协定》（TRIPs）

一、本章核心考点

本章包含的核心考点如图 12-1 所示。

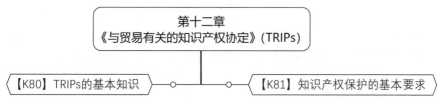

图 12-1　《与贸易有关的知识产权协定》（TRIPs）核心考点

二、核心考点分析

【K80】TRIPs 的基本知识

1. 本考点的主要考查角度分析

本考点中包含的关键词有：版权及有关权利、商标、地理标记、工业品外观设计、专利、集成电路布图设计、对未披露信息的保护、国民待遇原则、最惠国待遇原则、公共利益原则、不得滥用权利、民事责任、诉前行为保全、诉前证据保全、刑事责任、透明度。本考点考查角度如图 12-2 所示。

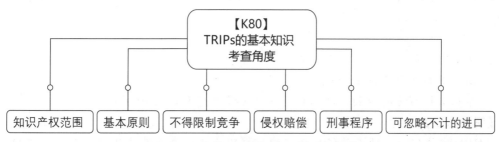

图 12-2　"TRIPs 的基本知识"考查角度

2. 关键词释义

（1）TRIPs 中规定的知识产权范围包括：版权及有关权利、商标、地理标记、工业品外观设计、专利、集成电路布图设计（拓扑图）、对未披露信息的保护。

（2）基本原则：①国民待遇原则；②最惠国待遇原则；③公共利益原则。

（3）滥用权利行为：①排他性的返授条件；②制止对知识产权有效性提出质疑的条件；③强迫性的一揽子授予许可。

（4）侵权赔偿：足以补偿所受到的损害，包括合理开支。赔偿不以故意为前提。

（5）临时措施：①诉前保全：行为保全，防止侵权行为发生；证据保全，防止证据被销毁。②程序：及时通知当事人、听证权利、提供必要信息。③担保：责令提供担保。④损失赔偿：保全错误需赔偿损失。

（6）刑事程序：①故意侵权；②具有商业规模；③假冒商标或盗版；④监禁、单处或并处罚金。

（7）透明度：①成员国需主动公开知识产权有关的法律、规章；②普遍适用的终局司法判决和终局行政决定。

3. 典型例题及解析

【例 K80-1】 下列属于《与贸易有关的知识产权协定》规定的知识产权的范围的是？

A. 版权　　　　　　　　　　B. 集成电路布图设计
C. 地理标志　　　　　　　　D. 实用新型

【解题思路】

TRIPs 中规定的知识产权范围包括：版权及有关权利、商标、地理标记、工业品外观设计、专利、集成电路布图设计、对未披露信息的保护。因此选项 A、B、C 表述的知识产权均属于 TRIPs 规定的知识产权范围，不包含实用新型，选项 D 不符合题意。

【参考答案】 ABC

【例 K80-2】 下列关于《保护工业产权巴黎公约》和《与贸易有关的知识产权协定》的说法哪些是正确的？

A. 两者都规定了国民待遇原则　　　B. 两者都规定了最惠国待遇原则
C. 两者都规定了透明度原则　　　　D. 两者都规定了争端解决机制

【解题思路】

根据保护工业产权巴黎公约和 TRIPs 的规定，两者均规定了国民待遇原则和争端解决机制，而最惠国待遇原则和透明度原则是 TRIPs 特有的规定。因此选项 A、D 均正确，选项 B、C 均错误。

【参考答案】 AD

【例 K80-3】 根据《与贸易有关的知识产权协定》的规定，下列哪些表述属于该协定列举的可能构成知识产权滥用的情形？

A. 排他性的返授条件
B. 制止对知识产权有效性提出质疑的条件
C. 强迫性的一揽子授予许可
D. 禁止被许可方将专利产品出口至许可方享有专利的另一成员境内

【解题思路】

TRIPs 中规定，本协定的任何规定均不得阻止各成员在其立法中明确规定在特定情况下可构成对知识产权的滥用并对相关市场中的竞争产生不利影响的许可活动或条件。

如以上所规定的，一成员在与本协定其他规定相一致的条件下，可按照该成员的有关法律法规，采取适当的措施以防止或控制此类活动，包括诸如排他性返授条件、阻止对许可效力提出质疑的条件和强制性一揽子许可等。因此选项A、B、C均符合题意，当选。选项D属于平行进口规定，不属于权利滥用。

【参考答案】ABC

【例K80-4】根据《与贸易有关的知识产权协定》的规定，下列属于针对侵权行为规定的民事救济措施的是？

　　A. 监禁　　　　　　　　　　B. 责令停止侵权
　　C. 损害赔偿　　　　　　　　D. 支付适当的律师费用

【解题思路】

　　TRIPs中规定，司法当局应有权令一方当事方停止侵权，特别是应有权在清关后立即阻止那些涉及知识产权侵权行为的进口商品进入其管辖内的商业渠道。司法部门应有权责令侵权者向权利所有人支付适当的损害赔偿费，以便补偿由于侵犯知识产权而给权利所有者造成的损害。司法部门应有权责令侵权者向权利所有者支付费用，其中可以包括适当的律师费。因此选项B、C、D均符合题意，当选。选项A属于刑事措施，不当选。

【参考答案】BCD

【例K80-5】根据《与贸易有关的知识产权协定》的规定，下列关于临时措施的说法哪些是正确的？

　　A. 司法机关应当有权在任何迟延可能对权利持有人造成不可弥补损害的情况下，不听取另一方的意见而即采取临时措施

　　B. 在适当时，特别是在任何迟延可能对权利持有人造成不可补救的损害时，或存在证据被销毁的显而易见的风险时，司法机关有权采取不作预先通知的临时措施

　　C. 司法机关有权责令申请人提供足以保护被告和防止滥用的保证金或相当的担保

　　D. 临时措施被撤销的，司法机关根据被告的请求，应当有权命令申请人向由于这些措施而受到损害的被告提供适当的补偿

【解题思路】

　　TRIPs中规定，司法部门应有权采取及时和有效的临时性措施，以便保存有关被指控侵权行为的证据。司法部门应有权要求请求人提交现存的任何能够以合理方式获得的证据，以便使司法部门自己能够以足够的可信度确认该请求人是权利所有者，以及其权利受到了侵犯或这样的侵权行为将马上发生。司法部门应有权责令请求人提供足以保护被告和防止滥用的保证或相当的担保。如果临时性措施已被取消，或由于请求人的任何行为或懈怠而失败，或随后发现不存在对知识产权的侵权或侵权征兆，司法部门应有权应被告的请求责令请求人向被告提供对于由采取这些措施而造成的任何损失的适当赔偿。因此选项A、B、C、D均属于司法部门采取临时措施相关的规定，均是正确的。

【参考答案】ABCD

【例K80-6】根据《与贸易有关的知识产权协定》的规定，成员至少应当对下列哪些故意的、具有商业规模的案件规定刑事程序和处罚？

　　A. 盗版案件
　　B. 假冒商标案件
　　C. 假冒专利案件
　　D. 侵犯集成电路布图设计专有权的案件

213

【解题思路】

TRIPs 中规定，各成员应当规定刑事程序和刑罚，至少适用于故意的、具有商业规模的假冒商标或盗版案件。可以采用的救济应当包括足以起到威慑作用的监禁和/或罚金，其处罚标准应当与同样严重的犯罪所适用的处罚标准相一致。因此选项 A、B 中的盗版案件和假冒商标案件是 TRIPs 中规定的可以采取刑事处罚的对象，符合题意，当选。选项 C、D 均不符合题意，不当选。

【参考答案】AB

【例 K80-7】根据《与贸易有关的知识产权协定》中有关透明度的规定，各成员应当公开下列哪项信息？

A. 其公开将会妨碍法律执行的机密信息
B. 其公开将会违反公共利益的机密信息
C. 成员已经生效的与本协定内容有关的法律和规章
D. 其公开将会损害特定企业的合法商业利益的机密信息

【解题思路】

TRIPs 中规定，一成员有效实施的、有关本协定主题（知识产权的效力、范围、取得、实施和防止滥用）的法律和法规及普遍适用的司法终局裁决和行政决定应以本国语言公布，或如果此种公布不可行，则应使之可公开获得，以使政府和权利持有人知晓，一成员政府或政府机构与另一成员政府或政府机构之间实施的有关本协定主题的协定也应予以公布……前述中的任何规定均不得要求各成员披露会妨碍执法或违背公共利益或损害特定公私企业合法商业利益的机密信息。因此选项 C 中的与知识产权有关的法律和规章是 TRIPs 中要求各成员国必须公开的信息，符合题意，当选。选项 A、B、D 中的信息均可以不公开。

【参考答案】C

【K81】知识产权保护的基本要求

1. 本考点的主要考查角度分析

本考点中包含的关键词有：仅及于表达、源程序、目标程序、数据汇编、出租的实质对象、50 年、20 年；区别开来、视觉感知、7 年、使用为前提、单独转让、伪地理标志、善意注册、制造/销售/进口、三性、歧视、20 年、司法审查、强制许可。本考点考查角度如图 12-3 所示。

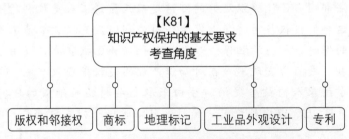

图 12-3 "知识产权保护的基本要求"考查角度

2. 关键词释义

（1）版权：①版权保护的范围：协定所指的版权的保护应当及于表达，而不及于思想、工艺、操作方法或数学概念本身。②计算机程序：以源程序或目标程序编写的计算机程序，应作为文学作品予以版权保护。③数据或其他内容的汇编，其内容的选取或编排构成了智力创造的，受版权保护，但不得影响对数据或内容本身已经享有的著作权。④出租权：计算机程序、电影作品、录音制品权利人享有出租权,计算机程序、录音制品本身不是出租的实质对象的除外。⑤保护期:除摄影作品或实用艺术作品之外,如果作品的保护期不是按照自然人的寿命来计算的,其保护期不得短于自授权发表之年的年底起的 50 年。如果自完成之时起 50 年内未授权发表,则保护期为自作品完成之年的年底起的 50 年。

(2)邻接权:①类型:包括表演者权利、录音制品创作者的权利、广播组织者的权利。②保护期:表演者和录音制品制作者所提供的保护期限应至少自进行录制或进行表演的那一年年底起,到第 50 年的年底;广播组织者对其播放的作品的保护期限为自进行播放之年的年底起的 20 年。

(3)商标:①可保护的客体:任何能够将一个企业的商品或服务区别于另一个企业的商品或服务的符号或符号组合都能够构成商标,如个人姓名、字母、数字、图形要素和颜色组合。缔约方可以要求符号是从视觉上能够辨认的作为批准注册的条件。②保护期限:原始注册商标和每一次续展注册商标的保护期限不得少于 7 年。一个商标的续展注册次数不受限制。③以实际使用为条件:如维持注册需要使用商标,则只有在至少连续 3 年不使用后方可撤销注册,除非商标所有权人对商标使用存在的障碍说明正当理由。在受所有权人控制的前提下,另一人使用一商标应被视为为维持注册而使用该商标。④驰名商标的保护:巴黎公约中关于驰名商标的规定适用于服务。对驰名商标的认定应该考虑该商标在相关的公众范围内的知名度,包括对该商标的宣传而形成的知名度。对驰名商标的保护扩展到与已注册商标的商品和服务不相似的其他商品和服务。⑤许可和转让:对商标的强制许可是不允许的,而且注册商标的所有者有权转让其已注册的商标,而无需在转让时将商标所属企业一同转让。

(4)地理标记:①伪地理标志:以明示或暗示有关商品来源于真实原产地以外的一个地理区域误导公众的,构成不正当竞争行为的使用。②为了制止将识别葡萄酒或烈酒的地理标志用于标示不是来源于该地理标志所指明的地方的葡萄酒或烈酒,即便同时标示了区别标志也是不允许的。③善意注册:成员国在加入 TRIPs 协定之前,或地理标记在其原产国获得保护之前,已经申请或注册了商标的,不影响其有效性。

(5)工业品外观设计:①权利人的权利:未经权利人许可,不得为商业目的制造、销售或进口载有或体现受保护的外观设计的复制品或实质上是复制品的物品。②保护期限:工业品外观设计保护期间至少为 10 年。

(6)专利:①具有新颖性、创造性和工业实用性的产品发明或方法发明均属于保护客体。②专利的获得与专利权的行使不得因发明的地点、技术的领域,以及产品是进口的还是本地制造的而受到歧视。③仅仅因为该发明的实施为其国内法律所禁止,不应排除在授权之外。④不予专利保护的客体:人类或动物的疾病诊断、治疗和外科手术方法;除微生物之外植物和动物,以及本质上为生产植物和动物的除非生物方法和微生物方法之外的生物方法。⑤各成员可以要求专利申请人提供关于其相应的外国申请和授予专利的信息。⑥专利权的无效或失效:对任何宣告一项专利无效或失效的决定都应提供接受司法复审的机会。⑦专利的保护期限:自提交专利申请之日起计算 20 年期间届满以前专利权不应终止。⑧强制许可适用于专利和集成电路布图设计。

3. 典型例题及解析

【例 K81-1】《与贸易有关的知识产权协定》中规定的版权和邻接权包括?
A. 计算机软件及数据汇编   B. 表演者的表演
C. 录音录像制品   D. 广播电视

【解题思路】
TRIPs 中规定了计算机软件及数据汇编的版权保护,表演者的表演权、录音制品制作者的权利和广播组织者的权利，因此不包括录像制品制作者和电视台的权利，选项A、B均符合题意，当选。

【参考答案】AB

【例K81-2】根据《与贸易有关的知识产权协定》的规定，下列哪些说法是正确的？

A. 数据或其他资料的汇编，因对其内容的选择或安排而构成智力创作，应当给予版权保护

B. 版权的保护应当及于表达和思想

C. 成员应当将计算机程序作为文字作品给予保护

D. 录音制品制作者应当享有许可或禁止直接或间接复制其录音制品的权利

【解题思路】

TRIPs中规定，数据或其他内容的汇编，无论是采用机器可读方式或其他方式，只要是其内容的选取或编排构成了智力创造，就应对其本身提供保护，因此选项A正确。版权保护仅及于表达，不延及思想、程序、操作方式或数学概念本身，因此选项B错误。以源程序或目标程序编写的计算机程序均应作为伯尔尼公约意义下的文字作品予以保护，因此选项C正确。选项D正确，录音制品制作者应有权同意或禁止对其录音制品的直接或间接的复制。

【参考答案】ACD

【例K81-3】根据《与贸易有关的知识产权协定》中关于出租权的规定，下列说法正确的是？

A. 成员有义务对录像制品提供出租权保护

B. 录音制品本身是商业性出租的主要客体的，成员有义务对其提供出租权保护

C. 计算机程序本身是商业性出租的主要客体的，成员有义务对其提供出租权保护

D. 无论计算机程序本身是否属于出租的主要客体，成员都应当向作者及其权利继受人提供出租权保护

【解题思路】

TRIPs中规定，至少对于计算机程序和电影作品来说，缔约方应该规定，其作者或合法继承人有权允许或禁止将他们具有著作权作品的原件或复制件向公众出租。关于计算机程序出租权的规定应准用于录音制品制作者以及缔约方国内法律所确定的录音制品的任何其他权利所有者。对于计算机程序来说，这一义务不适用于程序本身不是出租的实质对象的情况。因此选项A、B、C均正确，选项D错误，计算机程序本身是出租的主要客体的，才享有出租权。

【参考答案】ABC

【例K81-4】根据《与贸易有关的知识产权协定》关于保护期的规定，下列说法正确的是？

A. 如果作品的保护期不是按照自然人的寿命来计算的，则其保护期不得短于自授权发表之年的年底起的50年

B. 表演者的保护期限应至少自进行表演的那一年年底起，到第50年的年底

C. 录音制品制作者的保护期限应至少自进行录制的那一年年底起，到第50年的年底

D. 广播组织者对其播放的作品的保护期限为自播放之年的年底起，到第50年的年底

【解题思路】

TRIPs中规定，除摄影作品或实用艺术作品之外，当每件作品的保护期不是按照自然人的寿命来计算时，其保护期不得短于自授权发表之年的年底起的50年。如果没有

在自完成作品之时起的50年之内授权发表,那么保护期为自作品完成之年的年底起的50年。因此选项A正确。表演者和录音制品制作者所提供的保护期限应至少自进行录制或进行表演的那一年年底起,到第50年的年底;广播组织者对其播放的作品的保护期限为自进行播放之年的年底起的20年。因此选项B、C均正确,选项D错误,广播组织者对其播放的作品的保护期限截止于自播放之年起20年,不是50年。

【参考答案】ABC

【例K81-5】根据《与贸易有关的知识产权协定》的规定,下列关于商标的说法正确的是?

A. 任何标记或标记的组合都可以构成商标
B. 只有视觉可以感知的标记才可以构成商标
C. 只有文字或图形以及这类标记的组合才可以构成商标
D. 只要是能将一企业的商品或服务与其他企业的商品或服务区别开来的标记或标记的组合都可以构成商标

【解题思路】

TRIPs中规定,任何能够将一个企业的商品或服务区别于另一个企业的商品或服务的符号或符号组合都能够构成商标。这样的符号,特别是字符,包括个人姓名、字母、数字、图形要素和颜色组合以及任何这些符号的组合都应能够注册为商标。如果符号本质上不能够区分出相关的商品或服务,缔约方可以根据实际使用所取得的特别程序确定其可注册性。作为注册的一个条件,缔约方可以要求符号是从视觉上能够辨认的。选项A、B、C均错误,选项D正确。商标的主要目的就是为了使注册企业的商品或服务与其他企业的商品或服务区别开来,但不是任何标记都可以构成商标,具有显著性的标记才可以构成商标。商标不要求必须视觉上可以感知,例如声音商标。

【参考答案】D

【例K81-6】根据《与贸易有关的知识产权协定》的规定,下列哪些说法是正确的?

A. 商标的首次注册期限至少为7年
B. 商标的首次注册期限至多为10年
C. 注册商标的续展期限每次至少为10年
D. 注册商标的续展次数不受限制

【解题思路】

TRIPs中规定,原始注册商标和每一次续展注册商标的保护期限不得短于7年。一个商标的续展注册次数不受限制。因此选项A、D均正确,选项B、C均错误。

【参考答案】AD

【例K81-7】根据《与贸易有关的知识产权协定》的规定,下列哪些说法是正确的?

A. 各成员如果将商标的实际使用作为维持注册的条件,则只有在至少连续3年不使用且没有正当理由的情形下方可注销注册
B. 各成员如果将商标的实际使用作为维持注册的条件,则因为政府原因使得对受商标保护的货物实施进口限制而无法使用的,属于商标不使用的正当理由
C. 注册商标的所有者有权转让其已注册的商标的,需在转让时将商标所属企业一同转让
D. 允许对商标实施强制许可

【解题思路】

TRIPs中规定,如果维持注册需要使用商标,则只有在至少连续3年不使用后方可注销注册,除非商标所有权人对商标使用存在的障碍说明正当理由。出现商标人意志以外的情况而构成对商标使用的障碍,如对受商标保护的货物或服务实施进口限制或其他

政府要求，此类情况应被视为不使用商标的正当理由。因此选项 A、B 均正确。选项 C、D 均错误，对商标的强制许可是不允许的，而且注册商标的所有者有权转让其已注册的商标，而无需在转让时将商标所属企业一同转让。　　　　　　　　　　【参考答案】AB

【例 K81-8】根据《与贸易有关的知识产权协定》关于地理标志的规定，各成员应当为有利害关系的各方提供制止下列哪些行为的法律手段？

A. 在商品的名称上使用任何方法，以明示有关商品来源于真实原产地以外的一个地理区域，在某种意义上对商品的地理来源误导公众

B. 在商品的外表上使用任何方法，以暗示有关商品来源于真实原产地以外的一个地理区域，在某种意义上对商品的地理来源误导公众

C. 将识别葡萄酒的地理标志用于标示不是来源于该地理标志所指明地方的葡萄酒

D. 将识别烈酒的地理标志用于标示不是来源于该地理标志所指明地方的烈酒，但同时标示了商品的真实来源地

【解题思路】

TRIPs 中规定，在地理标志方面，各成员应当为有利害关系的各方提供法律手段，以制止下列行为：在商品的名称或外表上使用任何方法，以明示或暗示有关商品来源于真实原产地以外的一个地理区域，在某种意义上对商品的地理来源误导公众；构成保护工业产权巴黎公约第 10 条之二所称的不正当竞争行为的任何使用。因此选项 A、B 均符合题意。每一成员应当为有利害关系的各方提供法律手段，以制止将识别葡萄酒的地理标志用于标示不是来源于该地理标志所指明地方的葡萄酒，或将识别烈酒的地理标志用于标示不是来源于该地理标志所指明地方的烈酒，即使同时标示了商品的真实来源地也是不允许的。因此选项 C、D 均符合题意。　　　　　　【参考答案】ABCD

【例 K81-9】根据《与贸易有关的知识产权协定》有关规定，受保护的工业品外观设计的所有人，在没有获得权利人许可的情况下，下列哪些行为构成对权利的侵犯？

A. 制造　　　　　　　　　　B. 使用

C. 许诺销售　　　　　　　　D. 销售

【解题思路】

TRIPs 中规定，受到保护的工业品外观设计的权利所有者应有权禁止为了商业目的而制造、出售或进口具有或采用了与受到保护的外观设计相同或基本上相同的外观设计的物品。因此选项 A、D 均正确，选项 B、C 均错误，TRIPs 中没有规定许诺销售为侵权行为。使用外观设计专利产品不侵权。　　　　　　　　　　【参考答案】AD

【例 K81-10】根据《与贸易有关的知识产权协定》的规定，世界贸易组织成员可以针对下列哪些知识产权规定强制许可或非自愿许可？

A. 专利　　　　　　　　　　B. 商标

C. 工业品外观设计　　　　　D. 集成电路布图设计

【解题思路】

TRIPs 中规定了专利的强制许可制度和关于集成电路布图设计的非自愿许可制度，因此选项 A、D 均符合题意，当选。对于商标、外观设计不得适用强制许可制度，选项 B、C 均不符合题意，不当选。　　　　　　　　　　　　【参考答案】AD

【例 K81-11】根据《与贸易有关的知识产权协定》的规定，下列哪些说法是正确的？

A. 专利权的保护期限为自授予专利权之日起不少于 20 年

B. 各成员对于因未缴纳专利年费而撤销专利权的决定可以不提供司法审查机会

C. 如果一项发明的商业性实施会导致对环境的严重损害，各成员可以不授予专利权

D. 各成员可以要求专利申请人提供关于其相应的外国申请和授予专利的信息

【解题思路】

TRIPs中规定，专利权的保护期限不得短于自申请日起的20年，而不是自授予专利权之日起计算，因此选项A错误。对任何宣告一项专利无效或失效的决定都应提供接受司法复审的机会，因此选项B错误。如果为了保护公众利益或社会公德，包括保护人类、动物或植物的寿命及健康，或为避免对环境的严重污染，有必要在一缔约方的领土上禁止一个发明的商业性实施，该缔约方可以排除该发明的可专利性，因此选项C正确。缔约方可以要求专利申请人提供有关其相应外国申请和其审批情况的信息，因此选项D正确。

【参考答案】CD

三、本章同步训练题目

1. 下列不属于《与贸易有关的知识产权协定》保护对象的是？
   A. 地理标志   B. 集成电路布图设计
   C. 版权   D. 科学发现

2. 《与贸易有关的知识产权协定》独有而其他相关国际公约未予涉及的一项原则是？
   A. 最低保护标准原则   B. 最惠国待遇原则
   C. 公共利益原则   D. 独立保护原则

3. 根据《与贸易有关的知识产权协定》的规定，下列属于各成员在知识产权执法方面应当履行的义务的是？
   A. 知识产权的执法程序不应不必要地复杂或花费高昂，也不应规定不合理的期限或导致不应有的拖延
   B. 就案件的是非作出的决定最好应写成书面，并说明理由
   C. 程序的双方当事人应当有机会要求司法机关对终局的行政决定进行审查
   D. 应当建立一种与一般法律执行的司法制度不同的知识产权执法的司法制度

4. 根据《与贸易有关的知识产权协定》，下列哪种说法是正确的？
   A. 世界贸易组织成员只能规定依当事人申请的知识产权海关边境措施
   B. 世界贸易组织成员只能规定海关当局依职权的知识产权海关边境措施
   C. 世界贸易组织成员有义务规定依当事人申请的知识产权海关边境措施，还可以规定海关当局依职权的知识产权海关边境措施
   D. 世界贸易组织成员没有规定知识产权海关边境措施的义务

5. 根据《与贸易有关的知识产权协定》的规定，知识产权犯罪的适用条件包括？
   A. 非法使用人主观上出于故意
   B. 非法使用人主观上出于故意或重大过失
   C. 侵权使用达到一定的商业规模
   D. 给权利人造成了重大的损失

6. 根据《与贸易有关的知识产权协定》的规定，下列哪些文件成员应当予以公布？
   A. 普遍适用的有关知识产权侵权的终局司法判决
   B. 普遍适用的有关知识产权获得和维持的终局行政决定
   C. 已经生效的有关防止知识产权滥用的法律
   D. 成员政府与非成员政府之间有关知识产权执法的双边协定

7. 根据《与贸易有关的知识产权协定》有关计算机程序和数据汇编的规定，下列说法正确的是？

A. 计算机程序应当作为文字作品加以保护

B. 计算机程序包括源程序不包括目标程序

C. 对数据汇编的版权保护不涉及数据本身，不应损害存在于数据本身的任何版权

D. 数据的汇编由于对其内容的选择或安排而构成智力创作的，应当加以保护

8. 根据《与贸易有关的知识产权协定》有关计算机程序和数据汇编的规定，下列哪些说法是正确的？

A. 录制表演者的表演及复制已录制的内容，需经过表演者的许可

B. 向公众传送表演者的表演实况的，无需经过表演者的许可

C. 广播组织有权禁止他人未经其许可将其广播内容通过电视播放传送给公众

D. 对广播内容进行录制以及对录制品进行复制，无需经过广播组织的许可

9. 根据《与贸易有关的知识产权协定》的规定，下列关于商标注册的说法哪些是正确的？

A. 任何标记，能将一企业的商品或服务与其他企业的商品或服务区别开来的，就能构成商标

B. 如果标记缺乏区别有关商品或服务的固有能力，各成员对于该标记可否注册取决于使用后所获得的显著性

C. 各成员不得要求将视觉可以感知的标记作为注册的条件

D. 缔约方可以提供对已注册的商标提出异议的机会

10. 根据《与贸易有关的知识产权协定》的规定，下列哪些说法是正确的？

A. 对一个商标的实际使用不应成为提交注册申请的前提条件

B. 不得仅仅以没有在自申请日起的3年之内实现所声称的使用为理由来驳回一个申请

C. 成员可以将预期使用注册商标的商品或服务的性质，作为驳回商标注册申请的理由

D. 成员应当规定商标首次注册和注册的每次续展的期间不少于10年

11. 根据《与贸易有关的知识产权协定》有关地理标志保护的规定，如果某一商标和一项地理标志相同，下列哪些情形下，世界贸易组织成员不应因两者相同而驳回该商标注册申请或撤销该商标？

A.《与贸易有关的知识产权协定》关于地理标志的规定在该成员适用之前，某人已经在该成员善意地提出该商标的注册申请

B.《与贸易有关的知识产权协定》关于地理标志的规定在该成员适用之前，某人已经在该成员通过善意使用获得该商标权

C. 在该地理标志的来源国对其给予保护之前，某人已经在该成员善意地提出该商标的注册申请

D. 在该地理标志的来源国对其给予保护之前，某人已经在该成员通过善意使用获得该商标权

12. 根据《与贸易有关的知识产权协定》的规定，如果成员的法律允许未经权利持有人许可即可由政府使用或由政府许可第三方使用专利，则这种使用应当遵守下列哪些规定？

A. 这种使用的许可应当根据个案情况予以考虑

B. 这种使用应当在合理的期限内通知权利持有人，但无需向其支付报酬

C. 这种使用应当是独占的，权利持有人不得再许可其他人使用该专利

D. 这种使用不得转让，但可以与享有这种使用的企业一起转让

13.根据《与贸易有关的知识产权协定》的规定,下列说法正确的是?

A.各成员可拒绝对某些发明授予专利,只要此种拒绝授予并非仅因为此种利用方式为其法律所禁止

B.各成员可对专利授予的专有权规定有限的例外,只要此类例外不会对专利的正常利用发生无理抵触,也不会无理损害专利所有权人的合法权益,同时考虑第三方的合法权益

C.各成员应要求专利申请人以足够清晰和完整的方式披露其发明,使该专业的技术人员能够实施该发明

D.各成员可以要求专利申请人提供关于申请人相应的国外申请和授予情况的信息,该信息直接决定在该国是否会给予授权

同步训练题目答案

第一章
1. BC 2. AC 3. D 4. B 5. A 6. D 7. ABCD
8. BC 9. BD 10. A 11. ABC 12. BD 13. ABCD
14. AD 15. B 16. AB 17. A 18. AC 19. B
20. ABCD 21. D 22. ACD 23. B 24. AC
25. ABD 26. C 27. D 28. A 29. BC 30. ABC
31. AC 32. CD 33. ABCD 34. BCD 35. D
36. C 37. ABC 38. ABCD 39. ABC 40. ACD
41. ABD 42. ABC 43. ABD 44. B 45. BC
46. ABCD

第二章
1. AB 2. ABCD 3. AB 4. C 5. ABCD 6. B
7. ABD 8. C 9. CD 10. ACD 11. C 12. D
13. C 14. BC 15. CD 16. BC 17. BD 18. AD
19. AD 20. AD 21. ACD 22. A 23. ABC
24. ABCD 25. A 26. C 27. BD 28. D 29. BD
30. BD 31. CD 32. ABCD 33. A 34. AC 35. C

第三章
1. ABC 2. AD 3. A 4. ABD 5. ABCD 6. AD
7. C 8. AD 9. A 10. ABCD 11. AC 12. ABC
13. AC 14. ABD 15. D 16. ACD 17. ACD
18. D 19. AB 20. ABC 21. B 22. ABD
23. BCD 24. CD 25. B 26. C 27. CD 28. ACD
29. ACD 30. BD 31. ABC 32. CD 33. BC
34. BC 35. D 36. D 37. C 38. D 39. D 40. D
41. AC 42. BCD 43. A 44. ABCD 45. D
46. ABC 47. ABC

第四章
1. ABCD 2. ABCD 3. C 4. CD 5. AC 6. D
7. BD 8. AD 9. BC 10. ABD 11. B 12. C
13. C 14. ABCD 15. CD 16. CD 17. ABCD
18. CD 19. ABCD 20. D 21. ACD 22. ABC

第五章
1. BD 2. AC 3. ACD 4. ACD 5. ABD
6. ABCD 7. BCD 8. D 9. C 10. ABD 11. D
12. ACD 13. BD 14. C 15. CD 16. C 17. AC
18. ACD 19. D 20. ABCD 21. AC 22. ABD
23. C 24. ACD 25. ACD 26. CD 27. CD
28. ABCD 29. C 30. CD 31. AD 32. BD

33. ACD 34. CD 35. ABC 36. AD

第六章
1. B 2. B 3. A 4. A 5. D 6. AD 7. D 8. C
9. AD 10. AD 11. D 12. ACD 13. A 14. ABC
15. AD 16. ACD 17. AB 18. AC 19. BC
20. ABCD 21. AB 22. A 23. BD 24. BC
25. AD 26. AB 27. ABCD 28. D 29. ACD
30. ABC 31. ABCD 32. ACD 33. ABCD 34. A
35. ABCD 36. BC 37. AD

第七章
1. ABCD 2. BD 3. BCD 4. ABCD 5. ABCD
6. BCD 7. AD 8. ACD 9. ABC 10. CD 11. C
12. ABD 13. CD 14. AB 15. AB 16. ABCD
17. ACD 18. ABC 19. ABD 20. A 21. D
22. BC 23. ACD 24. C 25. AD 26. ABD 27. C
28. D 29. ABC 30. D 31. AC 32. A 33. BC
34. AC 35. ABCD 36. D 37. ABC 38. B
39. AD 40. BD 41. A 42. AB

第八章
1. ABD 2. ABCD 3. ABD 4. C 5. BCD

第九章
1. ABC 2. CD 3. CD 4. ABC 5. CD 6. ABCD
7. BC 8. AB 9. ABC

第十章
1. CD 2. ACD 3. CD 4. AB 5. C 6. BCD
7. AD 8. B 9. ABCD 10. CD 11. BD 12. C

第十一章
1. ACD 2. ABCD 3. D 4. ABC 5. AB 6. AC
7. ABCD 8. C 9. ACD 10. ACD

第十二章
1. D 2. B 3. ABC 4. C 5. AC 6. ABC
7. ACD 8. AC 9. ABD 10. AB 11. ABCD
12. AD 13. ABC

答案解析扫下面二维码获得：